EMILY BRONTË
CUMBRES BORRASCOSAS

astria

CUMBRES BORRASCOSAS
EMILY BRONTË

©Colección Erandique
Supervisión Editorial: Óscar Flores López
Diseño de portada: Andrea Rodríguez
Administración: Tesla Rodas—Jessica Cordero
Director Ejecutivo: José Azcona Bocock
Primera Edición
Tegucigalpa, Honduras—Noviembre de 2025

CAPÍTULO I: LA CASA DE LOS VIENTOS

Acabo de regresar de visitar a mi casero, y ya empiezo a sospechar que ese solitario vecino va a inquietarme más de una vez. En este hermoso rincón del país —que ningún misántropo podría haber encontrado más apacible en toda Inglaterra—, el señor Heathcliff y yo habríamos formado una pareja ideal de compañeros. Ese hombre me pareció extraordinario, aunque no mostró reparar en la simpatía inmediata que me inspiró. Al contrario, hundió las manos en los bolsillos del chaleco y entrecerró los ojos cuando escuchó mi nombre y le pregunté:

—¿El señor Heathcliff?

Él asintió con un leve gesto de cabeza.

—Soy Lockwood, su nuevo inquilino. He venido a decirle que espero que mi insistencia en alquilar la Granja de los Tordos no le haya causado ninguna molestia.

—Puesto que la casa es mía —respondió, apartándose—, no habría consentido que nadie me molestara por ella si no me hubiese parecido bien. Pase.

Murmuró aquel "pase" con un tono hosco, como si en realidad quisiera mandarme al diablo. Ni siquiera tocó la puerta para invitarme a entrar. Aquello bastó para que decidiera hacerlo, intrigado por aquel hombre que parecía aún más reservado que yo mismo.

Cuando mi caballo empujó la barrera, él soltó la cadena y me precedió con gesto adusto hacia el patio, gritando:

—¡José! ¡Llévate el caballo de este señor y tráenos vino!

Como ambas órdenes iban dirigidas a una sola persona, supuse que toda su servidumbre se reducía a ese tal José. Por eso, entre las piedras del patio crecían malas hierbas y los setos estaban sin recortar, mordisqueados por el ganado. José era un hombre ya mayor, aunque robusto. Murmuró un fastidiado "¡Dios nos valga!" y, mientras se llevaba el caballo, me miró con tanta desconfianza que preferí pensar que pedía ayuda divina para la digestión y no por mi presencia.

La casa del señor Heathcliff se llamaba Cumbres Borrascosas en el dialecto local, nombre muy apropiado para un lugar azotado sin descanso por el viento durante las tormentas. Sin duda, allí no faltaba ventilación. La fuerza del aire se notaba en los pinos cercanos, inclinados en una sola dirección, y en los arbustos que parecían inclinarse como si adoraran al sol. El edificio era sólido, con gruesos muros y ventanas hundidas, protegidas por grandes piedras angulares.

Me detuve un momento a contemplar la fachada. Sobre la puerta, una inscripción decía: Hareton Earnshaw, 1500. A su alrededor, unas figuras talladas —aves de presa y niños en posturas extrañas— enmarcaban el grabado. Me habría gustado comentar aquel curioso relieve con el dueño, pero su impaciencia era evidente: me miraba desde la puerta, como si quisiera que entrara de una vez o que me marchara.

Atravesamos un pasillo hasta llegar a la habitación principal, a la que los lugareños llaman simplemente la casa, ya que suele servir de comedor y cocina al mismo tiempo. Sin embargo, no vi señales de que allí se cocinara. En un rincón oscuro sonaban cacharros, pero las paredes no exhibían utensilios ni cazuelas. Un gran aparador de roble ocupaba una esquina, lleno de platos, jarras y tazas de plata. Encima se apilaban tortas de avena y perniles curados. Sobre la chimenea colgaban viejas escopetas oxidadas y un par de pistolas. En el mármol descansaban tres tarros de colores vivos. El suelo, de piedra lisa y clara, reflejaba la luz del fuego. Había sillas antiguas, verdes, de respaldo alto, y varios perros dormían en los rincones; una hembra con sus cachorros se escondía bajo el aparador.

Todo tenía el aire rudo y sencillo de una casa campesina. Pero Heathcliff desentonaba por completo con ese ambiente. Por lo moreno podía pasar por gitano, aunque su porte y sus modales eran los de un caballero. Su ropa, aunque algo descuidada, no restaba elegancia a su figura firme y orgullosa.

Pensé que muchos lo tomarían por altivo o grosero, pero yo intuía que su reserva nacía del deseo de ocultar sus emociones. Parecía un hombre que no expresaba sus odios ni sus simpatías, y que consideraría impertinente a quien se atreviera a manifestarle los suyos. Tal vez proyectaba en él algo de mi propio carácter; quizá por eso me resultaba tan fascinante.

Mi madre solía decirme que jamás tendría un hogar feliz, y lo que me ocurrió el verano pasado parece darle la razón. Durante unas vacaciones en la costa conocí a una mujer bellísima. Aunque nunca le hablé de mis sentimientos, si los ojos son capaces de delatar el alma, los míos debieron hacerlo, porque ella me respondió con una mirada dulce. ¿Y qué hice yo? Me replegué en mí mismo, como un caracol asustado, hasta que ella, desconcertada por mi frialdad, convenció a su madre de marcharse. Esa fue la historia. Y así gané fama de hombre cruel, cuando en realidad sólo soy torpe para mostrar afecto.

Heathcliff y yo nos sentamos frente a la chimenea, en silencio. De pronto, la perra se separó de sus cachorros y se acercó a mí, mostrando los dientes. Intenté acariciarla, pero gruñó con furia.

—Déjela —dijo Heathcliff, acompañando el gruñido con otro propio y dándole una patada—. No está hecha para caricias.

Luego se levantó, fue hacia una puerta lateral y gritó:

—¡José!

El viejo masculló algo desde la bodega, pero no apareció. Mientras tanto, yo quedé solo con la perra y otros dos mastines que me observaban con atención. Me quedé inmóvil, temiendo sus colmillos, aunque pensé que un poco de mímica no les molestaría y les hice unas muecas. Mala idea. La perra, ofendida, se lanzó sobre mis pantalones. Me refugié tras la mesa, lo que sólo sirvió para desatar el infierno: seis perros vinieron a atacarme desde todos los rincones. Intenté defenderme con el atizador, pero fue inútil. Grité pidiendo ayuda.

Heathcliff y José subieron con una calma desesperante, mientras la sala era un caos de ladridos y gritos. Por fortuna, una criada corpulenta irrumpió armada con una sartén, repartiendo golpes y maldiciones hasta que logró calmar a las bestias. Cuando Heathcliff entró, ella seguía jadeante, en medio de la sala, como un mar después del huracán.

—¿Qué diablos pasa aquí? —preguntó él con tono de fastidio.

—De diablos es la culpa —respondí—. Sus perros están tan endemoniados como los del Evangelio. Dejar a un visitante entre ellos es como dejarlo entre tigres.

—Nunca atacan si uno no los provoca —replicó—. Su trabajo es vigilar. ¿Un poco de vino?

—No, gracias.

—¿Lo han mordido?

—De ser así, ya lo sabría usted —le contesté con frialdad.

—Vaya, vaya —dijo Heathcliff, esbozando una mueca—. No se altere, señor Lockwood. Beba algo. Aquí rara vez tenemos visitas, y ni mis perros ni yo sabemos cómo recibirlas. ¡Salud!

Comprendí que sería ridículo seguir molesto por un ataque de perros, así que me calmé y respondí al brindis. Supuse que se burlaba de mí, pero no quise darle más motivos. Quizá él también pensó que había sido poco amable con su inquilino, porque empezó a hablar con más soltura sobre las ventajas y desventajas de la casa que me había arrendado. Me pareció razonable y le dije que volvería a visitarlo al día siguiente. Aunque no pareció entusiasmado con la idea, he decidido regresar. Me asombra comprobar que, en comparación con mi casero, soy casi un hombre sociable.

CAPÍTULO II: TÉ EN LA NOCHE DE NIEVE

Ayer por la tarde hacía frío y había niebla. Dudé entre quedarme en casa, junto al fuego, o atreverme a cruzar los pantanos y eriales para visitar Cumbres Borrascosas.

Después de comer —porque suelo hacerlo entre la una y las dos, ya que el ama de llaves, a la que acepté como parte del alquiler, no entiende, o no quiere entender, que prefiero comer a las cinco— subí a mi habitación y encontré allí a una criada arrodillada frente a la chimenea, tratando de apagar el fuego con montones de ceniza. Levantaba tal nube de polvo que me quitó de inmediato las ganas de quedarme. Así que tomé mi sombrero y, tras caminar unas cuatro millas, llegué a casa de Heathcliff justo cuando empezaban a caer los primeros copos de una nevada semilíquida.

El suelo de aquellas soledades estaba cubierto de una escarcha ennegrecida, y el viento me helaba hasta los huesos.

Intenté abrir la cadena de la verja, pero fue inútil. Salté la valla, avancé por el sendero bordeado de groselleros y golpeé la puerta con los nudillos hasta que me dolieron los dedos. Desde dentro se oían los ladridos de los perros.

«Vuestra absurda inhospitalidad bien merece que viváis aislados del mundo, ¡brutos!», murmuré para mí. «Lo menos que podrían hacer es dejar la puerta abierta durante el día. Pero no importa: voy a entrar de todos modos».

Resuelto a ello, sacudí con fuerza la aldaba. Entonces, la agria cara de José apareció por la ventana del granero.

—¿Qué quiere usted? —preguntó—. El amo está en el corral. Dé la vuelta por el establo.

—¿No hay nadie que pueda abrirme?

—Nadie, salvo la señorita, y no le abriría aunque estuviera usted llamando hasta la noche. Sería inútil.

—¿Y por qué? ¿No puede decirle que soy yo?

—¿Yo? ¡Ni pensarlo! ¿Qué tengo que ver yo con eso? —replicó, retirándose.

La nieve empezaba a caer con fuerza. Estaba a punto de golpear de nuevo cuando apareció un muchacho sin abrigo, con una horca de labranza al hombro, y me indicó con un gesto que lo siguiera.

Atravesamos un lavadero y un patio empedrado, donde había un pozo con bomba y un palomar. Luego entramos en la misma habitación donde me habían recibido el día anterior. Un gran fuego de carbón y leña llenaba el lugar de calor, y junto a la mesa, preparada con una abundante merienda, vi a una joven de cuya existencia no tenía noticia. La saludé y esperé de pie, confiando en que me invitara a sentarme. Ella me miró sin moverse ni decir palabra.

—Qué mal tiempo —comenté—. Lamento, señora Heathcliff, que la puerta haya tenido que soportar las consecuencias de la negligencia de sus criados. Me ha costado bastante hacerme oír.

No abrió los labios. La observé y ella me devolvió la mirada, tan fría que me resultó incómoda.

—Siéntese —gruñó el muchacho—. Heathcliff vendrá enseguida.

Obedecí, carraspeé y llamé a Juno, la perra malhumorada, que esta vez movió la cola, como si me recordara.

—Hermoso animal —comenté—. ¿Piensa quedarse con los cachorros, señora?

—No son míos —respondió la joven, con un tono más desagradable aún que el del propio Heathcliff.

—Entonces, ¿sus favoritos serán aquellos? —pregunté, mirando hacia lo que me pareció un cojín con gatitos.

—Sería un gusto bastante extraño —replicó con desdén.

Desgraciadamente, no eran gatitos, sino un montón de conejos muertos. Carraspeé de nuevo, me acerqué al fuego e intenté comentar el mal tiempo.

—No debió salir hoy —dijo ella, incorporándose para alcanzar dos tarros pintados sobre la chimenea.

A la luz del fuego pude verla con claridad: era alta y delgada, con una figura delicada, de rasgos finos, piel muy blanca y rizos dorados que caían sobre el cuello. Tenía los ojos más hermosos que había visto nunca, aunque en ese momento no expresaban más que hastío y una tristeza inexplicable.

Como los tarros estaban fuera de su alcance, me adelanté a ayudarla, pero ella se volvió con una mirada furiosa, como si le estuviera robando algo.

—No necesito ayuda —dijo secamente—. Puedo hacerlo sola.

—Disculpe —respondí enseguida.

—¿Está usted invitado a tomar el té? —preguntó, colocándose un delantal sobre el vestido y sentándose junto a la mesa.

—Tomaré una taza con gusto —dije sonriendo.

—Le he preguntado si está invitado.

—No, pero no creo que nadie mejor que usted para hacerlo —contesté, intentando mantener la cortesía.

Ella arrojó las hojas de té con cuchara y todo dentro del bote, se sentó otra vez, frunció el ceño y torció los labios como un niño a punto de llorar.

Mientras tanto, el joven se había puesto un abrigo raído y me miraba con tal hostilidad que empecé a dudar si era un criado o un familiar. Hablaba y se movía con rudeza, su pelo estaba revuelto, su bigote descuidado y sus manos eran las de un labrador. Sin embargo, no trataba a la joven como un sirviente, así que preferí no aventurar conjeturas.

Cinco minutos después llegó Heathcliff, y su presencia alivió la tensión.

—Como ve, he cumplido mi palabra —dije con fingido entusiasmo—, aunque me temo que el mal tiempo me obligará a quedarme media hora, si no le importa darme refugio ese tiempo.

—¿Media hora? —respondió, sacudiéndose la nieve—. Me sorprende que haya elegido una tormenta para pasear. ¿No sabe que puede perderse en los pantanos? Hasta los que los conocen bien se extravían a veces. Y no parece que el tiempo vaya a mejorar.

—Tal vez uno de sus criados podría acompañarme a casa y quedarse en la Granja hasta mañana. ¿Podría pedírselo?

—No. No puedo.

—Entonces tendré que arreglármelas solo.

—Hum… —gruñó, sin más.

—¿Qué pasa, harás el té o no? —dijo el joven del abrigo remendado, mirando a la mujer.

—¿Le sirvo a este señor? —preguntó ella a Heathcliff.

—Vamos, termina ya —respondió él. Su tono tenía algo perverso, que me hizo perder toda simpatía por aquel hombre.

Cuando el té estuvo listo, Heathcliff dijo:

—Acérquese, señor Lockwood.

Nos sentamos los cuatro, y el silencio fue total. Pensé que debía romperlo, y dije:

—A veces nos formamos una idea equivocada de los demás. Muchos creerían imposible ser feliz viviendo tan apartado del mundo como usted, señor Heathcliff. Pero aquí está, rodeado de su familia y con su encantadora esposa, que reina en su casa y en su corazón como un ángel guardián...

—¿Mi encantadora esposa? —interrumpió con una sonrisa diabólica—. ¿Y dónde está mi encantadora esposa, señor?

—Hablo de la señora Heathcliff —repliqué, incómodo.

—Ah, ya. Quiere decir que su espíritu, después de morir, se ha convertido en mi ángel de la guarda y cuida de Cumbres Borrascosas. ¿Es eso?

Comprendí la tontería que había dicho. Debí darme cuenta de que la mujer era demasiado joven para ser su esposa. Él debía tener unos cuarenta años, y en esa edad, por mucho que uno conserve la energía, no suele esperar casarse por amor. La joven, en cambio, apenas tendría diecisiete.

De pronto pensé: «Ese hombre tosco que bebe el té en un tazón y come con las manos sucias debe de ser su marido. Así son las consecuencias de vivir aislado: ella debió casarse con este patán creyendo que no había mejores hombres en el mundo. Qué lástima».

Heathcliff interrumpió mis pensamientos:

—Esta joven es mi nuera —dijo, mirándola con desprecio.

—Entonces, el feliz propietario del hada es usted —dije, volviéndome hacia el otro hombre.

Mis palabras sólo empeoraron las cosas. El joven apretó los puños con rabia, pero se contuvo, y soltó una maldición que preferí ignorar.

—Está usted muy equivocado —dijo Heathcliff—. Ninguno de los dos tiene la suerte de ser dueño de esa buena hada. Su esposo murió. Y, ya que le he dicho que era mi nuera, deducirá que estaba casada con mi hijo.

—Entonces, este joven es...

—Mi hijo, desde luego que no —respondió Heathcliff, sonriendo con ironía.

—Mi nombre es Hareton Earnshaw —gruñó el otro—, y le aconsejo que lo pronuncie con respeto.

—No faltaba más —respondí, conteniendo la risa ante su actitud ridícula.

Me miró fijamente, tanto tiempo y con tal intensidad, que tuve que resistir las ganas de reírme o de darle una bofetada. Empecé a sentirme incómodo en aquel "hogar familiar". La frialdad del ambiente anulaba el calor del fuego, y decidí no volver jamás.

Terminada la merienda, me acerqué a la ventana. Afuera, la noche caía temprano y el viento arremolinaba la nieve.

—Creo que sin alguien que me guíe no podré regresar a casa —dije—. Los caminos deben estar cubiertos y no se ve ni un metro por delante.

—Hareton —ordenó Heathcliff—, lleva las ovejas al granero y ponles una tabla delante. Si las dejas afuera, amanecerán sepultadas en nieve.

—¿Y qué hago yo? —insistí, ya irritado.

Nadie respondió. Miré alrededor: José traía comida para los perros, y la señora Heathcliff, inclinada sobre el fuego, quemaba distraídamente un puñado de fósforos. José, después de vaciar el cubo de la comida, murmuró con desdén:

—No entiendo cómo puede quedarse ahí plantado mientras los demás se van. Pero claro, con usted no sirven las palabras. Nunca cambiará sus malas costumbres, y acabará cayendo al infierno de cabeza, igual que su madre.

Creí que aquel comentario iba dirigido a mí, y me adelanté hacia el viejo bribón con la firme intención de darle unos puntapiés y hacerlo callar. Pero la señora Heathcliff se me adelantó:

—¡Viejo hipócrita! ¿No temes que el diablo te lleve cuando pronuncias su nombre? Te advierto que se lo pediré como favor especial si no dejas de provocarme. ¡Y basta! Mira —añadió, sacando un libro del estante—: cada día progreso más en magia negra. Pronto seré maestra en ciencias ocultas. Y, para que lo sepas, la vaca roja no murió por casualidad, y tu reumatismo no es precisamente una prueba de la bondad de la Providencia...

—¡Cállese, desalmada! —gritó el viejo—. ¡Dios nos ampare!

—¡Estás condenado, réprobo! Lárgate de aquí si no quieres que te haga un daño de verdad. Voy a moldear muñecos de barro o de cera con vuestras caras, y al primero que se pase de la raya... ya verá lo que le hago. Se acordará de mí. ¡Vete! ¡Que te estoy mirando!

La pequeña bruja puso tal expresión de maldad en los ojos, que José salió a toda prisa, rezando y temblando, mientras murmuraba:

—¡Malvada, malvada!

Supuse que la joven solo quería gastarle una broma sombría al viejo y, en cuanto nos quedamos solos, intenté ganarme su interés con mi problema.

—Señora Heathcliff —dije con seriedad—, perdone que la moleste. Una mujer con un rostro como el suyo tiene que ser, por fuerza, buena. Indíqueme alguna referencia, algún mojón de linde, algo que me sirva para volver a casa. Tengo tan poca idea de cómo regresar como la que usted podría tener de ir a Londres.

—Vuelva por donde vino —respondió, sentándose y colocando delante de sí el libro y una vela—. El consejo es simple, pero no puedo darle otro.

—Entonces, si mañana le dicen que han encontrado mi cadáver en una ciénaga o enterrado en la nieve, ¿no le remorderá la conciencia?

—¿Y por qué habría de hacerlo? No puedo acompañarle. Ni siquiera me dejarían ir hasta la verja.

—¡Oh! No le pediría jamás que saliera por mi conveniencia en una noche como esta. No le pido que me guíe: solo que me indique el camino o que convenza al señor Heathcliff de que me proporcione un guía.

—¿Un guía? En esta casa no hay nadie más que él, Hareton, Zillah, José y yo. ¿A quién elige?

—¿No hay mozos en la granja?

—No hay más gente que la que le he dicho.

—Entonces me veré obligado a quedarme hasta mañana.

—Eso es cosa suya y de Heathcliff. Yo no tengo nada que ver.

—Confío en que esto le sirva de lección para dejar los paseos —gritó la voz de Heathcliff desde la cocina—. No tengo cuartos para visitantes. Si se queda, tendrá que dormir con Hareton o con José en la misma cama.

—Puedo dormir aquí mismo, en una silla —repliqué.

—¡Ah, no! Un forastero, rico o pobre, siempre es un forastero. No permitiré que nadie haga guardia en la plaza cuando yo no estoy de servicio —soltó, miserable.

Mi paciencia llegó al límite. Salí al patio maldiciendo, y tropecé con Earnshaw. La oscuridad era tan espesa que no encontraba la salida, y mientras la buscaba, presencié una muestra del trato que se daban entre ellos. Al principio, el joven parecía dispuesto a ayudarme, porque dijo:

—Lo acompañaré hasta el parque.

—Lo acompañarás al diablo —le cortó su pariente, amo o lo que fuese—. ¿Y quién cuida de los caballos, entonces?

—La vida de un hombre vale más que los caballos… —intervino la señora Heathcliff, con más amabilidad de la que esperaba—. Alguien tendrá que ir…

—Pero no lo haré porque tú lo digas —se apresuró a responder Hareton—. Más te vale callarte.

—Pues entonces que el espíritu de ese hombre te persiga hasta la muerte, y que el señor Heathcliff no encuentre otro inquilino para la Granja hasta que se venga abajo —escupió ella con veneno.

—¡Está echando maldiciones! —murmuró José, hacia quien yo me dirigía en ese momento.

El viejo estaba sentado, ordeñando a la luz de una linterna. Se la quité, diciéndole que se la devolvería al día siguiente, y me lancé hacia una de las puertas.

—¡Señor, señor, me ha robado la linterna! —chilló el viejo, corriendo detrás de mí—. ¡Gruñón, Lobo! ¡A por él!

En cuanto abrí la puertecilla, dos monstruos peludos se me tiraron al cuello y me derribaron. La luz se apagó. Mi humillación y mi rabia llegaron al colmo. Por suerte, los animales se contentaron con arañar el suelo, abrir las fauces y mover el rabo; no me dejaban levantarme, y tuve que quedarme en el suelo hasta que a sus miserables dueños les dio la gana.

Cuando por fin me puse en pie, los amenacé con hacerlos responsables de lo que pudiera pasar si no me dejaban salir, soltando improperios tan desordenados que parecían sacados del rey Lear.

En plena excitación, empecé a sangrar por la nariz. Heathcliff seguía riéndose y yo, gritando. No sé cómo habría acabado aquello si no interviene alguien más sensato que yo y bastante más compasiva que Heathcliff.

Zillah, la robusta ama de llaves, apareció para averiguar qué pasaba y, suponiendo que me habían agredido —y sin atreverse a reprender a su amo—, descargó toda su artillería sobre el mozo:

—No entiendo, señor Earnshaw —exclamó—, qué tiene usted contra su prójimo. ¿Va a asesinar a la gente en la misma puerta de su casa? ¡Así no se puede vivir tranquila! ¡Pobrecito! Está a punto de ahogarse. ¡Chist, chist! No puede irse así. Venga, le curo. Quieto, quieto…

Mientras hablaba, me vació por la nuca un jarro de agua helada y me llevó a la cocina. Heathcliff, ya de vuelta a su mal humor tras su ataque de risa, venía detrás.

El mareo que me dejó todo aquello me obligó a aceptar alojamiento entre esos muros. Heathcliff ordenó a Zillah que me diera un vaso de aguardiente y se metió en una habitación interior. La criada, después de traerme la bebida —que me reanimó bastante—, me condujo a un dormitorio.

CAPÍTULO III: LA MANO EN EL CRISTAL

Cuando la sirvienta me iba guiando por las escaleras, me aconsejó que cubriera la vela y procurara no hacer ruido: su amo tenía ideas extrañas sobre el cuarto donde pensaba instalarme y no le gustaba que nadie durmiera allí. Le pregunté por qué, pero respondió que solo llevaba dos años en la casa y que ya había visto tantas rarezas que se le habían quitado las ganas de sentir curiosidad.

Por mi parte, la estupefacción me dejaba sin espacio para la curiosidad. Cerré la puerta y busqué la cama. El mobiliario se reducía a un perchero, una silla y una enorme caja de roble, con aberturas laterales a modo de ventanillas. Me acerqué a aquel mueble extraño y comprobé que era una especie de lecho antiguo, sin duda pensado para suplir la falta de un cuarto propio para cada miembro de la familia. Era, por sí mismo, una pequeña habitación; el alféizar de la ventana, contra cuya pared estaba arrimado, hacía de mesilla.

Deslicé una de las tablas laterales, entré con la luz, cerré y sentí que quedaba a salvo de la vigilancia de Heathcliff o de cualquier otro habitante de la casa.

Dejé la vela en el alféizar. En un ángulo había varios libros polvorientos, y la pared estaba cubierta de escritos trazados rascando la pintura. Todos repetían un solo nombre: «Catalina Earnshaw», una y otra vez, en letras de todos los tamaños. A veces cambiaba el apellido y podía leerse «Catalina Heathcliff» o «Catalina Linton».

Cansado, apoyé la cabeza contra la ventana y empecé a murmurar: «Catalina Earnshaw, Heathcliff, Linton…». Se me cerraban los ojos y, en menos de cinco minutos, creí ver levantarse en la oscuridad un enjambre de letras blancas, como espectros lívidos. El aire estaba lleno de «Catalinas». Me incorporé, con la intención de espantar ese nombre que irrumpía en mi cerebro como un intruso, y entonces vi que el pabilo había caído sobre uno de los viejos libros: la cubierta empezaba a chamuscarse y el cuarto se llenó del olor acre de piel de becerro quemada. Apagué de prisa y me senté. Tenía frío y un ligero mareo. Tomé el tomo chamuscado y lo hojeé: era una vieja Biblia, apolillada. En una hoja suelta leí: «Este libro es de Catalina Earnshaw» y una fecha de veinticinco años atrás. Cerré el volumen, cogí otro y luego varios más. La biblioteca de Catalina era escogida; lo maltratado de los ejemplares revelaba que se habían usado mucho, aunque no siempre como libros. Los márgenes en blanco estaban cubiertos de notas; algunas, sentencias sueltas; otras, fragmentos de un diario, mal pergeñados con mano infantil. Al frente de una página en blanco descubrí, no sin regocijo, una magnífica caricatura de José, burda pero de trazo enérgico. Sentí un vivo interés por aquella desconocida y me puse a descifrar los jeroglíficos de su letra.

«¡Qué domingo tan malo! —decía en un párrafo—. ¡Daría lo que fuera por tener a papá aquí! Hindley lo sustituye fatal y trata horrorosamente a Heathcliff. H. y yo tendremos que rebelarnos: empezamos esta tarde…

»No dejó de llover en todo el día. No pudimos ir a la iglesia y José nos reunió en el desván. Mientras Hindley y su mujer se quedaban abajo, sentados junto al fuego —seguro que, aunque hicieran otra cosa, no dejaban de leer sus Biblias—, a Heathcliff, a mí y al pobre mozo de mulas nos mandaron coger los devocionarios y subir. Nos sentaron en un saco de trigo y José empezó su sermón, que yo esperaba corto por el frío que hacía allí. Pero no: duró tres horas exactas, y aun así, cuando bajamos, mi hermano tuvo la desfachatez de decir: "¿Cómo habéis acabado tan pronto?". Las tardes de domingo nos dejan jugar, pero la menor cosa, una simple risa, basta para mandarnos castigados a un rincón oscuro.

»—Os olvidáis de que aquí hay un jefe —dice el tirano—. Al que me saque de quicio lo aplasto. Quiero seriedad y silencio absoluto. ¡Chico! ¿Tú has sido? Querida Francisca, tírale del pelo; le he oído castañetear los dedos. Francisca le tiró con todas sus fuerzas, se sentó en las rodillas de su marido y ambos se pusieron a hacer tonterías, besándose y diciéndose cursilerías. Entonces nosotros nos acomodamos como pudimos en el hueco del aparador. Colgué nuestros delantales delante como si fueran una cortina, pero apenas lo hice cuando llegó José, deshizo mi invento, me pegó una bofetada y sermoneó:

»—Con el amo recién enterrado, en domingo, y con las palabras del Evangelio aún sonando en vuestros oídos, ¡y ya os ponéis a jugar! ¿No os da vergüenza? Sentaos, niños malos, y leed libros piadosos, que os ayuden a pensar en la salvación del alma.

»Mientras nos soltaba esto, nos echó a las rodillas unos libros viejos y nos obligó a sentarnos justo donde un rayo del hogar nos diera para leer. No pude soportar la tarea que nos imponían: agarré el libro y lo tiré con los perros, diciendo que detestaba los libros piadosos. Heathcliff hizo lo mismo con el suyo y ahí empezó el jaleo.

»—¡Señor Hindley, mire! —gritó José—. La señorita Catalina ha roto las tapas de La armadura de salvación y Heathcliff ha pateado la primera parte de El camino de perdición. No se les puede dejar seguir así. ¡Ah, si el difunto señor estuviera aquí! ¡Cómo nos falta!

»Hindley se lanzó sobre nosotros, nos agarró, a uno del cuello y a otro del brazo, y nos echó a la cocina. Allí, José nos aseguró que el diablo vendría a buscarnos sin falta y nos obligó a sentarnos en lugares distintos, separados, esperando la llegada del personaje prometido. Yo cogí este libro y un tintero de un estante, entorné la puerta para tener luz y poder escribir, pero mi compañero, a los veinte minutos, estaba tan impaciente que me propuso coger el mantón de la criada y, tapándonos con él, salir a dar una vuelta por los páramos. ¡Qué idea tan buena! Así, si viene ese viejo malvado, creerá que su amenaza del diablo se ha cumplido, y nosotros estaremos fuera; y no creo que estemos peor que aquí, a pesar del viento y la lluvia».

El plan de Catalina debió de llevarse a cabo, porque la anotación siguiente cambiaba de tema y se volvía un lamento:

«¡Quién iba a imaginar que Hindley me haría llorar tanto! Me duele la cabeza de tal modo que no puedo apoyarla en la almohada. ¡Pobre Heathcliff! Hindley le llama vagabundo y ya no le deja comer con nosotros ni sentarse a nuestro lado. Dice que no volveremos a jugar juntos y le amenaza con echarlo de casa si desobedece. Incluso ha criticado a papá por haber tratado demasiado bien a Heathcliff, y jura que lo pondrá "en su sitio"».

Ya medio dormido, mis ojos iban del manuscrito de Catalina al texto impreso. Vi un título en rojo, con florituras: «Setenta veces siete y el primero de los setenta y uno. Sermón del reverendo Jabes Branderham, predicado en la iglesia de Gimmerden Sough». Me quedé dormido pensando maquinalmente qué podría decir ese buen reverendo.

Pero el mal té y el desorden del cuerpo me hicieron pasar una noche pésima. Soñé que era de mañana y que regresaba a casa guiado por José. El camino estaba cubierto de nieve y, cada vez que tropezaba, mi guía me reprendía por no llevar un báculo de peregrino, asegurando que sin tal adminículo jamás lograría entrar en casa, mientras me mostraba con orgullo un garrote que, según él, era su báculo. Al principio me parecía absurdo que hiciera falta semejante cosa para entrar en mi propia casa. De pronto se me iluminó el juicio: no íbamos a casa, sino al sermón del padre Branderham sobre los «Setenta veces siete», durante el cual —no sé si José, el predicador o yo— debía ser sacado a vergüenza pública y privado de la comunión de los fieles.

Llegamos a la iglesia, ante la que he pasado dos o tres veces. Está en una hondonada entre dos colinas, junto a un pantano cuyo fango, dicen, momifica a los cadáveres. El tejado se mantiene intacto, pero pocos clérigos aceptan ese curato: paga veinte libras al año y la rectoral son dos habitaciones, sin esperanza de que los feligreses aporten un penique más. En mi sueño, sin embargo, una nutrida concurrencia escuchaba a Jabes, que predicaba un sermón en cuatrocientas noventa partes, cada una dedicada a un pecado distinto. Ignoro de dónde sacó tantos pecados. Eran los más extravagantes, imposibles de imaginar.

¡Qué pesadilla! Me caía de sueño: bostezaba, daba cabezadas, me despabilaba; me pellizcaba, me frotaba los párpados, me levantaba y me sentaba; a veces tocaba a José para preguntarle cuándo acababa aquello. Pero tuve que oírlo hasta el final. Cuando llegó al «primero de los setenta y uno», me iluminó una idea: levantarme y acusar a Jabes Branderham de cometer el pecado imperdonable. «Padre —grité—: sentado entre estas cuatro paredes he soportado y perdonado las cuatrocientas noventa divisiones de su sermón. Setenta veces siete me he levantado para irme y setenta veces siete me ha obligado a sentarme. Una más es demasiado. Hermanos mártires: ¡a por él! Arrastradlo y hacedlo trizas, tan fino que no quede rastro de su existencia».

«El réprobo eres tú —tronó Jabes, tras un silencio solemne—. Setenta veces siete te he visto gesticular y bostezar; setenta veces siete consulté mi conciencia y hallé que merecías perdón. Pero el primer pecado de los setenta y uno se ha cometido ahora, y ese no se perdona. Hermanos: haced con él lo que está escrito. ¡Honor a los santos!».

A la orden, la concurrencia alzó sus báculos y se me vino encima. Al verme desarmado, me abalancé sobre José, el primero en acometerme, para arrebatarle el garrote. Volaban palos; algunos golpes que iban para mí cayeron en otras cabezas. Todos apaleaban a todos, y el templo retumbaba con los porrazos. Branderham descargaba puñetazos en el borde del púlpito con tal ímpetu que acabaron por despertarme. Comprendí que el tumulto venía de una rama de abeto que golpeaba los cristales al vaivén del viento. Volví a dormirme y soñé cosas aún más desagradables.

Recordé que yacía en una caja de madera y que el viento y las ramas golpeaban la ventana. El ruido me fastidiaba tanto que, en el sueño, me levanté para abrir el postigo. No pude: la falleba estaba soldada. Rompí un cristal de un puñetazo y saqué la mano para apartar la rama. En lugar de ella, toqué una manecita helada. Un terror hondo me invadió. Quise retirar el brazo, pero la mano me retenía y una voz insistía:

—¡Déjame entrar, déjame entrar!

—¿Quién eres? —pregunté, forcejeando.

—Catalina Linton —susurró, temblorosa—. Me perdí en los páramos y vuelvo a casa.

No sé por qué, recordaba el apellido Linton, aunque había leído veinte veces más Earnshaw. Miré y distinguí el rostro de una niña a través del vidrio. El horror me volvió cruel y, al no lograr soltarme, apreté los puños contra el canto roto del cristal hasta que la sangre brotó y empapó las sábanas. Pero ella seguía gimiendo:

—¡Déjame entrar!

Y me apretaba la mano. El espanto me paralizaba.

—¿Cómo voy a dejarte entrar —dije al fin— si no me sueltas?

El fantasma aflojó. Metí de un tirón la mano por el hueco, apilé libros contra la rotura y me tapé los oídos para no oír la súplica. Así estuve un cuarto de hora; cada vez que dejaba de presionarlos, volvía a oír lo mismo.

—¡Vete! —grité—. ¡No te abriré aunque me lo pidas veinte años!

—Han pasado veinte años —murmuró—. Veinte años desde que me perdí.

Empujó desde fuera. La pila de libros vaciló. Intenté moverme, pero los músculos no me respondían, y, en el colmo del horror, lancé un alarido.

Ese grito no fue soñado. Con turbación, oí pasos acercarse a la puerta del cuarto. Alguien la abrió y, por las rendijas del lecho, vi luz. Me senté, empapado en sudor, todavía estremecido. El recién llegado murmuró algo, como si hablara solo, y luego dijo, sin esperar respuesta:

—¿Hay alguien ahí?

Reconocí la voz de Heathcliff. Entendí que debía revelar mi presencia, o acabaría encontrándome, y descorrí las tablas. Tardaré en olvidar el efecto que mi aparición le causó.

Heathcliff se detuvo en el umbral. En camisón, con una vela en la mano, la cara tan blanca como la pared. El ruido de las tablas le recorrió como una descarga. La vela se le resbaló y, de lo alterado que estaba, le costó recogerla.

—Soy Lockwood —dije, para cortar el espectáculo de su miedo—. He gritado sin darme cuenta, soñando. Lamento haberlo molestado.

—¡Que el diablo lo confunda, señor Lockwood! ¡Váyase al...! —empezó—. ¿Quién lo ha traído a este cuarto? —siguió, clavándose las uñas en las palmas y rechinando los dientes para dominarse—. ¿Quién lo metió aquí? Dígamelo y lo echo de casa ahora mismo.

—Su criada, Zillah —respondí, saliendo de la cama y recogiendo mi ropa—. Haga con ella lo que quiera; se lo ha ganado. Me parece que quería probar, a mi costa, si este sitio está embrujado. Y le aseguro que lo está, y bien poblado de trasgos y duendes. Hace usted bien en mantenerlo cerrado: nadie le agradecerá dormir aquí.

—¿Qué quiere decir y qué está haciendo? —replicó—. Acuéstese y pase la noche; pero, por Dios, no repita ese escándalo. No se justifica, salvo que lo estuvieran desollando vivo.

—Si la brujita esa llega a entrar, seguro que me estrangula —contesté—. No estoy para más persecuciones de sus hospitalarios antepasados. El reverendo Jabes Branderham... ¿no será pariente suyo por parte de madre? Y, en cuanto a Catalina Earnshaw —o Linton, o como se llamara—, ¡vaya pieza! Según me dijo, lleva vagando veinte años; justo castigo a sus maldades...

Entonces recordé que el nombre de Heathcliff aparecía junto al de Catalina en los libros, cosa que había olvidado. Me avergoncé de mi descortesía, pero seguí como si nada:

—El caso es que, al principio de la noche, estuve... —iba a decir «ojeando esos mamotretos», me corregí—: repitiendo el nombre escrito en esa ventana, para conciliar el sueño.

—¿Cómo se atreve a hablarme así en mi propia casa? —farfulló Heathcliff—. ¿Se ha vuelto loco?

Se golpeaba la frente con violencia. Dudé entre ofenderme o explicarme; lo vi tan conmovido que sentí compasión y le conté mi sueño, asegurándole que jamás había oído el nombre de Catalina Linton, pero que, de tanto verlo escrito, tomó cuerpo en mi duermevela.

Mientras hablaba, Heathcliff se fue retirando hasta quedar detrás del lecho. Por su respiración entrecortada, luchaba por contenerse. Fingí no notarlo, seguí vistiéndome y añadí:

—No son aún las tres. Yo creía que serían, por lo menos, las seis. Aquí el tiempo no pasa. Claro que debían de ser apenas las ocho cuando nos acostamos.

—En invierno nos retiramos a las nueve y nos levantamos a las cuatro —repuso mi casero, sofocando un gemido y, creo, secándose una lágrima—. Acuéstese: si baja tan temprano, estorbará. Por su culpa se me fue el sueño al demonio.

—A mí también —dije—. Bajaré al patio y pasearé hasta el alba, y luego me iré. No tema otra intromisión por mi parte. La experiencia de hoy me ha quitado las ganas de buscar amigos, ni en el campo ni en la ciudad. Un hombre sensato se basta a sí mismo.

—¡Magnífica compañía! —murmuró—. Tome la vela y váyase donde quiera. Me reuniré enseguida. No salga al patio: los perros están sueltos. Ni al salón: Juno hace guardia. Limítese a los pasillos y las escaleras. Aun así, váyase. En dos minutos estoy con usted.

Obedecí y me alejé lo que pude, pero, sin saber adónde daban los estrechos corredores, me detuve. Entonces fui testigo de unas demostraciones supersticiosas que me sorprendieron en un hombre tan aparentemente práctico. Se había metido en el lecho y, de un tirón, abrió la ventana, rompiendo a llorar:

—¡Oh, Catalina! —decía—. ¡Ven! Te lo imploro una vez más. ¡Amor mío, ven, ven al fin!

Pero el fantasma, con esa caprichosa lógica de los espectros, no se dignó presentarse. En cambio, el viento y la nieve entraron por la ventana y apagaron la vela.

Había tanta congoja en aquella crisis que me retiré, reprochándome haber escuchado y haberle contado mi sueño, que lo afectó así por motivos que yo no alcanzaba a entender.

Bajé al piso inferior y llegué a la cocina, donde encendí la vela en el rescoldo. No había un alma, salvo un gato que salió de entre las cenizas y me saludó con un maullido quejumbroso. Dos bancos semicirculares estaban arrimados al hogar. Me tendí en uno; el gato ocupó el otro. Nos estábamos quedando dormidos cuando un intruso irrumpió en nuestro refugio. Era José, que bajaba por una escalera de madera que debía de conducir a su desván. Lanzó una mirada agria a la llama que yo había encendido, expulsó al gato de su sitio, se apoderó de él y se puso a cargar una pipa larguísima. Debió de considerar mi presencia en su santuario una desvergüenza que ni merecía comentario. Sin decir palabra, se llevó la pipa a la boca, cruzó los brazos y empezó a fumar. Yo no interrumpí su placer; cuando aspiró la última bocanada, se levantó, suspiró y se marchó tan grave como había llegado.

Se oyeron cerca de mí unas pisadas más elásticas y, cuando iba a saludar, me contuve al escuchar a Hareton Earnshaw recitar en voz baja una letanía de maldiciones, tantas como objetos tocaba mientras buscaba una azada para quitar la nieve. Me miró, dilató las aletas de la nariz y me saludó tanto como al gato. Viendo que se disponía a salir, abandoné mi duro lecho y me preparé a seguirlo. Él lo notó y, con el mango de la azada, me señaló una puerta que comunicaba con el salón.

Las mujeres ya estaban allí. Zillah avivaba el fuego con un fuelle colosal, y la señora Heathcliff, arrodillada ante las llamas, leía un libro a su resplandor. Tenía la mano entre el fuego y los ojos, absorta, y solo interrumpía la lectura para reñir a la cocinera si una chispa saltaba hacia ella o para apartar a algún perro que la rozaba con el hocico. Me sorprendió ver también a Heathcliff, de pie junto al fuego, al parecer rematando una descarga de reproches contra la pobre Zillah, que, de cuando en cuando, dejaba de soplar y suspiraba.

—En cuanto a ti, miserable… —soltó una palabra que no transcribo, dirigida a su nuera—, ya veo que sigues con tus mañas. Los demás trabajan para ganarse el pan; solo tú vives de mi caridad. ¡Deja ese mamotreto y haz algo útil! ¡Deberías pagarme por el suplicio de verte siempre! ¿Me oyes, bruta?

—Dejaré mi mamotreto porque me lo podría usted arrebatar —replicó la joven, cerrando el libro y arrojándolo sobre una silla—. Pero aunque se le incendie la boca injuriándome, no haré nada que no me parezca.

Heathcliff alzó la mano; su interlocutora, acostumbrada a estas escenas, saltó fuera de su alcance. Para disimular, me acerqué al fuego fingiendo no haber visto la disputa; ellos hicieron el esfuerzo de contenerse. Heathcliff, para no caer en la tentación de pegarle, se metió las manos en los bolsillos. Ella se retiró a un rincón y, mientras estuve, permaneció muda como una estatua. No me quedé mucho. Rechacé la invitación a desayunar y, en cuanto asomó la primera luz del alba, salí al aire libre, frío y cortante como el hielo.

Heathcliff me llamó cuando cruzaba el jardín y se ofreció a acompañarme por los páramos. Hizo bien: la colina era un mar ondulante de nieve que ocultaba todas las irregularidades del terreno. Mi memoria del suelo no coincidía con lo que veíamos: los hoyos estaban rellenos y los montones de piedra —reliquias de cantera— que señalaban el camino habían desaparecido bajo la bóveda blanca. El día anterior había distinguido una hilera de piedras erguidas, blanqueadas con cal, para guiar en la oscuridad o cuando la nieve confundiera firme y ciénaga; ahora, ni rastro. Más de una vez mi guía tuvo que advertirme para que no me saliera del paso sin darme cuenta.

Hablamos poco. A la entrada del parque de la Granja, Heathcliff se detuvo, dijo que suponía que ya no me extraviaría y, con una leve inclinación, nos despedimos. La portería estaba desierta, y recorrer las dos millas que me faltaban me llevó dos horas, entre desvíos en la arboleda y zambullidas en nieve hasta la cintura. Era mediodía cuando llegué.

El ama de llaves y su tropa corrieron, alborozados, a recibirme: me daban por muerto y pensaban salir a recoger mi cadáver de entre la nieve. Les pedí calma: había vuelto. Subí a duras penas y entré en mi cuarto. Estaba entumecido hasta los huesos. Me cambié de ropa, caminé treinta o cuarenta minutos por la estancia para entrar en calor y luego me instalé en el despacho, quizá algo lejos del buen fuego y del café reconfortante que el ama de llaves me preparó.

CAPÍTULO IV: LA VOZ DE LA CASA

El ser humano es voluble como una veleta. Yo, que había decidido mantenerme al margen de toda sociedad y agradecía a mi buena estrella haber caído en un sitio donde podía cumplir ese propósito a la perfección; yo, desdichado de mí, acabé arriando bandera después de aburrirme mortalmente toda la tarde y, con el pretexto de hablar de los detalles de mi alojamiento, le pedí a la señora Dean, cuando me trajo la cena, que se sentara un momento para conversar un rato que me animara… o me rematara el tedio.

—Usted vive aquí desde hace mucho —empecé—. Me dijo que dieciséis años, ¿no?

—Dieciocho, señor. Entré al servicio de la señora cuando se casó. Cuando ella falleció, el señor me dejó de ama de llaves.

—¡Ah!

Hubo una pausa. Pensé que sería amiga de las confidencias. Al cabo, se alisó la falda, puso las manos sobre las rodillas y, con gesto meditativo, soltó:

—Han cambiado mucho los tiempos.

—Desde luego —dije—. Habrá visto muchas transformaciones…

—Y muchas penas.

«Llevemos la charla hacia la familia de mi casero —pensé—. ¡Debe dar para rato! Me gustaría saber la historia de esa bella viuda; averiguar si es de por aquí, que es lo más probable, visto que ese rudo lugareño no la reconoce como de su misma raza».

Con ese plan, le pregunté a la señora Dean si sabía por qué Heathcliff alquilaba la Granja de los Tordos, reservándose para sí una residencia mucho peor.

—¿No es lo bastante rico? —quise saber.

—¿Rico? Nadie sabe cuánto tiene, y, además, cada año engorda el capital. Podría vivir en una casa mejor que esta, pero es… muy ahorrativo. En cuanto oyó que había un buen inquilino para la Granja, no quiso perder la oportunidad de sacarse unas cuantas centenas de libras más. No entiendo tanta codicia estando solo en el mundo.

—¿No tuvo un hijo?

—Sí, pero murió.

—Y la señora Heathcliff, esa muchacha, ¿es la viuda?

—Sí.

—¿De dónde es?

—¡Es hija de mi difunto amo! De soltera se llamaba Catalina Linton. Yo la crié. Ojalá el señor Heathcliff viniera a vivir aquí; volveríamos a estar juntas.

—¿Catalina Linton? —exclamé, sorprendido. Luego caí en que no podía ser la Catalina Linton del cuarto donde dormí—. Entonces, ¿el antiguo dueño de esta casa se apellidaba Linton?

—Sí, señor.

—Y ese Hareton Earnshaw que vive con Heathcliff, ¿es pariente?

—Hareton es sobrino de la difunta Catalina Linton.

—¿Primo de la joven, entonces?

—Sí. Su marido también fue primo suyo: uno por parte de madre y otro por parte de padre. Heathcliff estuvo casado con la hermana del señor Linton.

—En la puerta principal de Cumbres Borrascosas vi una inscripción: «Earnshaw, 1500». Supongo que es una familia antigua…

—Antiquísima, señor. Hareton es su último descendiente, y Catalina la última de los nuestros… quiero decir, de los Linton. ¿Ha estado usted en Cumbres Borrascosas? Perdone la curiosidad, pero me gustaría saber cómo encontró a la señora.

—La señora Heathcliff me pareció muy hermosa, pero sinceramente creo que no es feliz.

—¡Ay, Dios mío, no me extraña! ¿Y qué le pareció el amo?

—Bastante áspero, señora Dean.

—Áspero como una sierra y duro como el pedernal.

—Debe de haber llevado una vida accidentada para volverse así… ¿Conoce su historia?

—La conozco entera, salvo quiénes fueron sus padres y dónde reunió su primer dinero. A Hareton lo han dejado sin nada… El pobre muchacho es el único de la parroquia que ignora la estafa que le han hecho.

—Vamos, señora Dean, haría usted una obra de caridad contándome algo de esos vecinos. Si me acuesto, no dormiré. Siéntese y charlemos una hora…

—¡Cómo no, señor! Justo tengo unas cosas que coser. Me sentaré todo lo que usted quiera. Pero está usted tiritando; le prepararé algo para que entre en calor.

La buena mujer salió a toda prisa. Me acomodé junto al fuego. Tenía la cabeza ardiendo y el cuerpo helado, los nervios tensos, y me inquietaba pensar en las consecuencias para mi salud de mi visita a Cumbres Borrascosas. Volvió enseguida con un tazón humeante y su costurero. Dejó el cuenco sobre la repisa y se sentó, con ese aire satisfecho de quien ha encontrado a un señor amigo de la confianza.

—Antes de instalarme aquí —empezó sin que yo tuviera que insistirle— viví casi siempre en Cumbres Borrascosas. Mi madre crió a Hindley Earnshaw, el padre de Hareton, y yo solía jugar con los niños. Me movía por toda la finca, ayudaba en lo que hiciera falta y hacía los recados. Una hermosa mañana de verano —recuerdo que estaba por empezar la siega— el señor Earnshaw, el viejo amo, bajó las escaleras con ropa de viaje, dio instrucciones a José para la jornada y, dirigiéndose a Hindley, a Catalina y a mí, que desayunábamos juntos, le preguntó a su hijo:

—¿Qué quieres que te traiga de Liverpool, chico? Elige lo que sea, con tal de que no abulte, que voy y vengo a pie: son sesenta millas de caminata.

Hindley pidió un violín, y Catalina —que, sin llegar a seis años, ya montaba todos los caballos de la cuadra—, un látigo. A mí el señor me prometió peras y manzanas. Era bueno, aunque algo severo. Besó a los niños y se fue.

Durante los tres días de su ausencia, la pequeña Catalina no hacía más que preguntar por su padre. La noche del tercero, la señora esperaba que llegara a tiempo para la cena y la fue retrasando horas. Los niños se cansaron de ir a la verja a vigilar la llegada. Cayó la noche; la señora quería acostarlos, y ellos rogaban seguir esperando. A las once, por fin, apareció el señor. Se dejó caer en una silla, riéndose y quejándose de que no haría otra caminata igual ni por todo lo que hay en los tres reinos de Gran Bretaña.

—Creí que reventaba —añadió, abriéndose el gabán—. Mira lo que traigo, mujer. No he cargado nunca con algo más pesado: recíbelo como un don de Dios, aunque, por lo negro que es, parece enviado del demonio.

Nos acercamos y, por encima de la cabeza de Catalina, vi a un niño sucio y andrajoso, de pelo negro. Era bastante mayorcito para andar y hablar —se veía mayor que Catalina—, pero, cuando lo plantamos en el suelo, se quedó quieto, mirándonos con turbación y farfullando una jerga ininteligible. Nos asustó, y la señora quiso echarlo de casa. Le preguntó al amo cómo se le ocurría traer a ese gitanillo teniendo sus propios hijos que cuidar. ¿Qué significaba aquello? ¿Se había vuelto loco? El señor intentó explicarse, pero, como venía rendido y ella no paraba de reñirle, apenas entendí que había encontrado al chiquillo hambriento y sin hogar en las calles de Liverpool y resolvió recogerlo y traerlo consigo. La señora se calmó al fin y el señor Earnshaw me mandó lavarlo, vestirlo y acostarlo en el cuarto de los niños.

Hindley y Catalina aguardaron a que volviera la calma para registrar los bolsillos del padre en busca de sus regalos. Hindley, ya un mozo de catorce años, rompió a llorar al encontrar los restos de lo que había sido un violín, y Catalina, al oír que su padre había perdido el látigo por atender al intruso, se desquitó escupiéndole al pequeño y haciéndole muecas. Le costó una bofetada. Los hermanos se negaron a admitirlo en sus camas, y yo, con poca cabeza, lo dejé en el rellano, esperando que se fuera al amanecer. Pero, fuera porque oyó la voz del señor o por lo que fuera, el chico se fue al cuarto del amo y, cuando este supo dónde lo había dejado yo, me castigó la inhumanidad echándome a la calle.

Así entró Heathcliff en la familia. Yo regresé días después —la expulsión no fue definitiva— y supe que al intruso le habían puesto el nombre de Heathcliff, que era el de un niño de los amos muerto de muy pequeño. Desde entonces, «Heathcliff» le sirvió de nombre y apellido. Él y Catalina hicieron muy buenas migas, pero Hindley lo odiaba, y yo también. Entre los dos lo maltratábamos, y la señora jamás lo defendía.

Él se comportaba como un niño hosco y paciente. Debía de estar acostumbrado a los malos tratos. Aguantaba los golpes de Hindley sin pestañear y sin derramar una lágrima. Si yo lo pellizcaba, solo soltaba un suspiro hondo, como si el daño se lo hubiera hecho él por accidente. Cuando el señor Earnshaw descubrió que su hijo maltrataba al «pobre huérfano», como lo llamaba, se encendió. Le profesaba a Heathcliff un afecto sorprendente (más incluso que a Catalina, que era muy traviesa) y le creía todo, aunque, en lo relativo a las persecuciones, el muchacho no contaba ni la mitad.

De modo que, desde el primer día, Heathcliff sembró discordia en la casa. Cuando dos años después murió la señora, Hindley consideraba a su padre un tirano y a Heathcliff, el intruso que le había robado el afecto paterno y sus derechos de hijo. Yo compartía esas ideas, pero, cuando los niños cayeron con sarampión, cambié de opinión. Me tocó cuidar a todos y, mientras estuvo grave, Heathcliff no quería que me apartara. Debía de pensar que era muy buena con él, sin entender que solo cumplía con mi deber. Eso sí: ha sido el niño más apacible que haya atendido jamás una enfermera. Mientras Catalina y su hermano me daban guerra, él era manso como un cordero; tal vez por costumbre de sufrir más que por buen carácter.

Cuando sanó y el médico dijo que, en parte, era gracias a mis cuidados, me sentí agradecida con quien me había hecho merecedora del elogio. Así perdió Hindley a su aliada en mí. Con todo, mi cariño por Heathcliff no era ciego, y a menudo me preguntaba qué veía el amo en un niño que, según recuerdo, nunca le devolvió su protección con un gesto de gratitud.

No es que se portara mal con él, pero mostraba indiferencia, aun sabiendo que bastaba una palabra suya para que toda la casa se doblegara. Recuerdo, por ejemplo, cuando el señor Earnshaw compró dos potros en la feria y regaló uno a cada chico. Heathcliff eligió el más hermoso; al poco notó que cojeaba y le dijo a Hindley:

—Tienes que cambiarme el caballo. Este no me gusta. Si no lo haces, le diré a tu padre que esta semana me has dado tres palizas y le enseñaré el brazo, amoratado hasta el hombro.

Hindley se burló y le soltó unas bofetadas.

—Más te vale hacer lo que te digo —siguió Heathcliff, saliendo al portal desde la cuadra—. Ya sabes que, si hablo con tu padre, te caerán estos golpes y peores.

—¡Largo de aquí, perro! —gritó Hindley, amenazándolo con una pesa de hierro para pesar patatas.

—Atrévete a tirarla —lo retó Heathcliff, plantándose—. Ya le diré que te jactas de que me echarás a la calle cuando él muera; a ver si no eres tú el que sale hoy mismo de esta casa.

Hindley lanzó la pesa; le alcanzó en el pecho. Cayó al suelo, pero se levantó al instante, pálido y tambaleante. Si no lo detengo, va de cabeza a acusarlo ante el amo.

—Toma mi caballo, gitano —rugió entonces el joven Earnshaw—, ¡y ojalá te mates con él! ¡Cógelo, maldito seas, intruso! Anda, arráncale a mi padre cuanto tiene y luego muéstrale quién eres, engendro del demonio. ¡Tómalo, y que te rompa la cabeza a coces!

Heathcliff se acercó al animal y empezó a desatarlo para cambiarlo de sitio. Apenas terminó de hablar, Hindley lo tiró de un empujón entre las pezuñas; sin esperar a ver si se cumplían sus maldiciones, se fue corriendo.

Me asombró la calma con que el chico se levantó, cumplió su propósito —primero cambió los arreos de las caballerías— y se sentó en un haz de heno para reponerse del golpe antes de entrar en casa. No me costó convencerlo de que achacara al caballo la culpa de sus contusiones. Había conseguido lo que quería; lo demás le daba igual. Como rara vez se quejaba de los malos tratos, yo pensé que no era rencoroso. Pero pronto verá usted que estaba equivocada.

CAPÍTULO V: MUERTE JUNTO AL HOGAR

Con el tiempo, el señor Earnshaw empezó a venirse abajo. Había sido un hombre recio y sano, pero cuando las fuerzas lo abandonaron y se vio condenado a vivir junto al fuego, se volvió suspicaz e irritable. Se ofendía por cualquier nimiedad y estallaba ante la menor falta de respeto, real o imaginaria. Eso se acentuaba cuando alguien intentaba engañar o dominar a su favorito. Vigilaba con celo que no se le dirigiera una sola palabra ofensiva, y parecía llevar clavada en la cabeza la idea de que el cariño que sentía por Heathcliff hacía que todos lo odiáramos y le deseáramos el mal. Aquello perjudicaba al muchacho, porque, para no enfadar al amo, nos plegábamos a todos los caprichos de su preferido, fomentando su soberbia y su mal carácter. En dos o tres ocasiones, los desplantes que Hindley le hacía a Heathcliff delante de su padre encendieron la cólera del anciano, que agarraba el bastón como para golpear a su propio hijo, y temblaba de rabia al no poder hacerlo por falta de fuerzas.

Finalmente, el párroco (entonces había aquí un cura que se ganaba la vida dando clase a los niños de los Linton y los Earnshaw y labrando su propio terreno) aconsejó enviar a Hindley al colegio, y el señor Earnshaw, a regañadientes, aceptó; decía que Hindley era torpe y no se le sacaría partido hicieran lo que hicieran.

Yo, dolida al ver lo caro que pagaba el señor las consecuencias de su «buena obra», confié en que así volvería la paz. Me parecía que las amarguras de casa le estaban agriando la vejez. Por lo demás, hacía cuanto quería y las cosas no habrían ido tan mal de no ser por la señorita Catalina y por José, el criado. Supongo que ya lo habrá visto… Era —y seguirá siendo— el más odioso fariseo que pueda imaginarse: siempre listo para creerse objeto de las bendiciones divinas y para lanzar maldiciones sobre el prójimo en nombre de Dios. Sus sermones impresionaban mucho al señor Earnshaw y, a medida que este se debilitaba, crecía el dominio de José sobre él. No paraba de mortificarlo con advertencias sobre la salvación eterna y la necesidad de educar a los hijos de manera rígida. Procuraba pintar a Hindley como un réprobo y contaba larguísimos relatos de las diabluras de Heathcliff y Catalina, cargando siempre las culpas sobre ella, convencido de que así halagaba las inclinaciones del amo.

La verdad: Catalina era la criatura más caprichosa y traviesa que he visto. Nos hacía perder la paciencia mil veces al día. Desde que se levantaba hasta que se acostaba no nos dejaba un minuto en paz. Tenía el genio presto para la disputa y la boca nunca quieta: cantaba, reía y se burlaba de cualquiera que no la siguiera. Con todo, creo que no tenía mal fondo: cuando hacía sufrir a alguien de veras, corría a consolarlo. Pero por Heathcliff sentía un apego excesivo. No había castigo mayor que separarla de él, aunque siempre la reñían por su culpa. En los juegos le gustaba ser la señora, y usaba las manos más de la cuenta para imponer su autoridad. Intentó hacer lo mismo conmigo, pero pronto entendió que no iba a tolerarle ni golpes ni órdenes.

El señor Earnshaw no soportaba los juegos. Siempre había sido severo con sus hijos y Catalina no comprendía por qué, ya viejo, estaba más regañón que antes. Parecía disfrutar provocándolo. Era feliz cuando nos tenía a todos alrededor reprochándole, porque entonces podía devolvernos cada palabra con mordacidad, burlarse de las invocaciones piadosas de José, buscarnos las vueltas y, en suma, hacer lo que más desagradaba a su padre. Además, actuaba como si quisiera demostrar que tenía más ascendiente sobre Heathcliff —a pesar de su insolencia— que su padre con todas sus bondades hacia él. Después de hacer todo el daño posible durante el día, por la noche se acercaba melosa a su padre, buscando reconciliarse a fuerza de mimos.

—Vete, vete, Catalina —le decía el anciano—. No puedo quererte. Eres peor que tu hermano. Anda, reza y pídele a Dios que te perdone. Mucho temo que tu madre y yo hayamos de arrepentirnos de haberte dado la vida.

Al principio esas palabras la hacían llorar, pero luego se acostumbró y hasta reía cuando su padre la mandaba pedir perdón por sus maldades.

Al fin llegó el momento en que terminaron los padecimientos del señor Earnshaw en esta tierra. Murió una noche de octubre, en paz, sentado en su sillón junto al fuego. Un viento fuerte rodeaba la casa y bramaba en el cañón de la chimenea. Era un aire violento y tempestuoso, pero no frío. Estábamos todos juntos: yo algo apartada de la lumbre, tejiendo, y José leyendo la Biblia. Entonces, cuando los criados acababan su jornada, solían reunirse con los señores en el salón. La señorita Catalina estaba tranquila —acababa de pasar una enfermedad— y reposaba con la cabeza en las rodillas de su padre. Heathcliff se había echado en el suelo con la cabeza en el regazo de Catalina. El amo, lo recuerdo bien, antes de caer en el sopor del que no despertaría, acariciaba el cabello de la muchacha y, extrañado de verla tan juiciosa, decía:

—¿Por qué no puedes ser siempre buena?

Ella lo miró, sonrió, y replicó:

—¿Y usted, padre, por qué no puede ser siempre bueno?

Luego, al notar que lo disgustaba, le besó la mano y prometió cantarle bajito para que se durmiera. Empezó a hacerlo. Al poco, los dedos del anciano se soltaron del cabello de la niña y reclinó la cabeza sobre el pecho. Le indiqué a Catalina que callara y no se moviera para no despertarlo. Pasó más de media hora en silencio, y habríamos seguido así si José no se hubiera levantado diciendo que era hora de despertar al señor para rezar y acostarse. Se acercó, lo llamó, lo tocó en el hombro; al ver que no reaccionaba, tomó la vela y le miró. Cuando apartó la luz, supe que pasaba algo. Tomó a cada niño por un brazo y, en voz baja, les dijo que subieran y rezaran solos, que él tenía mucho que hacer esa noche antes de retirarse.

—Voy a darle las buenas noches a papá —dijo Catalina,

Y, antes de que pudiéramos evitarlo, le echó los brazos al cuello. Comprendió al instante y exclamó:

—¡Oh, ha muerto, Heathcliff! Padre, ha muerto…

Y los dos rompieron a llorar con un llanto que partía el alma.

Yo también empecé a llorar; pero José nos cortó en seco, preguntando por qué llorábamos tanto por un santo que ya estaba en el cielo. Luego me mandó ponerme el abrigo y correr a Gimmerton a buscar al médico y al sacerdote. No veía para qué podrían servir a esas alturas, pero salí de inmediato, pese a lo mala que estaba la noche. El médico vino enseguida. Dejé a José explicándose con el doctor y subí al cuarto de los niños. Tenían la puerta abierta y no pensaban en acostarse, aunque pasaba de medianoche. Estaban más calmados y no requerían mi consuelo. En su charla inocente, se describían mutuamente las bellezas del cielo como ningún cura sabría hacerlo. Yo los oía llorando y daba gracias a Dios de que estuviéramos allí los tres, juntos, a salvo…

CAPÍTULO VI: EL RESPLANDOR DE LA GRANJA

Cuando Hindley vino al sepelio de su padre, apareció con una mujer, para sorpresa de todos los vecinos. Nunca nos dijo quién era su esposa ni de dónde venía. Debía carecer de fortuna y apellido distinguido, porque, de otro modo, Hindley habría anunciado el matrimonio a su padre.

La recién llegada no causó grandes molestias. Todo le parecía encantador en la casa, salvo lo relativo al entierro. Al verla durante la ceremonia, pensé que era medio asustadiza. Me hizo acompañarla a su habitación —aunque yo tenía que vestir a los niños— y se sentó temblando, con los puños cerrados, repitiendo:

—¿Ya se han ido?

Luego, entre sollozos nerviosos, explicó la impresión que le causaba tanto luto. Al verla estremecerse y llorar, le pregunté qué tenía; respondió que temía morirse. A mí me pareció tan expuesta a morir como yo. Era delgada, sí, pero con la piel fresca y juvenil, y los ojos brillantes como diamantes. Noté, eso sí, que cualquier ruido inesperado la sobresaltaba y que tosía a ratos, pero entonces no supe lo que aquellos síntomas anunciaban, y tampoco le tenía mucha simpatía.

En esta tierra no solemos simpatizar con los forasteros... a menos que ellos nos la muestren primero.

Hindley parecía otro: más flaco y más pálido; vestía y hablaba de modo muy distinto. El mismo día de su llegada nos dijo a José y a mí que nos limitáramos a la cocina, reservándose el salón para su uso exclusivo. Al principio pensó habilitar como saloncito una estancia interior, empapelándola y arreglándola, pero a su mujer le gustó tanto el salón —el suelo blanco, la chimenea enorme, el aparador con sus platos—, y la amplitud del cuarto la dejó tan contenta, que decidieron usar esa habitación como gabinete.

Al principio, la mujer de Hindley se mostró encantada con su cuñada. Paseaban por la casa, jugaban juntas, la besaba y le hacía regalos. Pronto se cansó; y, a medida que menguaban sus muestras de cariño, Hindley se volvía más déspota. Bastaba una palabra de su esposa que mostrara desapego hacia Heathcliff para despertar en él los viejos odios infantiles.

Lo mandó a vivir con los criados y a ocuparse en las mismas faenas agrícolas que los mozos.

Al principio, Heathcliff soportó con bastante resignación su nuevo estado. Catalina le enseñaba lo que ella aprendía, trabajaba con él en el campo y jugaban juntos. Los dos crecían en el más completo abandono, y el joven amo no se preocupaba de lo que hicieran mientras no lo molestaran. Ni siquiera se ocupaba de que fueran a la iglesia los domingos. Cada vez que se escapaban y José o el cura le reprochaban su descuido, se limitaba a ordenar que pegaran a Heathcliff y dejaran sin comer a Catalina. La diversión favorita de ambos era huir al páramo; y, cuando los castigaban por ello, se lo tomaban a risa. Aunque el cura le marcara a Catalina cuantos capítulos quisiera para que los aprendiera de memoria, y aunque José aporreara a Heathcliff hasta agotarse el brazo, los chicos lo olvidaban todo en cuanto volvían a estar juntos. Más de una vez lloré a solas, viéndolos hacerse cada día más traviesos, pero no me atrevía a decirles nada por miedo a perder el poco influjo que aún conservaba sobre esas pobres criaturas.

Un domingo por la tarde, los echaron del salón por alguna travesura, y cuando fui a buscarlos no aparecieron. Registramos casa, patio y establo sin rastro de ellos. Finalmente, Hindley, furioso, mandó cerrar con cerrojo y prohibió que nadie les abriera si regresaban de noche. Todos se acostaron menos yo, que me quedé en la ventana, aunque llovía, para abrirles a pesar de la orden del amo. No tardé en oír pasos y ver una luz al otro lado de la verja. Me cubrí la cabeza con un pañuelo y salí corriendo para que no llamaran y despertaran al señor. Era Heathcliff; se me encogió el corazón al verlo solo.

—¿Dónde está la señorita? —le solté, impaciente—. Espero que no le haya pasado nada.

—Está en la Granja de los Tordos —dijo—, y allí estaría yo también si hubieran tenido la cortesía de decirme que me quedara.

—Ya pagarás las consecuencias —le advertí—. No pararás hasta que te echen de casa. ¿Qué pintabais en la Granja de los Tordos?

—Déjame cambiarme y te lo cuento, Elena.

Le recomendé no despertar a Hindley, y mientras yo esperaba para apagar la vela, me explicó:

—Salimos del lavadero con idea de darnos unas vueltas a nuestro antojo. Vimos las luces de la Granja y se nos ocurrió comprobar si los Linton pasan los domingos escondidos en los rincones y temblando mientras sus padres comen, beben, cantan y se chamuscan las pestañas al fuego. ¿Tú crees que lo pasan así, o que el criado les suelta sermones, les enseña el catecismo y les pone a memorizar una lista de nombres de la Escritura si no responden bien?

—No lo creo —respondí—. Son niños buenos y no merecen el trato que os ganáis por portaros mal.

—¡Bah! —siguió—. Corrimos desde Cumbres hasta el parque sin parar. Catalina llegó rendida: iba descalza. Mañana tendrás que buscar sus zapatos en el seto. Subimos a tientas por el sendero y nos encaramamos a una jardinera bajo la ventana del salón. No habían echado las contraventanas, las cortinas estaban a medio correr y una luz espléndida salía por los cristales. Nos pusimos de pie, nos sujetamos al alféizar y vimos una sala magnífica con alfombra carmesí. El techo, blanco como nieve, tenía una orla dorada y, del centro, pendía un torrente de gotas de cristal sujetas por una cadena de plata, brillando con muchas velitas. Los viejos Linton no estaban y Eduardo y su hermana tenían el cuarto para ellos solos. ¿Cómo no iban a ser felices? A nosotros nos habría parecido el paraíso. Y adivina qué hacían esos «niños buenos»: Isabel —tendrá once años, uno menos que Catalina— estaba en un rincón chillando como si las brujas la pincharan con alfileres al rojo. Eduardo, junto a la chimenea, lloraba en silencio. Sobre la mesa habían dejado un perrito al que casi partieron en dos peleándose por él, a juzgar por los reproches que se lanzaban y los quejidos del animal. ¡Vaya par de tontos! Reñir por un montón de pelos tibios. En ese momento lloraban porque, después de darse de golpes por cogerlo, ya ninguno lo quería. Nosotros nos moríamos de risa. ¿Cuándo me has visto a mí desear lo que quiere Catalina? ¿Nos has visto alguna vez —cuando estamos solos— chillar, llorar y revolcarnos cada uno en una punta del salón? ¡No cambiaría la vida de Eduardo Linton en la Granja por la mía aquí ni aunque pudiera tirar a José desde el tejado y pintar las paredes con la sangre de Hindley!

—¡Cállate, cállate! —lo corté—. ¿Y cómo se quedó allí Catalina?

—Como te dije: nos reímos. Los Linton nos oyeron y volaron a la puerta. Hubo un silencio y luego gritaron: «¡Papá, mamá, venid!». Hicimos aún más ruido para asustarlos y echamos a correr porque alguien trataba de abrir la ventana. Yo tiraba de la mano de Catalina y le decía que corriera, cuando, de pronto, cayó al suelo. «¡Corre, Heathcliff! —me dijo—. Han soltado al perro y me ha cogido». Lo tenía del tobillo; le oí gruñir. Catalina no gritó. Le habría parecido despreciable gritar aunque se viera entre los cuernos de un toro. Yo sí grité: lancé maldiciones suficientes para espantar a todos los diablos. Luego agarré una piedra y se la metí en la boca al animal, empeñado en encajársela en la garganta. Salió un criado con un farol: «¡Sujétalo, Espía, sujeta!». Pero al ver al perro, cambió el tono: el animal sacaba un palmo de lengua y sangraba a borbotones por el hocico. El hombre cargó a Catalina —medio desvanecida, no de miedo, sino de rabia— y se la llevó. Yo los seguí, soltando insultos y prometiendo vengarme.

—¿A quién traes, Roberto? —preguntó Linton desde la puerta.

—El perro ha atrapado a una niña, señor —dijo—. Y aquí hay también un rapaz que no tiene desperdicio —añadió, sujetándome—. Seguramente estos ladronzuelos pensaban meterse por la ventana para abrirnos la puerta cuando durmiéramos y asesinarnos sin testigos. ¡Cállate, tunante! Esta gracia te costará la horca. No suelte la escopeta, señor Linton.

—No la suelto, Roberto —contestó el viejo zote—. Estos bandidos habrá sabido que ayer cobramos. ¡Entrad, entrad, que los recibimos! Juan, echa la cadena. Eugenia, dale agua al perro. ¡Han venido a la boca del lobo! ¡Y en domingo! ¡Qué descaro! Mira, María: es un niño, no temas. Pero tiene tan mala facha que haría un favor a la sociedad si lo ahorcaran antes de que cometa los crímenes que anuncia su jeta.

—¡Qué horror! Mételo al sótano, papá. Se parece al hijo de la gitana que me robó mi faisán domesticado. ¿Verdad, Eduardo?

Mientras me examinaban, apareció Catalina y se rió al oír a Isabel. Eduardo, tras mirarla un momento, la reconoció —nos habíamos visto a veces en la iglesia—:

—¡Es Catalina Earnshaw! —dijo—. Y le sangra el pie, mamá.

—No digas tonterías. ¡¿Catalina Earnshaw con un gitano?! Y, sin embargo, va de luto… Pues es ella. ¡Y pensar que podría quedar coja para siempre!

—¡Qué descuido imperdonable el de su hermano! —exclamó el señor Linton, volviéndose hacia Catalina—. Ya me dijo el padre Shielded que no se ocupan de su educación. ¿Y este? ¿Quién es? ¡Ah, sí: el vagabundo que el difunto Earnshaw trajo de Liverpool!

—Da igual: es un niño malo que no debería vivir en una casa decente —sentenció la vieja—. ¿Oíste cómo hablaba, Linton? Me disgusta que mis hijos lo escucharan.

—Volví a maldecir todo lo que pude —no te enfades, Elena— y mandaron a Roberto que me echara. No quise irme sin Catalina, pero me llevó a la fuerza al jardín, me dio un farol, dijo que avisaría al señor

Earnshaw de mi conducta y, tras ordenarme que me marchara, atrancó la puerta.

Como las cortinas seguían descorridas, volví bajo la ventana dispuesto a romper todos los cristales si Catalina quería irse y no la dejaban. Pero estaba sentada tan tranquila en el sofá, y la señora Linton, tras quitarle el mantón de la criada que habíamos tomado para la excursión, le hablaba —imagino que riñiéndola. A ella, por señorita, la trataban de otro modo. Trajeron una palangana de agua caliente, le lavaron el pie; luego el señor Linton le ofreció un vasito de vino dulce; Isabel puso en su regazo un plato con tortas; Eduardo permanecía en silencio, a corta distancia. Después le secaron los pies, la peinaron, le calzaron unas zapatillas que le quedaban enormes y la sentaron al fuego. Así la dejé: feliz como unas pascuas, repartiendo dulces con Espía y el perrito y haciéndoles cosquillas a ratos. Todos estaban maravillados con ella. No es raro: vale mil veces más que ellos y que cualquiera. ¿No es así?

—Ya verás que esto traerá malas consecuencias, Heathcliff —le dije, abrigándolo y apagando la luz—. Eres incorregible. El señor Hindley no tendrá más remedio que endurecerse contigo.

Por desgracia, tuve más razón de la que quería. El incidente enfureció a Earnshaw. Y, para colmo, al día siguiente el señor Linton vino a hablar con él y le descargó tal chaparrón por su modo de criar a los niños, que Hindley se vio obligado a «poner a raya» a Heathcliff. No ordenó que lo golpearan, pero le comunicó que, a la primera palabra que dirigiera a Catalina, lo echarían a la calle. La señora Earnshaw aseguró que, cuando Catalina regresara, cambiaría su comportamiento por las buenas. De otra manera habría sido imposible.

CAPÍTULO VII: NAVIDAD DE OFENSA

En Navidad, después de cinco semanas con los Linton, Catalina volvió curada y con mejores modales. Mientras tanto, la señora la había visitado a menudo y puso en marcha su plan de "reeducación": ganó la estima de la muchacha y la colmó de vestidos y regalos. Así que, cuando regresó, ya no era aquella salvajita que corría por la casa con el pelo revuelto, sino una joven compuesta que bajó de una bonita yegua negra: rizos bajo un sombrero con plumas, un manto largo que debía sostener con las manos para que no rozara el suelo. Hindley la ayudó a desmontar, de buen humor:

—Te has puesto preciosa, Catalina. No te habría reconocido. Ahora sí pareces una señorita. ¿Verdad, Francisca, que Isabel Linton no puede compararse con mi hermana?

—Isabel Linton no tiene la gracia natural de Catalina —repuso la esposa de Hindley—, pero es preciso que esta se deje guiar y no vuelva a volverse intratable. Elena, ayuda a la señorita a desvestirse. Espera, querida, no te despeines: yo te quito el sombrero.

Al quitarle el manto, apareció un traje de seda a rayas, enaguas blancas y unas polainas brillantes. Los perros se acercaron; a Catalina le brillaban los ojos de alegría, pero no se atrevió a tocarlos por no mancharse. A mí me besó con cuidado —yo estaba con el bollo de Navidad y cubierta de harina— y, acto seguido, buscó con la mirada a Heathcliff. Los señores aguardaban impacientes ese encuentro, para medir sus posibilidades de separarla por fin de su compañero.

Heathcliff no tardó en aparecer. De suyo era dejado, y si antes nadie se ocupaba de él, ahora menos. Yo era la única que, con suerte, lo hacía asearse una vez por semana: los muchachos no suelen ser amigos del agua. Tras tres meses de barro y polvo, el traje estaba como es de suponer; llevaba el cabello enmarañado y la cara y las manos cubiertas de mugre. Se quedó escondido, mirando a aquella joven tan puesta, sorprendido de verla tan distinta de él.

—¿Y Heathcliff? —preguntó Catalina, quitándose los guantes y mostrando unos dedos blanquísimos, propios de no hacer nada ni salir de casa.

—Ven, Heathcliff —gritó Hindley, saboreando por adelantado el mal efecto que haría el mozo, con su traza de pilluelo—. Ven a saludar a la señorita Catalina como los demás criados.

Catalina, al verle, corrió hacia él; lo besó seis o siete veces en cada mejilla y, separándose un poco, dijo entre risas:

—¡Ay, qué negro estás y qué cara de enfado! Claro, es que me he acostumbrado a ver a Eduardo e Isabel. ¿Me has olvidado, Heathcliff?

—Dale la mano, Heathcliff —ordenó Hindley, con falsa condescendencia—. Por una vez no pasa nada.

—Nada de eso —replicó él—. No quiero que se burlen de mí.

Intentó irse, pero Catalina lo detuvo.

—No quería burlarme. No pude contenerme al verte así. Dame la mano, anda. Si te lavas la cara y te peinas, estarás muy bien. ¡Pero ahora… vas muy sucio!

Miró sus dedos negros entre los de ella y luego su traje, temiendo habérselo manchado.

—No tenías por qué tocarme —dijo él, soltándose de un tirón—. Estoy tan sucio como se me antoja, y me gusta estarlo.

Y salió disparado, para alegría de los amos y disgusto de Catalina, que no comprendía por qué sus palabras lo habían encendido así.

Tras ayudar a la recién llegada a quitarse, meter los bollos al horno y avivar el fuego, me senté a cantar villancicos, desoyendo a José, que decía que mi tono era demasiado mundano. Él se fue a su cuarto a rezar, y los Earnshaw entretenían a Catalina mostrándole obsequios que habían comprado para los Linton en agradecimiento por sus atenciones. Los habían invitado para el día siguiente en Cumbres Borrascosas, y estos aceptaron… con la condición de no tratar con "ese terrible chicuelo que hablaba tan mal".

Me quedé sola. La cocina olía a especias. Miré la batería reluciente, el reloj bruñido, los vasos de plata en su bandeja, el suelo impecable —yo misma había fregado todo con esmero—. Todo estaba tan bien que recordé cuando el viejo amo, que solía inspeccionarlo todo, me regaló un chelín llamándome "buena moza". Pensé después en el cariño que él había sentido por Heathcliff y el miedo a que lo abandonaran al faltar él; y, al pensar en la situación del muchacho, casi se me saltan las lágrimas. Luego caí en que más valía actuar que lamentarse; me levanté y salí al patio a buscarlo. Lo encontré enseguida, en la cuadra, cepillando el lomo de la yegua nueva y dando pienso a los demás.

—Date prisa —le animé—. La cocina está calentita y José se ha ido a su cuarto. Termina pronto y vístete decentemente antes de que salga la señorita. Así charláis al fuego hasta la hora de dormir.

Siguió a lo suyo, evitando mirarme.

—Anda, ven —insistí—. Necesitas media hora para arreglarte. Hay un pastel para cada uno.

Esperé cinco minutos; como no respondía, me fui. Catalina cenó con los suyos. José y yo tuvimos una cena poco cordial, con sus censuras y mis malas contestaciones. El pastel y el queso de Heathcliff quedaron sobre la mesa toda la noche "para las hadas". Él trabajó hasta las nueve y se subió a su cuarto: taciturno y terco. Catalina estuvo hasta tarde preparando la casa para sus nuevos amigos; pasó por la cocina a buscar a su antiguo camarada y, al no encontrarlo, se limitó a preguntar por él y se marchó. A la mañana siguiente, Heathcliff madrugó y, como era fiesta, se fue malhumorado al páramo. No volvió hasta que la familia se hubo ido a la iglesia. Pero el ayuno y la soledad debieron hacerlo pensar, porque, tras un rato conmigo, me dijo de pronto:

—Vísteme, Elena. Quiero portarme bien.

—Ya era hora, Heathcliff —le respondí—. Has disgustado a Catalina. Cualquiera diría que la envidias porque la miman más que a ti.

Lo de envidia le sonó a chino, pero entendió bien lo de disgustarla. Preguntó serio:

—¿Se enfadó?

—Se echó a llorar cuando le dije esta mañana que te habías ido.

—Yo también he llorado esta noche —dijo—, y con más motivos que Catalina.

—¿Sí? ¿Qué motivos tienes para acostarte con soberbia en el corazón y el estómago vacío? La soberbia solo se hace daño a sí misma. Si estás arrepentido, pídele perdón cuando vuelva. Sube, pídele un beso y… Bueno, ya sabes. Pero con naturalidad, no como si fuera una extraña solo porque la viste mejor vestida. Y ahora, voy a arreglarte de modo que Eduardo Linton parezca un muñeco a tu lado. ¡Que lo parece! Aunque eres más joven, le sacas una cabeza y le doblas en fuerza. Lo tumbarías de un soplo, ¿verdad?

La cara de Heathcliff se iluminó un instante, pero enseguida se apagó.

—Sí, Elena… pero aunque lo tumbara veinte veces, seguiría siendo más guapo que yo. Quisiera tener su pelo rubio, su piel blanca, su ropa y modales, y ser tan rico como él será algún día.

—Sí, y estar siempre llamando "mamá", asustarte cuando un mozo aldeano te sacude el puño y quedarte en casa si caen cuatro gotas. No seas pobre de espíritu. Mírate al espejo y escucha. ¿Ves esas arrugas entre los ojos, esas cejas espesas que se fruncen en vez de arquearse, y esos dos demonios negros que nunca abren bien sus ventanas, sino que chispean por debajo como espías de Satanás? Propónte suavizar esas arrugas, levantar esos párpados sin miedo y convertir a esos dos demonios en dos ángeles —amigos siempre, salvo ante enemigos evidentes. No lleves esa cara de perro hosco que parece pedir puntapiés y odiar a todos tanto como al que lo patea.

—O sea, que debo proponerme tener los ojos y la frente de Eduardo Linton. Ya lo deseo… ¿Crees que, haciendo lo que dices, los tendré así?

—Si el corazón es bueno, la cara se vuelve agradable, aunque fueras negro como el carbón. Y un corazón perverso afea el rostro más hermoso. Ahora, lavado y peinado y con mejor ánimo, ¿no te notas más guapo? Te aseguro que sí. Pareces un príncipe de incógnito. ¡Quién sabe si tu padre no fue emperador de China y tu madre reina de la India, y con sus rentas de una semana podrían comprar Cumbres Borrascosas y la Granja de los Tordos juntas! Quizá te raptaron unos marineros y te trajeron a Inglaterra. Yo, en tu lugar, me haría historias así para llevar con ánimo las miserias del campesino…

Mientras le hablaba y el ceño se le iba desarrugando, oímos un estrépito que venía de la carretera y entraba en el patio. Heathcliff fue a la ventana y yo a la puerta justo cuando los Linton bajaban de su carruaje, arrebujados en pieles, y los Earnshaw desmontaban de sus caballos. Catalina cogió de la mano a los niños y los llevó a la chimenea. El fuego les encendió enseguida las mejillas pálidas.

Animé a Heathcliff a presentarse con buen porte, pero tuvo la mala suerte de abrir la puerta de la cocina justo cuando Hindley la abría por el otro lado. El amo —tal vez molesto de verlo tan compuesto, tal vez para agradar a la señora Linton— lo empujó y dijo a José:

—Tenlo en el desván hasta después de comer. Si no, meterá los dedos en los dulces y robará la fruta en cuanto le den un minuto.

—No hará nada de eso —me atreví a replicar—. Y espero que pruebe los dulces como cualquiera.

—Probará la paliza que le doy si lo veo aquí abajo antes de la noche —gruñó Hindley—. ¡Largo, vagabundo! ¿Quieres lucirte, eh? Si agarro esos mechones, ya verás cómo te los alargo.

—Ya los tiene bastante largos —observó Eduardo Linton, asomándose—. Le caen sobre los ojos como crin de caballo. No sé cómo no le duele la cabeza.

No lo dijo con mala intención, pero a Heathcliff, que no toleraba impertinencias —menos de quien ya veía como rival—, se le nubló la vista: agarró una fuente de compota caliente y se la estampó en la cara. Eduardo pegó un grito y llegaron Catalina e Isabel. El señor Earnshaw se llevó a Heathcliff a su cuarto y, por lo sofocado y rojo que bajó, bien debió aplicarle un correctivo serio. Yo cogí un trapo, limpié a Eduardo y, no sin algo de enojo, le dije que se había ganado la lección por inoportuno. Isabel rompió a llorar y quiso irse; Catalina estaba disgustadísima.

—No debiste hablarle —le reprochó a Eduardo—. Estaba de mal humor; ahora le pegarán y nos has estropeado la fiesta… Ya no tengo apetito. ¿Por qué le hablaste?

—Yo no le hablé —sollozó él, apartándose de mí y secándose con su fino pañuelo—. Prometí a mamá no hablarle y lo he cumplido.

—Bueno —zanjó Catalina con desdén—, cállate, que viene mi hermano. No te ha matado, al cabo. No lo empeores. Deja de llorar, Isabel. ¿Te ha hecho alguien algo?

—¡A la mesa, niños! —exclamó Hindley entrando—. Ese bruto me ha hecho entrar en calor. La próxima vez, Eduardo, véngate con tus puños; te abrirá el apetito.

Los pequeños recuperaron el ánimo cuando sirvieron los platos. Venían con hambre del paseo, y como nadie había salido herido de veras, se consolaron rápido. El señor Earnshaw trincheaba jovial; la señora animaba la mesa con su charla. Yo servía y me dolía ver a Catalina, seca de ojos y como indiferente, partir un ala de pato.

"¡Qué insensible! —pensé—. Nunca habría creído que le importara tan poco la suerte de su viejo compañero de juegos".

Estaba llevándose un bocado a la boca cuando lo soltó, se sonrojó y le corrieron lágrimas. Dejó el tenedor y se inclinó para disimular. Pasó el día como alma en pena buscando a Heathcliff. Yo supe que Hindley lo había encerrado cuando intenté, a escondidas, llevarle de comer.

Hubo baile por la tarde y Catalina pidió que soltaran a Heathcliff —si no, Isabel quedaba sin pareja—. Nadie hizo caso y me llamaron a mí para cubrir el hueco. El baile nos alegró; más aún cuando llegó la banda de Gimmerton con sus quince músicos —trompeta, trombón, clarinetes, flautas, oboes y un contrabajo—, además de cantores. En Navidad recorren las casas ricas pidiendo aguinaldo, y su llegada siempre trae regocijo. Primero cantaron villancicos; luego, como a la señora Earnshaw le encantaba la música, les pedimos más, y tocaron cuanto quisimos.

A Catalina también le gustaba, pero dijo que se escuchaba mejor desde el rellano, y con ese pretexto salió, seguida de mí. Cerraron la puerta de abajo: no notaron nuestra ausencia. Catalina subió al desván donde estaba Heathcliff; lo llamó. Él se negó a responder al principio, pero acabaron conversando a través de la puerta. Los dejé a solas. Cuando vi que el concierto iba a terminar y que iban a servir cena a los músicos, subí a avisarla... y no la encontré. Había trepado por una claraboya al tejado y entrado por otra a la buhardilla de Heathcliff. Me costó sacarla. Al final bajó con él y se emperró en llevarlo a la cocina conmigo —José se había ido a casa de un vecino, para librarse de la "infernal salmodia", como llamaba a la música. Les advertí que no contaran conmigo para engañar a Hindley; por esta vez lo haría, porque el preso no había probado bocado desde el día anterior.

Él se sentó junto al fuego y le serví golosinas. Pero estaba tan abatido que apenas comió y mis intentos de distraerlo fracasaron. Con los codos en las rodillas y la barbilla en las manos, callaba. Le pregunté en qué pensaba. Respondió, grave:

—En cómo hacer que Hindley pague esto. No sé cuánto tendré que esperar, y me da igual, con tal de lograrlo. ¡Mientras no reviente antes!

—Por Dios, Heathcliff —le dije—, castigar a los malos solo le corresponde a Dios. A nosotros nos toca perdonar.

—¡No será Dios quien se dé ese gusto. Me lo reservo yo! —expresó—. Solo necesito saber cómo. Ya se me ocurrirá el plan. Ese pensamiento me alivia.

Ahora veo, señor Lockwood, que estas historias quizá no le interesen. No sé cómo he hablado tanto. Se me duerme. Habría bastado una docena de palabras para contarle lo esencial de la vida de Heathcliff.

Tras esa pausa, el ama de llaves guardó la costura. Yo seguí junto al fuego, muy lejos de dormirme.

—Siéntese, señora Dean —le dije—, y continúe media hora más. Ha hecho bien en contarla a su manera. Me han interesado mucho sus descripciones.

—Son las once, señor.

—Da igual: me acuesto tarde. Levantándome a las diez, lo mismo da acostarme a la una o a las dos.

—No debería usted dormir hasta las diez. Se pierde lo mejor del día. Si a esa hora no se ha hecho ya la mitad de la faena, probablemente no se haga lo demás.

—Da lo mismo, señora Dean. Ande, siéntese. Puede que mañana esté en cama hasta después de cenar: parece que no me libro de un buen catarro.

—Dios quiera que no, señor. Bien, daré un salto de tres años, hasta que la señora Earnshaw…

—No, nada de saltos. ¿No conoce ese fastidio de ver a una gata lavar a sus gatitos y que de pronto deje una oreja sin lamer?

—Quien se indigne por eso, es que está ocioso.

—No lo crea. Yo estoy en ese caso ahora. Cuéntelo todo con detalle. En sitios como este, la gente adquiere para quien la observa una importancia comparable a la de una araña en el calabozo: allí la araña vale más que a ojos de un hombre libre. Pero no es solo cosa del observador: aquí se vive más hondo, más hacia adentro, y menos pendiente de lo superficial. En un lugar así hasta podría creer en un amor eterno… y siempre he creído que ninguna pasión dura más de un año.

—Los de aquí, cuando se nos conoce, somos como en cualquier parte —replicó la señora Dean.

—Dispense, amiga mía —dije—; usted misma desmiente eso. Salvo algunos modismos locales, no habla ni actúa como la gente de su clase. Veo que ha pensado más de lo corriente en su oficio. Sin frivolidades que la distraigan, ha debido reflexionar sobre cosas serias.

—Me tengo por razonable —concedió—, pero no por vivir aislada entre montañas, sino por la disciplina que me enseñó a tener juicio. Y le diré algo más, señor Lockwood: he leído más de lo que imagina. No hay libro en la biblioteca que no haya hojeado y del que no haya sacado algo, salvo los griegos y latinos… o los franceses. Y hasta esos sé distinguirlos entre sí. ¿Qué más puede pedir a la hija de un pobre? De todos modos, si insiste en que siga como hasta ahora, lo mejor será saltar… pero no tres años, sino al verano siguiente: 1778. Ya han pasado veintitrés.

CAPÍTULO VIII: EL HEREDERO Y LA RUINA

Una hermosa mañana de junio llegó al mundo el primer niño que yo habría de criar y el último vástago de la antigua estirpe de los Earnshaw. Estábamos recogiendo el heno en un campo apartado de la finca cuando apareció con una hora de adelanto la chica que nos traía habitualmente el desayuno.

—¡Qué niño tan hermoso! —exclamó—. No he visto ninguno más bonito… Pero, según dice el médico, la señora vivirá muy poco. Al parecer se ha ido consumiendo estos últimos meses. Le oí decírselo al señor Hindley: morirá antes del invierno. Venga a casa, Elena. Tiene que cuidar al niño, darle leche y azúcar. Me gustaría ser usted, porque cuando la señora muera quedará usted encargada del pequeño.

—¿Tan grave está? —pregunté, soltando la horquilla y ajustándome las cintas del sombrero.

—Así lo dicen —contestó la muchacha—, aunque ella está muy animada y jura que vivirá para ver al niño hecho hombre. La enfermera llevó al angelito al amo, y apenas se lo presentó, apareció el viejo gruñón Kenneth y le dijo: «Señor Earnshaw, es fortuna que su mujer le haya dado un hijo. Cuando la vi la primera vez pensé que no viviría mucho, y ahora le aseguro que no pasará del invierno. No se aflija; es irremediable; debió buscar una mujer más sana».

—¿Y qué respondió el amo? —pregunté a la muchacha.

—Creo que una blasfemia, pero no lo vi bien; yo estaba muy ocupada mirando a la criatura.

La moza me describió al bebé con entusiasmo. Corrí a casa, con las mismas ganas de verlo que ella, aunque me daba pena Hindley: sabía que en su corazón solo había lugar para dos afectos, el de su mujer y el suyo propio. Amaba a Francisca, y me parecía imposible que soportara su pérdida.

Al llegar a Cumbres Borrascosas, Hindley estaba de pie ante la puerta.

—¿Cómo está el recién nacido? —le pregunté.

—A punto de echar a correr, Elena —respondió sonriendo—.

—¿Y la señora? Creí que el méico decía…

—¡Al diablo con el médico! —replicó—. Francisca está bien; la semana próxima estará del todo recuperada. Sube, dile que ahora iré a verla, siempre que prometa guardar silencio. Me fui porque no callaba; es preciso que guarde silencio. Avísale que el señor Kenneth prescribe reposo.

Transmití la indicación. Ella, animada, respondió:

—Solo dije una palabra, Elena, y por ello han salido de la habitación orando dos veces. Prometo callarme, pero no podré menos de reírme de él.

La pobre mujer conservó el buen humor casi hasta una semana antes de morir. Su marido insistía en que mejoraba constantemente. El día en que Kenneth le dijo que ya no recetaría más porque la enfermedad había avanzado demasiado, Hindley contestó:

—Sé que no necesita medicinas ni cuidados. Nunca estuvo enferma del pecho. Tuvo una fiebre, sí, pero ya pasó. Su pulso está ahora tan normal como el mío; sus mejillas están frescas.

A su esposa le repetía lo mismo, y ella parecía creerlo. Pero una noche, mientras Francisca reclinaba la cabeza en el hombro de su marido y decía que al día siguiente se levantaría, un escalofrío de tos la acometió. Él la abrazó; ella palideció y entregó el alma. Hareton, el niño, fue puesto a mi cuidado. El señor Earnshaw se conformaba, respecto al pequeño, con que estuviera bien y con no oírle llorar. Pero él, por su parte, quedó desesperado. Su dolor no se manifestaba en lamentos: maldecía a Dios y a los hombres, y se entregó a una vida de libertinaje loco. Ningún criado soportó largo tiempo aquel tiránico comportamiento; solo nos quedamos José y yo. Yo era su nodriza y no tuve valor para abandonarlo; José permaneció porque así podía mandar despóticamente a los jornaleros y arrendatarios, y porque siempre encontraba motivo para censurar.

Los malos hábitos y las malas compañías que adquirió el amo fueron pésimo ejemplo para Catalina y Heathcliff. Él era tratado de un modo que, aunque hubiera sido santo, lo habría convertido en demonio: la degradación de Hindley le llenaba de gusto, y su aspereza y rudeza aumentaron. Nuestra vida se volvió un infierno. El cura dejó de venir y todas las personas respetables hicieron lo mismo. Nadie nos trataba, salvo Eduardo Linton, que a veces visitaba a Catalina.

A los quince años, la joven se convirtió en reina de la comarca: ninguna la igualaba; se hizo terca y caprichosa. Desde que dejó de ser niña, yo la quería menos, y procuraba humillar su soberbia en cuanto podía, aunque ella hacía caso omiso. Conservó, en cambio, un afecto constante por Heathcliff y nunca quiso a nadie como a él, ni siquiera a Eduardo Linton. Su retrato está sobre la chimenea; antes, al lado, colgaba el de su madre, y es una pena que lo hayan quitado, porque ayudaría a formarse una idea de lo que fue. Vamos a verlo y lo comprobará usted.

La vela iluminó un rostro de finas facciones, muy parecido al de la joven de Cumbres, pero más meditativo y menos severo. Era un cuadro agradable: cabello rubio con ligeros rizos en las sienes, ojos grandes y reflexivos, en conjunto una figura grácil. No me extrañó que Catalina prefiriese a aquel joven, aunque, pensando en que su espíritu debía corresponder a su aspecto, me sorprendía que él se sintiera atraído hacia Catalina Earnshaw.

—Es un buen retrato —dije—. ¿Se parece?

—Sí —respondió la ama de llaves—. En general, era así. Cuando estaba animado, parecía aún más guapo.

Después de pasar Catalina aquellas cinco semanas con los Linton, mantuvo relaciones de amistad con ellos. Al disimular en su presencia su aspereza habitual, consiguió cautivarlos, sobre todo a Isabel, que la admiraba, y a su hermano, que acabó enamorándose. Aquello la complacía; tuvo que desarrollar un doble carácter, sin mala intención. Cuando oía que llamaban a Heathcliff rufián y bruto, procuraba no parecerse a él; pero en casa retomaba sus viejos modos y no adoptaba los buenos modales que, en cualquier caso, no le habrían granjeado elogios.

Eduardo no frecuentaba mucho Cumbres Borrascosas por miedo a la fama del amo, y temía encontrarse con él. Lo recibíamos con atenciones; el señor trataba de no ofenderlo, sabiendo la razón de sus visitas, y aunque no podía mostrarse amable, al menos procuraba no hacerse notar. Aquellas visitas no complacían mucho a Catalina: ella carecía de malicia y no sabía ser coqueta; no le gustaba que sus dos amigos se vieran, porque si Heathcliff despreciaba a Linton, ella no podía concordar con él cuando Eduardo no estaba presente; y si Linton expresaba antipatía hacia Heathcliff, ella tampoco osaba contrariarlo. Me burlé muchas veces de sus indecisiones y de los disgustos que le causaban, aunque trataba de ocultarlos. Mi actitud quizás era censurable, pero aquella joven era tan soberbia que, para humillarla, no bastaba la compasión. Al final, como no encontró mejor confidente, tuvo que abrirse conmigo.

Una tarde en que el señor Earnshaw había salido, Heathcliff decidió darse la fiesta: creo que tendría dieciséis años entonces. No era ni tonto ni feo, pero su aspecto era desagradable; la educación que había recibido se había disipado. Los trabajos que realizaba le habían hecho perder el amor al estudio y el sentimiento de superioridad que en la niñez le había inspirado la atención del viejo amo ya no existía. Largo tiempo intentó mantenerse al nivel cultural de Catalina, pero al fin cedió a la evidencia: no recuperaría lo perdido. Abandonado del todo, su aspecto reflejaba su degradación moral. Se volvió insociable en extremo y parecía complacerse en inspirar repulsión antes que simpatía. Cuando no trabajaba, era siempre compañero de Catalina; pero no le expresaba su afecto con palabras, y aceptaba sus caricias sin devolverlas.

Aquella tarde entró en la habitación donde yo ayudaba a vestir a Catalina y anunció que no trabajaría. Ella, que esperaba recibir a Eduardo, se preparaba para ello.

—¿Tienes planes esta tarde, Catalina? —preguntó—. ¿Vas a salir?

—No; está lloviendo.

—Entonces, ¿por qué te has puesto ese vestido de seda? No esperas a nadie, ¿no?

—No que yo sepa —replicó—. Pero, ¿cómo no estás ya en el campo, Heathcliff? Hace más de una hora que comimos. Pensé que te habrías ido.

—Hindley no nos libra a menudo de su odiosa presencia —dijo el muchacho—. Hoy no pienso trabajar: me quedaré contigo.

—Mejor vete —le aconsejó la joven—, no sea que José lo cuente.

—José está cargando tierra en Penninston y no volverá hasta la noche, así que no tiene por qué enterarse.

Heathcliff se sentó junto al fuego. Catalina frunció el ceño y meditó. Al fin buscó una excusa para preparar la llegada del amigo:

—Isabel y Eduardo dijeron que quizá vendrían esta tarde. Como llueve, no espero que lo hagan, pero si aparecieran y te ven, puedes llevarte una reprimenda.

—Que Elena diga que estás ocupada —insistió Heathcliff—. No me hagas irme por tus amigos tontos. A veces me dan ganas de decirte cosas sobre ellos… pero prefiero callarme.

—¿Qué tienes que decir? —exclamó Catalina, turbada—. ¡Ay, Elena! —añadió, soltándome las manos—. Me has despeinado las ondas. Basta, déjame. ¿Qué ibas a decir, Heathcliff?

—Fíjate en ese calendario —repuso, señalando uno junto a la ventana—. Las cruces marcan las tardes que has pasado con Linton y los puntos las que hemos pasado tú y yo. He apuntado todo pacientemente. ¿Qué te parece?

—¡Una tontería! —respondió ella con desprecio—. ¿A qué viene eso?

—A que veas que me fijo —dijo Heathcliff.

—¿Por qué he de estar siempre contigo? —replicó ella, irritada—. ¿De qué me sirves? Lo que haces para distraerme lo haría un niño, y lo que dices lo diría un mudo.

—Antes no me decías eso, Catalina —repuso Heathcliff, muy agitado—. No me declarabas que te desagradase mi compañía.

—¡Vaya compañía la de uno que no sabe ni dice nada! —comentó la joven.

Heathcliff se incorporó. Antes de que pudiera seguir, oímos cascos: era el señorito Linton, con el rostro rebosante de alegría. Catalina pudo entonces comparar de pronto la diferencia entre ambos jóvenes: era como pasar de una cuenca minera a un hermoso valle; voces y modales confirmaban la impresión. Linton sabía hablar con dulzura y pronunciar las palabras como quien está más refinado que la gente de estas tierras.

—¿No he venido antes de tiempo? —preguntó, mirándome; yo fregaba platos y ordenaba cajones del aparador.

—No —contestó Catalina—. ¿Qué haces ahí, Elena?

—Trabajar, señorita —respondí, sin irme, porque Hindley me había ordenado atender las entrevistas de Linton con Catalina.

Ella se acercó y me dijo en voz baja:

—Vete de aquí y llévate tus trapos. Cuando hay visitas, los criados no deben estar en los aposentos de los señores.

—Si el amo está fuera, debo trabajar —le dije—; no le gusta verme hacerlo en su presencia. Seguro que me disculparía.

—A mí tampoco me gusta verte trabajar delante de mí —replicó ella con tono imperioso.

Estaba nerviosa por la disputa con Heathcliff.

—Lo siento, señorita Catalina —respondí y seguí con mi tarea.

Ella, creyendo que Eduardo no la miraba, me arrancó el trapo y me dio un pellizco soberbio. Ya he dicho que yo no la quería, y que me complacía humillar su orgullo siempre que podía. Me levanté —estaba de rodillas— y clamé:

—¡Señorita, esto es un atropello! No lo consentiré.

—No te he tocado, embustera —contestó, mientras sus dedos se disponían a repetir la acción.

La rabia le encendió las mejillas; cuando se enfadaba, su rostro tomaba un carmesí vivo.

—¿Y esto, entonces? —le pregunté, señalando la marca en mi brazo.

Hirió el suelo con el pie, vaciló un segundo y, sin poder contenerse, me dio una bofetada. Sentí las lágrimas en los ojos.

—¡Por Dios, Catalina! —exclamó Eduardo, disgustado por la violencia y la mentira—. ¡Basta! —y se interpuso entre nosotras.

—¡Lárgate, Elena! —le ordenó la joven, temblando de ira.

Hareton, siempre conmigo, empezó a llorar y a quejarse de la «mala tía Catalina». Ella entonces descargó su ira sobre el niño: lo tomó por los hombros y le sacudió con tal fuerza que Eduardo intervino para detenerla; el chico quedó libre, y en el acto, Eduardo recibió en las mejillas una réplica lo bastante dura como para no tomarse a broma. Se apartó consternado.

Cojí a Hareton en brazos y me retiré a la cocina, dejando la puerta abierta para ver cómo terminaba el incidente. El visitante, ofendido, pálido y con los labios temblorosos, se dirigió a coger su sombrero.

«Bien haces —pensé—. Aprende; da gracias a Dios por haber conocido su verdadero carácter y no volver».

Quiso marcharse, pero Catalina dijo con energía:

—¡No quiero que te vayas!

—Debo irme —respondió Linton.

—No —contestó ella, sujetando el picaporte—. No te vayas todavía, Eduardo. Si te vas, pasaré una noche horrible y no quiero sufrir por tu culpa.

—¿Debo quedarme después de haber sido ofendido? —preguntó el joven.

Catalina calló.

—Estoy avergonzado por ti —continuó Eduardo—. No volveré más.

En los ojos de Catalina brillaron las lágrimas.

—Además, mentiste —dijo él.

—No, no —repuso ella—. No fue intencionado. Anda, vete si quieres… Ahora me pondré a llorar, y lloraré hasta no poder más…

Se dejó caer en una silla y rompió en sollozos. Eduardo salió al patio y se detuvo allí. Intenté animarlo.

—La señorita —le dije— es caprichosa como un niño mimado. Mejor que se vaya, porque si no, puede fingir enfermedad para disgustarnos.

Eduardo miró la ventana. El pobre era tan capaz de marcharse como un gato de dejar a medio matar un ratón.

«Estás perdido —pensé—. Te precipitas hacia tu destino».

No me equivoqué: volvió en brusco giro, entró en la casa y cerró la puerta. Al cabo de un rato, al advertirles que el señor Earnshaw había vuelto borracho y dispuesto a armar escándalo, comprobé que lo ocurrido solo había fortalecido su intimidad y roto los diques de la timidez juvenil, hasta el punto de que entendieron no solo que eran amigos, sino que se querían.

Al oír la llegada de Hindley, Linton salió veloz por su caballo y Catalina subió a su alcoba. Yo me ocupé de esconder al pequeño Hareton y de descargar la escopeta del señor, porque cuando él volvía en aquel estado solía llevarla consigo, con grave riesgo para cualquiera que le provocara o le hiciera una observación. Mi precaución impediría que Linton sufriera daño si alguien disparaba.

CAPÍTULO IX: LA NOCHE DEL RESCATE

En el momento en que escondía a Hareton en la alacena, Hindley entró mascullando maldiciones. Al niño le daban tanto miedo los arranques de cariño como los de ira de su padre: con los primeros corría el riesgo de que lo asfixiara a abrazos brutales; con los segundos, de que lo estrellara contra la pared o lo arrojara al fuego. Por eso siempre se quedaba inmóvil allí donde yo lo ocultaba.

—¡Por fin te encuentro! —bramó Hindley, agarrándome por la nuca como a un perro—. ¡Vaya conjura para matarme al crío! Ahora entiendo por qué lo mantenéis lejos de mí. Con la ayuda de Satanás, Elena, te voy a hacer tragar el trinchante. No te rías: acabo de mandar a Kenneth cabeza abajo al pantano del Caballo Negro, y me da lo mismo uno que dos. Hoy mato a alguien, y lo voy a lograr.

—Vamos, señor Hindley —repliqué—, suélteme. No me apetece probar el trinchante: sabe a arenque. Si quiere, dispáreme; eso pasa más rápido.

—¡Quiero que te vayas al diablo! —escupió—. Ninguna ley inglesa prohíbe a un hombre tener una casa decente, y la mía es detestable. ¡Abre esa boca!

Intentó meterme el cuchillo entre los labios, pero yo, que jamás le tuve miedo a sus locuras, insistí en que sabía horrible y no pensaba tragármelo.

—¡Demonios! —gruñó, soltándome de golpe—. Ya veo que ese granuja no es Hareton. Perdona, Elena. Si lo fuera, merecería que lo despellejaran por no venir a saludar a su padre y ponerse ahí a berrear como si yo fuera un espectro. Ven aquí, engendro desnaturalizado. Te enseñaré a engañar a un padre crédulo y bondadoso. Oye, Elena: ¿no sería mejor sin orejas? A los perros, arrancárselas los vuelve más feroces, y a mí la ferocidad me encanta. Dame las tijeras. Ese apego por las orejas es pura afectación diabólica. Sin ellas seguiríamos siendo unos asnos. Cállate, crío… ¡Vaya, pero si es mi niño! Sécate los ojos y bésame, pequeño. ¿Cómo? ¿No quieres? ¡Bésame, Hareton; bésame, condenado! ¿Cómo pude engendrar semejante monstruo? Le voy a romper el cráneo…

Hareton se debatía entre sus brazos, llorando y pataleando, y redobló los gritos cuando Hindley lo subió hasta lo alto de la escalera y lo dejó colgando en el aire. Le grité que iba a matarlo del susto y corrí a salvarlo. Al llegar arriba, Hindley se había asomado a la barandilla porque había oído un ruido abajo, y casi había olvidado al niño.

—¿Quién anda ahí? —preguntó, oyendo pasos al pie de la escalera.

Reconocí las pisadas de Heathcliff y, asomándome, le hice señas para que se detuviera. Pero en cuanto aparté la vista de Hareton, el niño dio un tirón y cayó al vacío.

Apenas tuve tiempo de estremecerme del horror cuando vi que estaba a salvo. Heathcliff acababa de entrar y, por puro reflejo, lo atrapó, lo dejó en el suelo y miró al causante. Al reconocer a Earnshaw, su rostro mostró la expresión de un avaro que vende un billete de cinco chelines y al día siguiente descubre que valía cinco mil libras. En su cara se leía lo que le pesaba haberse convertido en el instrumento que frustraba su venganza. Juraría que, si la estancia hubiera estado a oscuras, habría "arreglado" su error estrellando al niño contra el piso… Pero, gracias a Dios, Hareton se salvó, y al poco yo estaba abajo, apretándolo contra el pecho. Hindley, saliendo de su borrachera, bajó la escalera turbado.

—Tú tienes la culpa —me soltó—. Tenías que haberlo puesto fuera de mi alcance. ¿Se ha hecho daño?

—¿Daño? —grité, indignada—. Tonto será si no se muere. Me asombra que su madre no salga de la tumba al ver cómo lo trata. Es usted peor que enemigo de Dios. ¡Así trata a su propio hijo!

Quiso tocar al niño; como ya estaba conmigo, el pequeño se había calmado, pero al sentirlo cerca, volvió a llorar y a agitarse.

—¡Déjelo! —le espeté—. Le odia, como le odiamos todos, claro… ¡Qué familia tan feliz la suya y a qué bonita situación ha llegado!

—Más bonita será a partir de ahora, Elena —replicó, recuperando su dureza habitual—. Lárgate y llévate al crío. Y tú, Heathcliff, igual. Esta noche no os mataré… salvo que me dé por incendiar la casa. Ya veremos.

Se sirvió una copa de aguardiente.

—No beba más —le rogué—. Tenga piedad de este pobre niño, ya que no la tiene de usted mismo.

—Con cualquiera estará mejor que conmigo —escupió.

—¡Tenga compasión de su alma! —dije, intentando quitarle la copa.

—¡No quiero! Me apetece mandarla al infierno para castigar a su Creador —remató—. ¡Brindo por mi condenación eterna!

Bebió y nos ordenó que nos largáramos, salpicándolo todo con juramentos que es mejor no repetir.

—Ojalá se matara bebiendo —rezongó Heathcliff, encadenando su propia retahíla de imprecaciones cuando se cerró la puerta—. Lo intenta con ganas, pero es de hierro; no lo conseguirá. Kenneth dice que enterrará a todo Gimmerton y que encanecerá con la botella, salvo que le ocurra algo inesperado.

Me senté en la cocina y empecé a mecer a mi corderito para dormirlo. Heathcliff cruzó la estancia; pensé que iba al granero, pero se dejó caer en un banco junto a la pared y se quedó callado.

Acunaba a Hareton en las rodillas y tarareaba:

«Era de noche y los niños lloraban,
en sus cuevas los gnomos lo oyeron…».

Entonces asomó la cabeza por la puerta la señorita Catalina.

—¿Estás sola, Elena?

—Sí, señorita.

Entró y se acercó al fuego. Entendí que quería hablarme: llevaba la inquietud dibujada en la cara. Abrió los labios como para decir algo, pero solo dejó escapar un suspiro. Seguí cantando: no había olvidado cómo se había comportado esa tarde.

—¿Dónde está Heathcliff? —preguntó.

—Trabajando en la cuadra —mentí.

Él no me desmintió; quizá se hubiera dormido. Silencio. Una lágrima le resbaló por la mejilla. Pensé si estaría arrepentida: habría sido raro en ella. No; no le quitaba el sueño nada que no fuera ella misma.

—Ay, querida —dijo por fin—. ¡Qué desdichada soy!

—Una pena —repliqué— que sea usted tan difícil de contentar. Con tantos amigos y tan pocas preocupaciones, motivos le sobran para estar satisfecha.

—¿Me guardarías un secreto, Elena? —me preguntó con esa mirada suya que desarma al más enfadado.

—¿Vale la pena? —respondí, ya sin tanta aspereza.

—Sí. Debo contártelo. Necesito saber qué hacer. Eduardo Linton me ha pedido que me case con él y ya le he contestado. Pero antes dime qué debería haberle dicho.

—La verdad, señorita, no sabría… Teniendo en cuenta el numerito que usted le hizo ver esta tarde, lo mejor habría sido rechazarlo: si después de eso aún le pide matrimonio, o es un completo necio o está loco.

—Si sigues así, no te cuento nada —saltó, levantándose molesta—. Le he aceptado. Dime si hice mal, y rápido.

—Si ya lo aceptó, no hay nada más que hablar. No va a retirarle la palabra.

—¡Quiero que me digas si obré bien! —insistió, frunciéndose el ceño y retorciendo las manos.

—Para eso hay que considerar varias cosas —dije—. Primero: ¿quiere usted al señorito Eduardo?

—¡Por supuesto!

Le planteé unas cuantas preguntas: no era indiscreto, era muy joven.

—¿Por qué lo quiere, señorita Catalina?

—¡Vaya pregunta! Lo quiero y ya está.

—No basta. Dígame por qué.

—Porque es guapo y me gusta estar con él.

—Malo —murmuré.

—Porque es joven y alegre.

—Peor.

—Porque él me ama.

—Eso no cuenta.

—Porque será rico, y me gustará ser la señora más acomodada de la comarca, y me enorgullecerá tener un marido como él.

—Eso es lo peor. Y dígame: ¿cómo lo ama?

—Como todo el mundo, Elena. ¡Qué pesada!

—Contésteme.

—Amo el suelo que pisa, el aire que lo rodea, lo que toca, lo que dice, lo que mira y todo lo que hace… ¡Lo amo del todo!

—¿Y qué más?

—Lo tomas a broma. ¡Eres mala! Pero para mí no lo es —dijo, molesta, mirando al fuego.

—No me burlo, señorita. Usted dice que lo quiere porque es guapo, joven, alegre, rico, y porque él la ama. Lo último no significaría nada: lo querría igual aunque no la quisiera, y solo por eso no lo amaría si no reuniera las demás cualidades.

—¡Claro! Me daría lástima, y quizá hasta me desagradaría si fuera feo o un hombre vulgar.

—En el mundo hay otros jóvenes guapos y ricos, y más que él.

—Puede ser, pero yo solo he visto a uno: Eduardo.

—Más tarde puede conocer a otro. Y él no será siempre joven y guapo. También puede dejar de ser rico.

—No tengo por qué pensar en el futuro. Podrías hablar con más sentido.

—Entonces, nada. Si solo piensa en el presente, cásese con él.

—Para eso no necesito tu permiso. Claro que me casaré. Pero aún no me has dicho si hago bien.

—Me parece bien si solo piensa en el momento. Ahora dígame: ¿qué le preocupa? Su hermano se alegrará; los viejos Linton no pondrán pega; saldrá de una casa caótica para ir a otra agradable; usted lo ama y él a usted. Todo claro. ¿Dónde está el obstáculo?

—¡Aquí y aquí, o donde viva el alma! —replicó, golpeándose la frente y el pecho—. Tengo la impresión de que no hago lo correcto.

—Qué raro. No lo entiendo.

—Te lo explicaré si prometes no burlarte.

Se sentó a mi lado. Estaba triste; le temblaban las manos enlazadas.

—Elena, ¿no sueñas cosas extrañas?

—A veces.

—Yo también. A veces sueño cosas que no olvido y que me cambian el modo de pensar. Pasan por el alma y la tiñen, como al agua cuando se le echa vino. Uno de esos sueños lo he tenido ahora. Te lo voy a contar, pero ni una sonrisa.

—No me lo cuente, señorita —la corté—. Bastantes penas tenemos ya para añadir pesadillas. Anímese. Mire a Hareton: él no sueña triste. ¿Ve qué dulzura?

—Y también sé con cuánta dulzura reniega su padre… Te acordarás de cuando era tan pequeño como este. En fin, tienes que escucharme, Elena. No es largo; además, no estoy de humor.

—No quiero oírlo —me adelanté.

Soy —y era— muy supersticiosa con los sueños, y el gesto de Catalina se había puesto tan oscuro que temí escuchar un mal presagio. Se enfadó y calló. Luego cambió de frente:

—Yo sería muy desdichada en el cielo.

—Porque no es digna de ir —repliqué—. Todos los pecadores lo serían allí.

—No es por eso. Una vez soñé que estaba en el cielo.

—Ya le dije que no quiero oír sus sueños. Me voy a la cama.

Se rió y me obligó a quedarme.

—Soñé que estaba en el cielo y que comprendía que no era mi casa; se me partía el corazón por volver a la tierra; al final, los ángeles, hartos, me arrojaban. Caí en la maleza, allá arriba, en Cumbres Borrascosas, y me desperté llorando de alegría. Con eso entenderás mi secreto. Me interesa casarme con Eduardo tanto como me interesa ir al cielo; y si mi hermano no hubiera tratado tan mal al pobre Heathcliff, jamás lo habría pensado. Casarme con Heathcliff sería rebajarme, pero él nunca sabrá cuánto lo quiero; no porque sea guapo, sino porque hay más de mí en él que en mí misma. No sé de qué están hechas nuestras almas, pero, sea lo que sea, la suya es igual a la mía; en cambio, la de Eduardo es tan distinta como el rayo de la luz de luna, o la nieve del fuego.

No había terminado de hablar cuando noté a Heathcliff: se incorporó y salió. Sólo había escuchado hasta oír a Catalina decir que casarse con él sería rebajarse. En cuanto captó esa frase, se levantó y se fue. Pero ella, de espaldas, no advirtió sus movimientos ni su marcha. Yo me estremecí y le hice una seña para que callara.

—¿Por qué? —preguntó, mirando alrededor, inquieta.

—Porque viene José —dije, al oír oportunamente el carro por el camino—, y Heathcliff vendrá con él. ¡Capaz estaba de haber estado detrás de la puerta!

—Desde la puerta no pudo oírme —repuso—. Dame a Hareton mientras preparas la cena, y luego déjame cenar contigo. ¿Verdad que Heathcliff ni entiende estas cosas ni sabe lo que es el cariño?

—No veo por qué habría de conocerlos todos —respondí—. Y si está enamorado de usted, entonces es un desdichado: en cuanto se case, usted lo dejará sin amor, sin amistad, sin nada. ¿Ha pensado en lo que será para él esa separación, cuando caiga en la cuenta de que queda absolutamente solo en el mundo, señorita Catalina?

—¿Qué separarnos ni qué quedarse solo? —saltó, indignada—. ¿Quién podría separarnos? ¡Ay de quien lo intente! Antes que abandonar a Heathcliff, prescindiría de todos los Linton del mundo. No lo tengo en mente. No me casaría si eso fuese a ocurrir. Cuando me case, Heathcliff será para mí lo que siempre ha sido. Mi marido tendrá que tratarle bien o, al menos, soportarlo. Y lo hará cuando conozca lo que siento de verdad. Ya sé que me tienes por egoísta, Elena; pero entiende que, si Heathcliff y yo nos casáramos, viviríamos como pordioseros. En cambio, casándome con Linton podré ayudar a Heathcliff a librarse de la opresión de mi hermano.

—¿Con los bienes de su marido? No será tan fácil como lo pinta. No tengo autoridad para dictar, pero me parece su peor motivo para casarse con el señorito Eduardo.

—Es el mejor —insistió—. Los otros son caprichos míos o ganas de complacer a Eduardo. No sé explicarme mejor, pero tú y todos dais por hecho que después de esta vida hay otra. ¿Para qué me habrían creado si ya antes estaba entera en él? Todo lo que me ha dolido en este mundo ha sido el dolor de Heathcliff, y lo he seguido paso a paso desde que empezó. Pensar en él llena mi vida. Si el mundo desapareciera y él se salvara, yo seguiría viviendo; pero si él desapareciera y todo lo demás siguiera igual, yo no podría vivir. Mi afecto por Linton es como las hojas de los árboles: sé que cambiará con el tiempo. Mi cariño por Heathcliff es como las rocas del fondo de la tierra: permanece, no cambia jamás. Es un afecto que me es imprescindible. ¡Elena, yo soy Heathcliff! Lo tengo siempre en la cabeza, aunque no siempre de forma agradable. Tampoco yo me gusto siempre. No vuelvas a hablar de separarnos, porque es imposible.

Se calló y escondió la cabeza en mi regazo. La aparté: me había agotado con tantas insensateces.

—Lo único que veo, señorita —le dije—, es que o desconoce usted los deberes del matrimonio, o no tiene conciencia. Y no me cuente más, porque lo contaré.

—De esto no hablarás…

Iba a insistir, pero entró José y cortamos la conversación. Catalina, con Hareton, se fue a un rincón de la cocina y esperó mientras yo preparaba la cena. Cuando estuvo lista, José y yo empezamos a reñir sobre quién debía llevársela al señor Hindley; sólo nos pusimos de acuerdo cuando ya estaba casi fría: esperaríamos a que él la pidiera, porque a ambos nos aterraba tratar con él cuando se encerraba en su cuarto.

—¿Y ese pazguato? ¿Todavía no vuelve del campo? ¿Qué estará tramando? ¡Vaya holgazán! —gruñó el viejo, al notar la ausencia de Heathcliff.

—Voy a buscarlo —dije—. Debe estar en el granero.

Lo llamé; no respondió. Al volver, le susurré a Catalina que seguramente había oído parte de nuestra charla, y le conté que lo había visto salir cuando ella hablaba del trato que su hermano le daba.

Ella dio un brinco, dejó a Hareton en un asiento y salió disparada a buscar a su compañero, sin pararse a pensar por qué estaba tan turbada. Tardó tanto que José propuso dejar de esperarlos, suponiendo —con su afición a maliciar— que se quedaban fuera para escaquearse de sus oraciones eternas antes de comer. Para "salvar" las almas de los jóvenes, añadió otra plegaria a las de costumbre, y habría agregado una más en acción de gracias de no haber reaparecido la señorita para ordenar que saliera ya mismo a buscar a Heathcliff donde fuera y lo trajera.

—Quiero hablarle antes de subir —dijo—. La puerta está abierta y debe de andar lejos; lo llamé desde el corral y no responde.

José protestó un poco, pero acabó plantándose el sombrero y saliendo rezongando, vencido por la excitación de Catalina, que no admitía réplica. Ella empezó a ir de un lado a otro de la estancia, murmurando:

—¿Qué habrá sido de él? ¿Dónde está? ¿Qué dije, Elena? Ya no me acuerdo. ¿Estará ofendido por lo de la tarde? ¡Dios mío! ¿Qué habré dicho para herirlo? Quiero que vuelva. Quiero verlo.

—¡Cuánto alboroto por nada! —dije, aunque yo también estaba intranquila—. No es para tanto. No veo motivo para alarmarse porque Heathcliff pasee a la luz de la luna o esté tirado en el pajar sin ganas de hablar. Igual nos está oyendo. Voy a buscarlo.

Salí de nuevo, sin éxito. José regresó igual de vacío:

—¡Qué mozo más imposible! Dejó abierta la verja y la jaca de la señorita se ha ido a la pradera después de estropear dos haces de grano. Mañana el amo lo va a arreglar bien, y con razón. Demasiada paciencia tiene con sus descuidos. Pero no siempre será así. Ya lo verán. ¡Heathcliff no hace sino buscarle la ruina!

—Bueno, ¿lo encontraste o no, animal? —le cortó Catalina—. ¿Lo buscaste como te mandé?

—Mejor hubiera buscado el caballo; más provecho —refunfuñó—. Pero ni uno ni otro aparecen, y la noche está negra como boca de lobo. Si silbo no vendrá. Tal vez si silba usted…

Era verano, pero la noche estaba cerradísima. Amenazaba tormenta. Les propuse sentarnos: la lluvia obligaría a Heathcliff a volver sin que nos desgañitáramos buscándolo. Catalina no se calmó. Anduvo en esa zozobra de esquina a esquina hasta que se apoyó en el muro, junto al camino, y allí se quedó, a pesar de mis advertencias: unas veces llamándolo, otras escuchando, otras llorando como una niña.

A medianoche cayó la tormenta sobre Cumbres Borrascosas. Fuera por un rayo o por el vendaval, un árbol cercano se tronchó y una rama enorme cayó sobre el tejado, derribando el tubo de la chimenea y desparramando en el fogón un alud de piedras y hollín. Creímos que el rayo había caído encima. José se arrodilló a pedir a Dios que se acordara de Noé y de Lot y, castigando al malo, perdonara al justo. Yo, temiendo la ira divina, pensé que también a nosotros nos alcanzaría. En mi mente, el señor Earnshaw era un Jonás, y, temiendo que hubiese muerto, llamé a su puerta. Respondió con tales voces y tales palabras, que José dobló el fervor para rogar que, en su ira, el Señor distinguiera bien entre justos como él y pecadores como el amo. La tempestad amainó a los pocos minutos, sin causarnos daño a José ni a mí, aunque sí a Catalina, que, empeñada en quedarse bajo la lluvia sin abrigo ni pañuelo, regresó empapada. Se sentó, apoyó la cabeza en el respaldo del banco y acercó las manos a la lumbre.

—Ea, señorita —le toqué el hombro—: está empeñada en matarse… ¿Sabe qué hora es? Las doce y media. Váyase a la cama. No vamos a quedarnos esperando a ese memo. Se habrá ido a Gimmerton a dormir. Y comprenderá que no esperemos su vuelta a estas horas: temerá que el señor esté despierto y sea él quien le abra.

—No puede estar en Gimmerton —dijo José—; no me extrañaría que yaciera en una ciénaga. Este ha sido un aviso del cielo; y tome nota, señorita: la próxima vez será con usted. Demos gracias a Dios: sus designios siempre obran para bien, incluso las desgracias, como enseñan las Escrituras…

Y empezó con pasajes, capítulos y versículos.

Harta de pedir a la obstinada joven que se secara y se cambiara, los dejé a ella con su tiritera y a José con sus sermones, y me fui a acostar con Hareton, que dormía como un tronco. Oí a José leer, luego subir, y enseguida me dormí yo también.

A la mañana siguiente bajé más tarde de lo normal y encontré a la señorita Catalina aún junto al hogar. El señor Hindley, somnoliento y con ojeras hondas, estaba en la cocina:

—¿Qué te pasa, Catalina? ¡Tienes la cara de un cachorro recién remojado! ¿Por qué estás tan pálida y empapada?

—No me pasa otra cosa —repuso, malhumorada— que he cogido una mojadura y tengo frío.

Vi al señor ya sereno.

—Es muy traviesa —solté—. Se empapó entera con la lluvia y se empeñó en pasarse la noche al fuego.

—¿Toda la noche? —se extrañó Hindley—. ¿Y por qué? No será por miedo a la tormenta…

Ni ella ni yo queríamos mencionar a Heathcliff si podíamos evitarlo. Dije que se le antojó quedarse allí, y ella calló.

Hacía fresco. Abrí las ventanas: el jardín perfumó la estancia. Catalina pidió:

—Cierra, Elena. Estoy agotada.

Le castañeteaban los dientes mientras se arrimaba a la lumbre ya casi muerta.

—Está enferma —dijo Hindley, tomándole el pulso—. Por eso no se acostó. ¡Maldita sea! En esta casa no me libro de una. ¿Por qué te metiste bajo la lluvia?

—Por andar detrás de los mozos, como siempre —se adelantó José, dando rienda suelta a su lengua—. Si yo fuera usted, señor, les cerraba la puerta en las narices a todos, señoritos y aldeanos. Cada día que usted sale, Linton se cuela aquí como un gato. Elena —¡que muy buena, sí!— vigila desde la cocina, y cuando usted entra por una puerta, él sale por la otra. Y entonces esta pieza se va con el otro. ¡A medianoche, a campo traviesa, con ese endiablado gitano! Creen que soy ciego, pero no. Yo vi al joven Linton entrar y salir, y a ti, ¡bruja! —me lanzó—, atenta para avisarles con el primer galope del señor por el camino.

—¡Cállate, insolente! —gritó Catalina—. Linton vino por casualidad anoche, Hindley, y lo despedí cuando llegaste porque supuse que no te haría gracia, dada tu forma de entrar.

—Mientes, Catalina, seguro… y eres una perfecta idiota —escupió su hermano—. No me hables de Linton ahora. Dime si estuviste anoche con Heathcliff. No temas que le maltrate. Le odio, pero hace poco me hizo un servicio y no puedo romperle la cabeza. Lo que haré será echarlo hoy mismo. Y después, cuidadito los demás, porque todo mi mal humor caerá sobre vosotros.

—No vi a Heathcliff anoche —respondió entonces Catalina, entre lágrimas—. Si lo echas, me voy con él. Aunque quizá ya ni puedas: puede que se haya marchado…

Atragantada por la angustia, soltó gemidos inarticulados. Hindley descargó sobre ella un chaparrón de groserías y la hizo subir a su cuarto bajo amenaza de darle motivos de sobra para llorar. La acompañé y jamás olvidaré la escena. Me aterrorizó tanto que creí que enloquecería.

Mandé a José por el médico. Kenneth diagnosticó principio de delirio; dijo que estaba grave; la sangró para bajar la fiebre; ordenó leche y agua de cebada y que la vigiláramos, no fuera a tirarse por la ventana o la escalera. Y se fue a la carrera: tenía enfermos a dos y tres millas.

No fui la mejor enfermera —ni José ni el amo lo hicieron mejor—, pero aun así, y a pesar de sus caprichos, Catalina salió de lo peor. La madre de Eduardo vino varias veces, trató de poner orden, nos dio instrucciones y reproches, y, en cuanto Catalina mejoró, se la llevó a convalecer a la Granja, cosa que le agradecimos de veras. La pobre señora tuvo después de qué arrepentirse: ella y su marido contrajeron la fiebre y murieron en pocos días.

La joven volvió a casa más violenta e intratable que nunca. De Heathcliff no supimos nada. Un día, después de sacarme de mis casillas, tuve la torpeza de echarle en cara la desaparición del muchacho. Era cierto —ella lo sabía— y mi acusación bastó para que cortara conmigo toda relación salvo la estricta de la casa. Duró meses. José también cayó en desgracia: no sabía morderse la lengua y seguía sermoneándola como a una criatura cuando era ya una mujer y, además, nuestra ama. Para colmo, el médico había mandado no contradecirla: si lo hacíamos, éramos culpables. Tampoco trataba a su hermano ni a los amigos de su hermano. Hindley —tras una seria charla de Kenneth— procuraba contener sus arrebatos y no encenderle el mal genio. Se mostraba demasiado indulgente: más por interés que por afecto, porque ansiaba que ella ennobleciera a la familia casándose con Linton. Le importaba poco que Catalina nos tratara como esclavos, con tal de que a él lo dejara en paz.

Eduardo cayó tan ciego como tantos antes y tantos después el día que llevó a Catalina al altar, tres años tras la muerte de sus padres.

Tuve que dejar Cumbres Borrascosas para acompañarla. Hareton tenía cinco años y yo le había empezado a enseñar a leer. La despedida fue tristísima. Pero las lágrimas de Catalina pesaron más que las nuestras. Al principio, me negué a irme con ella; como mis ruegos no le hicieron mella, fue a quejarse a su novio y a su hermano. El primero me ofreció un sueldo magnífico; el segundo me ordenó largarme —no necesitaba mujeres en casa, dijo—. Del niño se encargaría el párroco. No me quedó otra que obedecer. Le dije al amo que su plan era apartar de sí a toda persona decente para darse antes el golpe; besé al pequeño y salí. Desde entonces, Hareton ha sido para mí un extraño. Por increíble que parezca, creo que ha olvidado a Elena Dean por completo, y que no recuerda aquellos días en que él lo era todo para mí y yo lo único que él conocía en el mundo.

En esto, mi ama de llaves miró el reloj y se sorprendió: la una y media. Se negó a seguir sentada ni un segundo más y, la verdad, yo estaba ya dispuesto a que dejara la historia. Me voy a la cama: tengo la cabeza embotada y los miembros entumecidos.

CAPÍTULO X: EL RETORNO DEL FORASTERO

El comienzo de mi vida de ermitaño ha sido poco afortunado: cuatro semanas de enfermedad, tosiendo sin cesar. ¡Ay, esos vientos implacables y esos cielos lúgubres del Norte! ¡Ay, los senderos impracticables y los médicos rurales tan poco eficaces! Pero peor que la privación de toda compañía humana, peor incluso que la conminación del doctor Kenneth de no salir hasta que mejore el tiempo, ha sido la obligación de permanecer recluido en casa.

Heathcliff me ha honrado con una visita. Hace siete días me trajo un par de ungüentos, los últimos de la estación, al parecer. Aunque el muy sinvergüenza tiene parte de culpa en mi dolencia, no podía recriminárselo cuando hubo de pasar una hora a mi cabecera hablando de todo menos de medicinas. Su visita fue para mí un paréntesis grato en la convalecencia.

Sigo todavía demasiado débil para leer. ¿Por qué no pedir a la señora Dean que prosiga con la narración de mi vecino? La dejamos cuando el protagonista se había escapado y la heroína se casaba. Llamé, y la señora Dean acudió.

—Dentro de veinte minutos le corresponde tomar la medicina, señor —me advirtió.

—¡Basta de remedios! —contesté—. Siéntese. No toque esa odiosa hilera de frascos. Coge la costura y sigue contándome la historia de Heathcliff desde donde la dejaste. ¿Terminó su educación en el continente convertido en caballero? ¿Emigró a América y amasó fortuna a costa de los naturales? ¿O se hizo rico asaltando caminos?

—Quizá un poco de todo —replicó la ama con calma—. No podría jurarlo. Como le dije antes, no sé cómo ganó dinero ni cómo salió de la ignorancia en que había caído. Si usted no se fatiga, continuaré a mi modo.

—Me siento bastante mejor —dije.

—Me alegra —respondió ella.

Catalina y yo nos trasladamos a la Granja de los Tordos. Catalina, para mi sorpresa, se mostró más comedida de lo que esperaba: parecía profundamente enamorada del señor Linton y cariñosa con su hermana.

No era que el espino se inclinara ante la madreselva; era la madreselva la que abrazaba al espino. Eduardo, por su parte, temía verla irritada: disimulaba su inquietud, pero si me sorprendía respondiéndole con acritud fruncía el ceño, gesto poco habitual en él. Me reprendía por mi acritud, confesando que ver disgustada a su esposa le hería más que una cuchillada. Procuré moderarme para no contrariar a un hombre tan bondadoso: en seis meses la pólvora, sin chispa, quedó inocua como arena. Eduardo toleraba los accesos hipocondríacos de su mujer, atribuyéndolos a secuelas de la enfermedad. Y cuando ella se recuperaba, ambos eran felices como si el sol les hubiese vuelto a nacer.

Pero aquella dicha no duró. La verdad es que cada cual vela por sí mismo: los buenos a menudo son más egoístas que los dominantes. La armonía se rompió cuando una de las partes advirtió que no era objeto de los desvelos de la otra. Una tarde serena de septiembre yo volvía del huerto con un cesto de manzanas; la luna empezaba a asomar por encima del muro del corral y pintaba sombras suaves sobre la fachada. Dejé el cesto en los peldaños de la cocina y me detuve a aspirar la calma del aire. Entonces oí una voz detrás:

—¿Elena, eres tú?

El acento me resultó vagamente familiar. Giré, desconcertada: la puerta estaba cerrada y no había visto a nadie acercarse. En el umbral distinguí una figura. Era un hombre alto, moreno, enfundado en negro, apoyado en el picaporte como a punto de entrar.

—He pasado una hora esperando —me dijo—, quieto como un muerto. No me atrevía a entrar. ¿No me conoces? ¡No soy un desconocido!

La luz de la luna iluminó sus rasgos: mejillas pálidas, patillas negras, cejas severas y ojos profundos, inconfundibles. Recordé aquellos ojos.

—¡Oh! —exclamé, sorprendida—. ¿Es posible que sea usted?

—Sí; soy Heathcliff —contestó, mirando a las ventanas oscuras—. ¿Están en casa? ¿Está Catalina? No te asustes. Dime si ella está. Necesito hablar con ella. Di que un vecino de Gimmerton quiere verla.

—No sé qué dirá —respondí—. Esto la va a sobresaltar. Sí, es usted Heathcliff… ¡Qué cambiado está! ¿Ha sido usted soldado?

—¡Anda! —me interrumpió con impaciencia—. Estoy que no vivo.

Entré en el salón donde estaban los señores. Me detuve sin saber qué decir y, como pretexto, pregunté si querían que encendiese la luz; sin esperar respuesta abrí la puerta.

La estancia y el paisaje, envueltos en paz, parecían sostenerse en un silencio pesado: se veían desde la ventana los árboles del jardín, las frondas del parque, el valle de Gimmerton envuelto en bruma; al fondo, Cumbres Borrascosas se elevaba sobre la neblina. Sentí una incomodidad momentánea en tener que anunciar al visitante, pero un impulso me hizo decir:

—Hay un hombre de Gimmerton que desea verla, señora.

—¿Qué pide? —preguntó ella.

—No lo sé —respondí.

—Corre las cortinas y trae el té. Voy.

Salió. El señor me preguntó quién había venido.

—Una persona que la señora no esperaba —dije—. ¿No es Heathcliff, el de casa del señor Earnshaw?

—¡Ah, el gitanillo, el mozo de labranza! —dijo—. ¿No le dijiste quién era?

—No lo llame así delante de ella —rogé—. Se enfadaría. Cuando se fue, quedó muy disgustada. Seguro que se alegrará ahora.

El señor Linton miró al patio y mandó:

—Que entre.

Oí crujir el picaporte. Catalina entró apresurada, casi sin aliento, con tal agitación que borraba toda señal de alegría: al verla gritó efusivamente:

—¡Eduardo, Eduardo! ¡Heathcliff ha vuelto!

Le abrazó hasta asfixiarle.

—Bien, bien —repuso su marido, algo cortado—. No hace falta estrangularme. No me parece que ese Heathcliff sea tan tesoro como para volverse loco.

—Recuerdo que no te agradaba —dijo Catalina—. Pero ahora debéis ser amigos, aunque sólo sea por mí. ¿Le digo que pase?

—¿Al salón? —preguntó él.

—¿Dónde si no? —contestó ella.

Él, algo molesto, propuso la cocina; Catalina protestó.

—No —replicó—. No estaré en la cocina. Elena: pon dos mesas: una para usted y la señorita Isabel, que son nobles, y otra para Heathcliff y para mí, que somos plebeyos. ¿Te parece bien? ¿O prefieres otro recibimiento? Voy a buscar al visitante. ¡Me parece mentira tanta dicha!

Iba a salir otra vez cuando Eduardo la detuvo:

—Que suba —ordenó—. Y tú, Catalina, alegría, pero sin tonterías. No hay por qué tratar a un criado huido como a un hermano.

Bajé y hallé a Heathcliff esperando. Entró en silencio y lo conduje ante los amos, cuya reciente discusión había dejado sus mejillas encendidas. Catalina, ruborizada, corrió a Heathcliff, le tomó las manos y obligó a Linton a estrechárselas a regañadientes. A la luz de la lumbre vi con mayor claridad la transformación de Heathcliff: era ya un hombre, alto, atlético, bien formado; mi amo parecía un muchacho junto a él. Su porte sugería que había servido; su semblante mostraba resolución y un brillo de inteligencia; la antigua inferioridad había desaparecido. En sus cejas y en el fulgor negro de los ojos persistía la fiereza natural, pero dominada. Sus modales eran sobrios y dignos, no graciosos. Mi señor, al advertirlo, quedó tan perplejo como yo.

Sentado un tiempo sin saber cómo dirigirse a él, Linton rompió el hielo:

—Siéntese —dijo—. Mi esposa me ha pedido que le reciba con afecto. Si a ella le agrada, a mí también.

—Lo mismo digo —contestó Heathcliff—. Estaré encantado de pasar aquí una o dos horas.

Catalina no apartaba los ojos de él, como si temiera que al dejar de mirarlo se desvaneciera. Heathcliff la miraba de cuando en cuando y su placer por volver a ver a su amiga se leía en la mirada. Ambos estaban tan contentos que no quedaba lugar para la turbación. Linton, en cambio, palidecía poco a poco; su enojo estalló cuando Catalina cruzó la habitación, tomó las manos de Heathcliff y se puso a reír.

—Mañana pensaré que soñé —exclamó ella—. Me parecerá imposible haberte visto, tocado y oído otra vez. ¡Ni te merecías tal recibimiento! En tres años de ausencia no pensaste en mí.

—Más de lo que crees, Catalina —replicó él—. Supe de tu matrimonio y, mientras esperaba abajo, sólo pensé en verte, en contemplar tu mirada, en ajustar cuentas con Hindley y en quitarme de en medio con mis manos. Tu manera de recibirme ha cambiado mis intenciones. Pero no me despidas otra vez, ¿eh? ¿Te disgustó tanto mi ausencia? He vivido tristemente. Perdóname; todo lo he hecho por ti.

—Siéntate, Catalina —dijo Linton, tratando de mantener la compostura—; nos tomaríamos el té frío. Vaya, Heathcliff: estarás cansado. ¿No te apetece algo?

Catalina se sentó, Isabel vino y yo me retiré. La colación no duró más de diez minutos: Catalina y Eduardo nada probaron; el visitante permaneció apenas una hora. Al marcharse me dijo que iba a Cumbres Borrascosas: el señor Earnshaw le había invitado aquella tarde.

¡Que hubiera visitado al señor Earnshaw y que éste le invitara! Me figuré que Heathcliff habría aprendido a disimular y que volvía con propósitos velados. Tuve la corazonada de que quizá habría sido mejor que permaneciera lejos.

A medianoche la señora Linton vino a mi cuarto, se sentó junto a la cama y me tiró del cabello:

—No puedo dormir —me dijo—. Necesito compartir mi alegría. Eduardo está molesto porque me alegro de algo que no le interesa; se niega a hablar y dice tonterías. Le elogié a Heathcliff y, por envidia o por dolor de cabeza, se ha puesto a llorar. Me levanté y me fui.

—No debías elogiarlo en su presencia —repliqué—. Ya sabes que se odiaban de chicos; tampoco a Heathcliff le hubiese gustado oír elogios de su esposo. Los hombres son así. No hables de Heathcliff con Eduardo, no sea que provoques un choque.

—Eso es signo de inferioridad —dijo Catalina—. Yo no envidio el cabello rubio de Isabel ni su piel blanca ni el afecto que todos le profesan. Cuando discuto con Isabel te pones de su lado y yo cedo como madre indulgente. Pero son dos niños mimados; creen que el mundo existe para darles gusto. Intento complacerlos, pero a veces pienso que les vendría bien una lección.

—Se equivoca usted, señora Linton —dije—. Son ellos quienes procuran complacerla. Si no lo hicieran, demostrarían tanta energía como usted.

—Entonces —bromeó ella—, lucharemos hasta la muerte. Confío tanto en el amor de Eduardo que podría matarle sin que él se defendiera.

Le aconsejé que valorara ese afecto en su justa medida.

—Lo valoro —repuso—, pero él no debería romper en lágrimas por pequeñeces. Es un niño. Le dije que Heathcliff merece respeto ahora y que cualquiera honrarse con su amistad; él debería aceptarlo e incluso llegar a estimarlo. Heathcliff se portó bien con él, dadas las razones que pueda tener para no quererle.

—¿Qué opina usted de su visita a Cumbres Borrascosas? —pregunté—. Dice que se ha enmendado y perdona a sus enemigos.

—Estoy tan admirada como tú —contestó Catalina—. Dice que fue allí por mí, pensando que yo seguiría viviendo en la casa. José lo dijo a Hindley, que salió a interrogarlo y lo mandó pasar. Jugó a las cartas con varios y mi hermano le ganó algo; al ver que tenía dinero le pidió que volviera. Hindley, tan desaprensivo, no comprende la imprudencia de buscar la amistad de quien tanto ultrajó. Heathcliff dice que reanuda las relaciones con Hindley para verme con más frecuencia que si viviese en Gimmerton. Piensa pagar los gastos de su estancia en Cumbres Borrascosas y eso satisface a Hindley, que es codicioso, aunque todo lo que coge con una mano lo tira con la otra.

—Es mal sitio para un joven —observé—. ¿No teme usted las consecuencias?

—Por Heathcliff, no. Es lo bastante precavido para evitar riesgos. Si temo algo, temo por Hindley, aunque ya ha caído tan bajo que dudo que pueda hundirse más. Su regreso me ha reconciliado con hombres y con Dios. ¡He sufrido tanto, Elena! Si él supiera cuánto, sentiría vergüenza de ensombrecerme con sus rencores. Estoy dispuesta a todo: hasta que me den un bofetón, no sólo ofrecería la otra mejilla, sino que pediría perdón. Voy ahora a hacer las paces con Eduardo. Buenas noches; soy tan buena como un ángel.

Se fue, y a la mañana siguiente el resultado fue visible: Eduardo, todavía algo molesto por la animación de Catalina, acabó por ceder y consintió que ella fuera por la tarde con Isabel a Cumbres Borrascosas. Catalina le demostró tanto afecto que durante días la casa fue un paraíso.

El señor Heathcliff, ya en posición de señor, mantuvo al principio discreción en sus visitas a la Granja, midiendo hasta dónde podía acudir sin incomodar. Catalina moderó sus arrebatos cuando llegaba y así logró que Heathcliff se hiciera asiduo. Su carácter reservado le permitía contener la exteriorización del afecto; mi amo se serenó por un tiempo. Pero pronto surgirían otras inquietudes: Isabel Linton, hermosa joven de dieciocho años, de aspecto delicado y genio fogoso, se enamoró de Heathcliff. Eduardo, que la quería mucho, quedó consternado.

Además de la impropiedad que supondría el matrimonio por la diferencia de condición, Eduardo temía que si Isabel no tenía hijos sus bienes pasaran a manos de aquel hombre; sobre todo, sospechaba que el carácter de Heathcliff no había cambiado en lo esencial. Atribuyó el enamoramiento de Isabel a maquinaciones de Heathcliff; pero en verdad ella se había prendado por sí misma, sin correspondencia.

Desde hacía tiempo advertíamos que algo consumía a Isabel: se volvió huraña, susceptible, y discutía con Catalina a la menor ocasión. Al principio creímos que era mala salud, porque adelgazaba y decaía; pero un día llego a mostrarse desafiante: se negó a desayunar, se quejó de que los criados no la obedecían, de que Eduardo no la cuidaba y de que Catalina la tenía cohibida; recriminó que se enfriara la casa para molestarla y añadió otras nimiedades. La señora Linton ordenó que se acostara y amenazó con llamar al médico. Ante el nombre de Kenneth, Isabel protestó airada que gozaba de excelente salud y acusó a Catalina de hacerla sufrir.

—¿Que yo soy dura contigo, niña mimada? —replicó Catalina—. ¿Cuándo he sido dura?

—Ayer —dijo Isabel.

—¿Ayer? —replicó la señora—. ¿Cuándo?

—Cuando salimos con el señor Heathcliff y me dijiste que me fuera para quedarte a solas con él.

—¿Y eso lo llamas dureza? —respondió Catalina riendo—. Era una indirecta para que nos dejases.

—No —contestó la joven—. Quería irme porque sabía que te agradaba estar con él.

—¿Se habrá vuelto loca? —me dijo la señora—. Voy a repetir nuestra conversación palabra por palabra, Isabel, y luego me dirás qué atractivo hubo.

—No me interesaba la conversación —dijo Isabel—; me interesaba estar con... —calló.

—¿Con...? —preguntó Catalina.

—Con él. Por eso me sacaste.

—Eres una impertinente —dijo la señora—. No puedo creer tanta necedad. ¿Quieres que Heathcliff te admire y que lo consideres un hombre encantador? No, no lo creo.

—Le amo más que usted puede amar a Eduardo —contestó Isabel— y estoy segura de que él me amaría si no se interpusiera usted entre nosotros.

—¡Ni por un reino quisiera estar en tu caso! —exclamó Catalina—. Elena, ayúdame a hacerle ver que está loca. Dile quién es Heathcliff: un alma ruda, sin cultura ni refinamiento; un páramo de abrojos. No te figuras que bajo esa apariencia haya un diamante en bruto: es un hombre cruel como un lobo. Si te unieras a él, Isabel, y le estorbaras, te pisotearía. Es incapaz de casarse por amor: lo haría por tu fortuna. Su vicio es el amor al dinero. Te hablo sabiendo, porque soy su amiga; si de verdad pensara en casarse contigo tal vez yo lo callaría para que cayeras en sus redes.

Isabel, indignada, lloró:

—¡Cuánto egoísmo! —soltó—. Todos están contra mí. Me habéis quitado mi esperanza. ¿Es mentira lo que dice Elena? ¿No es Heathcliff un alma honrada y sincera? Si no fuera por amor a Catalina no hubiera vuelto a acordarse de ella.

—No lo oigas, señorita —aconsejé—. Heathcliff es un presagio de desgracia: no te conviene. No niego lo que dijo la señora Linton: la conoce mejor que nadie y no la pintaría peor de lo que es. ¿Cómo se enriqueció este hombre? ¿Qué hace en Cumbres Borrascosas, en casa de quien le odia? Oí rumores de que el señor Earnshaw está peor desde su regreso: ambos pasan noches en vela; Hindley ha hipotecado sus tierras y vive en frenesí de juego y bebida. José me contó en Gimmerton: «Vamos a ver el juicio en casa, Elena. Uno se dejaría cortar un dedo antes que ayudar al otro. El amo no teme a la justicia ni a san Juan ni a nadie. Y aquel Heathcliff… se sienta a la mesa y se alaba la vida que lleva: se levantan al atardecer, cierran ventanas, juegan y beben brandy hasta la tarde siguiente. Entonces uno se encierra jurando; el otro guarda el dinero, come y luego se divierte con la mujer de su vecino. Y cuenta a doña Catalina cómo engorda la bolsa con las monedas del pobre amo. Hindley se precipita por el camino de la perdición y aquel le incita». José no es hombre de fiar en todo, pero no miente. Si lo que cuenta es cierto, ¿usted, señorita Isabel, se casaría con un hombre así?

—No quiero oírte, Elena —respondió Isabel—. Te has puesto de acuerdo con los demás. ¡Válgame la mala intención con que tratáis de convencerme de que no hay dicha en el mundo!

Quizá habría cedido o no: no tuvo tiempo de reflexionar. Al día siguiente hubo un juicio en la villa cercana y mi amo tuvo que ir. Heathcliff, enterado, vino más temprano que de costumbre. Catalina e Isabel estaban en la biblioteca, mirándose con hostilidad. Isabel, alarmada por mi advertencia, se puso tensa; Catalina, ofendida por las burlas, se encolerizó. Al ver a Heathcliff sonrió maliciosamente; Isabel, absorbida por sus pensamientos, no lo notó hasta que él ya estaba dentro y era tarde para salir.

—Llegas a tiempo —dijo Catalina, ofreciéndole silla—. Aquí tienes a dos mujeres que necesitan de un tercero que rompa el hielo. Heathcliff, me honra haber encontrado a alguien que te quiere más que yo. No, no es Elena; no la mires… Es mi pobre cuñadita, a la que se le parte el corazón con verte. ¡En tus manos está llegar a ser hermano de Eduardo! No te vayas, Isabel —dijo sujetándola—. Nos peleábamos por ti, Heathcliff, y me ha vencido en elogios y admiraciones. Me ha dicho que, si me apartara un instante, te flecharía de tal modo que tu alma estaría unida a la suya eternamente, y yo sería olvidada.

—¡Catalina! —replicó Isabel, con dignidad—. Aprecio que te atengas a la verdad y que no te burles de mí. Señor Heathcliff, pida a su amiga que me suelte; le repugna lo que a ella le divierte.

El visitante permaneció impasible; se sentó indiferente a la ovación. Isabel volvió a mirar a su cuñada y suplicó que la dejase ir.

—¡Quizá! —contestó Catalina—. No me llames otra vez perro del hortelano. Te quedas. Heathcliff: ¿no te agradan mis noticias? Isabel dice que su amor por Eduardo no vale nada junto al que ella siente por ti. ¿No es así, Elena? No ha comido desde ayer por dejarte.

—Creo —contestó Heathcliff— que no está de acuerdo contigo y que, por ahora, no desea estar a mi lado.

Miró a Isabel como quien contempla un animal extraño y repulsivo por su rareza. La joven enrojeció y palideció en segundos; al verse retenida por Catalina, se lanzó y dejó en la piel de la cuñada varias señales sangrantes con las uñas.

—¡Caramba, qué tigresa! —exclamó Catalina al sentir el dolor—. ¡Vete, no quiero verte la cara! ¿No comprendes lo que pensará él? Heathcliff, fíjate qué instrumentos de tortura… ¡Cuidado con los ojos!

—Le cortaría los dedos a quien osara amenazarme —repuso él con brusquedad cuando Isabel hubo salido—. ¿Por qué la has atormentado, Catalina? ¿No hablabas en serio?

—Digo la verdad —contestó ella—. Hace semanas sufre por ti. Esta mañana le conté tus defectos para frenar su pasión; no pienses más en ello. Solo quise castigarla por su insolencia. La quiero demasiado, Heathcliff, para dejar que la caces.

—Y yo la quiero tan poco —respondió él—, que no me propondría eso, salvo para jugar con ella como un vampiro. Si viviera con esa muñeca, la pintaría con mil colores; le pondría negros esos ojos azules que tanto se parecen a los de su hermano.

—¡Si son encantadores! —replicó Catalina—. Son ojos de paloma, ojos de ángel.

—¿Es la heredera de su hermano? —preguntó él tras una pausa.

—Lo sería con gusto —contestó Catalina—. Quiera el cielo que antes que eso, media docena de sobrinos hereden todo. No pienses en ello; recuerda que codiciar lo ajeno sería codiciar también lo mío.

—No serían menos tuyos si yo los tuviera —observó Heathcliff—. Pero aunque Isabel sea boba, no creo que llegue a tanto. Lo mejor es dejarlo, como dices.

No volvieron más sobre el asunto; Catalina quizá lo olvidó, pero Heathcliff lo rememoró durante la tarde: le vi sonreír sin motivo y caer en meditaciones siniestras cuando la señora Linton salía de la habitación.

Decidí vigilar a Heathcliff. Mi inclinación natural estaba con el amo: era hombre honesto y bueno; respecto a Catalina no podía decir que no lo fuera, pero desconfiaba de su juicio y de sus afectos. Deseaba con ansia librar a la Granja —y a Cumbres Borrascosas— de la mala influencia de Heathcliff. Sus visitas eran para mí una obsesión y, creo, también para el amo. Lo que vi era que allí, en aquellas casas, Dios parecía haber abandonado la oveja descarriada y el lobo acechaba, atento al momento oportuno para precipitarse sobre ella y destrozarla.

CAPÍTULO XI: EL BESO TRAIDOR

A veces, al meditar a solas sobre todo aquello, un terror repentino me invadía; me levantaba, me ponía el sombrero y me venía la idea de acercarme a ver qué ocurría en Cumbres Borrascosas. Sentía que mi deber era hablar con Hindley sobre lo que la gente murmuraba de él. Pero al recordar lo enraizado de sus vicios, me faltaba el valor de entrar en la casa, y sabía que mis palabras tendrían, a lo sumo, un efecto dudoso.

Una vez, yendo a Gimmerton, me desvié un poco del camino y me detuve junto a la verja de la finca. Era una tarde fría y clara; la tierra mostraba ya el cansancio del invierno y el camino se abría ante mí, duro y polvoriento. Alcancé una bifurcación donde hay un mojón de piedra arenisca con las letras C. B. mirando al Norte, G. al Este y G. T. al Sudoeste: señalaban las direcciones de las Cumbres, del pueblo y de la Granja. El sol doraba la parte alta del mojón y, al verlo, me vinieron a la cabeza recuerdos infantiles como una avalancha. Aquel lugar había sido, veinte años atrás, el preferido de Hindley y mío. Estuve largo rato contemplando la piedra; incliné la vista y vi junto a su base un agujero donde guardábamos guijarros, conchas y otras pequeñeces: aún seguían allí. Por un instante me pareció ver a mi antiguo compañero cavando la tierra con un trozo de pizarra.

—¡Pobre Hindley! —murmuré sin aliento.

Tuve la sensación de que el niño alzaba la cara y me miraba. La visión se desvaneció en seguida, pero me quedó un deseo ardiente de ir a Cumbres Borrascosas. Un impulso supersticioso me empujó: «¡Podría haber muerto, o estar a punto de morir!», pensé, sintiendo el presentimiento como una señal fatal.

Mi congoja crecía a medida que me acercaba a la casa; todo mi cuerpo temblaba. Vi a un niño desgreñado apoyado en los barrotes de la verja y creí que la aparición se me había adelantado. Pero, al fijarme mejor, comprendí que era Hareton, mi Hareton, al que hacía tiempo que no veía.

—¡Dios te bendiga, querido! —exclamé—. Soy Elena, tu ama.

Se apartó y cogió un gruñón pedrusco.

—Voy a ver a tu padre, Hareton —le dije, confiando en que al menos recordara mi figura.

Esgrimió la piedra; traté de calmarle, pero la lanzó y me alcanzó el sombrero. Al mismo tiempo el niño soltó una retahíla de improperios que, fuera por conciencia o por hábito, pronunciaba con firmeza. Sentí más dolor que cólera; casi me eché a llorar. Saqué una naranja del bolsillo y se la ofrecí. Vaciló, y de pronto me la arrebató con brusquedad, como si creyera que buscaba engañarle. Le mostré otra naranja, pero guardándomela fuera de su alcance.

—¿Quién te ha enseñado esas palabras, hijo? —pregunté—. ¿El cura?

—¡Malditos sean el cura y tú! —me contestó—. ¡Dame eso!

—Si me dices quién te enseñó eso, te lo daré.

—El demonio de papá —respondió.

—¿Y papá qué te enseña? —seguí.

—Nada —dijo—. No quiere que esté con él porque le maldigo y le insulto.

—¿Y es el diablo quien te enseña a maldecir a papá?

—¡Ah! No…

—¿Quién entonces?

—Heathcliff.

Le pregunté si quería al señor Heathcliff y contestó que sí. Al preguntar por qué, dijo:

—Porque él trata mal a papá como papá me trata a mí, y porque él reniega de papá como papá reniega de mí, y porque con él puedo hacer lo que me da la gana.

—¿Y el cura no te enseña a leer y a escribir?

—No. Han dicho que le partirían la cabeza si entrara por la puerta. ¡Heathcliff lo ha jurado!

Le di la naranja y le pedí que dijera a su padre que una mujer llamada Elena Dean quería verle. Se encaminó a la casa; en vez de Hindley, salió Heathcliff. Al verle, corrí como si hubiera visto un espectro. Esto no tiene relación directa con lo de miss Isabel salvo en cuanto influyó para que yo endureciera mis precauciones y tratara de impedir que la mala influencia de aquel hombre alcanzara la Granja, cosa que, por cierto, me valió una bronca con la señora Linton.

El primer día que Heathcliff volvió a la casa, miss Isabel estaba en el corral dando de comer a las palomas. Hacía tres días que no hablaba con su cuñada; había suprimido también sus protestas, para gran alivio de todos. Heathcliff no solía dirigirle más que palabras necesarias, pero aquella vez, tras mirar a la casa —yo había salido de la ventana de la cocina para no ser vista— se acercó y le habló. La joven se turbó y pareció querer alejarse, pero él la retuvo por el brazo. Isabel apartó el rostro; él le hizo una pregunta a la que ella no quería responder. Volvió a mirar a la casa y, creyendo que nadie le veía, tuvo la desfachatez de besar a Isabel.

—¡Oh, Judas, traidor! —exclamé—. ¿También tú, hipócrita y burlador?

—¿Qué pasa, Elena? —dijo Catalina al entrar en ese momento; yo, absorta en la escena, no la había notado.

—¡El miserable amigo tuyo! —respondí, furiosa—. ¡Ese Heathcliff! Ya entra; a ver qué excusa te da para hacer el amor a miss Isabel después de haber dicho que la despreciaba.

La señora Linton vio cómo Isabel se soltaba y huía, y Heathcliff entró acto seguido. Di rienda suelta a mi indignación, pero Catalina me mandó callar y amenazó con echarme de la cocina.

—¡Cualquiera diría que tú eres la señora! —me espetó—. No te metas donde no te llaman. —Y, dirigiéndose a Heathcliff—: ¿Qué pretendes? Ya te advertí que dejes en paz a Isabel; hazlo, o Linton te prohibirá la entrada.

—¡Dios lo haga! —replicó aquel rufián—. ¡Le odio cada día más! Si Dios no le conserva paciente, acabaré por no resistir el deseo de mandarlo a la eternidad.

—¡Cállate! —ordenó Catalina—. ¿Olvidaste lo que te dije? ¿Fue Isabel quien te buscó?

—¿Qué te importa? —respondió él—. Tengo derecho a besarla si ella no se opone. No soy tu marido: no tienes derecho a estar celosa.

—No estoy celosa de ti, sino por ti —replicó la señora—. Si te agrada Isabel, cásate con ella. Pero dime: ¿la quieres de veras, Heathcliff? ¿Ves que no contestas? Estoy segura de que no te agrada.

—¿Consentiría el señor Linton que su hermana se casase con ese hombre? —inquirí.

—Lo consentiría —respondió Catalina con decisión.

—También se podría evitar ese problema —dijo Heathcliff—, porque yo no necesito su consentimiento para nada. Y a ti, Catalina, te diré dos cosas aprovechando la ocasión: sé que me has tratado horriblemente, ¿me entiendes? Horriblemente. Si te imaginas que no me he dado cuenta, eres necia; si piensas que me consuelas con dulces palabras, eres idiota, y si crees que no me vengaré, pronto verás lo contrario. Me alegro de que me hayas contado el secreto de tu cuñada; te juro que sabré sacar partido de ello. No te interpongas en mi camino.

—¿Qué es esto? —exclamó, asombrada, la señora Linton—. ¿Que me has tratado horriblemente y vas a vengarte? ¿Cómo? ¿Cuándo te he tratado horriblemente?

—No me vengaré de ti —dijo Heathcliff con menor violencia—. Ese no es mi plan. El tirano oprime a sus esclavos, y éstos, en lugar de volverse contra él, descargan la venganza sobre los que están debajo. Hazme todo el daño que quieras porque te diviertes; yo me entretendré del mismo modo. No te burles de mí. Si crees que me consuelas por caridad, no me obligues a vivir en esa choza que edificas sobre las ruinas de mi orgullo. Si supiera que de veras buscas que me case con Isabel, antes me cortaría la garganta.

—¿Así que te ofende que no esté celosa? —gritó Catalina—. Pues no volveré a preocuparme por buscarte esposa. Sería como ofrecer el alma al diablo. Te encanta causar desgracias. Pelea con Eduardo si quieres, engaña a su hermana y así te vengarás de mí más de lo que imaginas.

La disputa quedó momentáneamente zanjada. La señora Linton se sentó, hosca y silenciosa, junto al fuego. El que antes le obedecía había cobrado ahora un aire indómito. Heathcliff quedó de pie ante la lumbre, cruzando los brazos y urdiendo, sin duda, planes diabólicos. Yo tiré a buscar al amo. Éste se extrañó de no ver a su mujer.

—¿Has visto a la señora, Elena? —me preguntó.

—Está en la cocina —respondí—. Está enfadada por la conducta de Heathcliff. Si me hace caso, convendría le pongamos coto a sus visitas. A veces ser demasiado bueno resulta peligroso…

Le conté, con la prudencia que me dictó la situación, lo que había ocurrido en el patio y la disputa que siguió. Pensé que el daño sería menor salvo que la señora se empeñara en defender al intruso. El señor Linton calló y, al final, sus palabras mostraron que consideraba a su mujer en parte culpable.

—¡Esto es insoportable! —exclamó—. ¡Es humillante que la tenga por amigo y que me obligue a aceptar su trato! Llama a dos criados,

Elena. Catalina no seguirá discutiendo con ese rufián. He sido demasiado condescendiente.

Mandó que los sirvientes aguardaran en el pasillo y, seguido por mí, se dirigió a la cocina. En ese instante la señora hablaba con ardor. Heathcliff estaba ante la ventana, algo acobardado por las recriminaciones de Catalina. Fue el primero en ver al señor y le hizo un gesto para que callara. Ella, en seguida, obedeció.

—¿Qué es esto? —preguntó Linton—. ¿Cuál es tu idea del decoro para permanecer aquí después de lo que te ha dicho ese miserable? Tal vez no te importe porque estás acostumbrada a ese tipo de conversación. Yo no lo soporto ni quiero soportarlo.

—¿Has estado escuchando a la puerta, Eduardo? —respondió Catalina con frialdad calculada, para provocarle y mostrarle su desprecio.

Heathcliff, al oír a Eduardo, levantó la vista y soltó una carcajada con la intención de que Linton reparara en él. Lo consiguió, pero no en la forma que pretendía: Eduardo perdió el dominio de sí.

—Hasta hoy te he soportado —dijo mi amo, con voz contenida—, no porque ignorara tu miserable carácter, sino porque pensé que no toda la culpa era tuya. Y porque Catalina quiso conservar tu amistad. Pero si he consentido, no pienso seguir así. Tu sola presencia es un veneno moral capaz de corromper al más virtuoso. Te prohíbo desde hoy que vuelvas a poner los pies en esta casa; sal de aquí de inmediato. Si tardas más de tres minutos, te sacaré de un modo vergonzoso: a la fuerza.

—Catalina, tu corderito me amenaza como un toro. Está expuesto a que le dé un tropezón con mis puños. ¡Por Dios, señor Linton, siento que no tengas al menos un puñetazo!

El amo miró al pasillo y me hizo una seña para que llamara a los criados; no quería exponerse a un choque directo. Obedecí. La señora, al darse cuenta, me siguió y, al ir a llamar, me empujó, me apartó y cerró la puerta con llave.

—¡Magnífico procedimiento! —dijo, mirando la expresión de sorpresa y enojo de su marido—. Si no tienes valor para enfrentarte a él, presenta excusas o ríndete. Esa será tu justa recompensa por una valentía fingida. Antes me tragaré la llave que entregártela. ¿Así pagáis mis bondades, los dos? He tratado de defenderos, a ti y a tu hermana, Eduardo… ¡Ojalá Heathcliff te azote hasta dejarte tiritando, por pensar tan mal de mí!

Eduardo trató de arrancar la llave, pero Catalina la arrojó al fuego. Él, vencido por un temblor nervioso y después de esfuerzos sobrehumanos para contenerse, cayó en una silla, cubriéndose el rostro con las manos.

—¡Oh, cielos! —exclamó la señora—. En tiempos antiguos esto habría valido para que te armasen caballero... Estamos vencidos. Heathcliff está ahora en condiciones de alzar un dedo contra ti como un rey alzar su ejército. Levántate, hombre; nadie te hará daño. No eres un cordero, sino una liebre...

—Goza en paz de ese cobarde de sangre de horchata —murmuró Heathcliff—. Te felicito por tu elección. ¿Que me dejaste por un pobre diablo como éste? No le daré puñetazos, pero me complacerá darle una patada. ¿Está llorando o se ha desmayado del susto?

Se acercó a Linton y empujó la silla. Fue un error: mi amo se incorporó y le asestó un golpe en la garganta que habría derribado al hombre más vigoroso. Por un minuto, Heathcliff quedó sin aliento. Linton salió al patio por la puerta de escape.

—¿Ves? —chilló Catalina—. ¡Se acabaron tus visitas! ¡Vete de inmediato! Eduardo volverá con dos pistolas y media docena de criados. Si nos ha oído, no nos perdonará. ¡Qué mala jugada me hiciste, Heathcliff! Vete, no quiero verte en la situación en que estuvo Eduardo.

—¿Crees que tragaré el golpe? —rugió él—. ¡No! Antes de marcharme le aplastaré como a una avellana podrida... Si no le machaco ahora, tendré que acabar matándole. Si aprecias su vida, déjame esperar.

—No vendrá —dije, sin dudar en arriesgar una mentira. Vi cómo se acercaban el cochero y los jardineros con sus garrotes. «Supongo que no le agradará a usted que le arrojen violentamente de la casa», añadí. El amo, probablemente, se limitará a mirar desde las ventanas cómo se cumplen sus órdenes.

El cochero y los jardineros estaban, en efecto, allí; pero Linton les acompañaba. Habían entrado en el patio. Heathcliff meditó un instante y decidió evitar enfrentarse a tres subalternos. Cogió el atizador, saltó la cerradura y se escapó por una salida lateral mientras los demás entraban por otra.

La señora, presa de gran agitación, me pidió que la acompañara a su alcoba. Ignoraba mi intervención en lo ocurrido y procuré mantenerla en la ignorancia.

—Estoy loca, Elena —exclamó dejándose caer en el sofá—. Siento como si mil martillos me golpearan la cabeza. Que Isabel no cruce mi vista: es la culpable de todo. Cuando veas a Eduardo, dile que estoy al borde de enfermar gravemente; ojalá fuera verdad. No sabes lo angustiada que estoy. Si viene, me injuriará o me reprochará; yo le replicaré y no sé adónde iríamos a parar. Hazlo, Elena. Tú sabes que no he obrado mal. ¿Qué espíritu movió a Eduardo a escuchar a la puerta? Es verdad que Heathcliff habló groseramente, pero yo habría logrado quitarle la idea de Isabel y nada habría pasado. Todo se ha echado a perder por esa mania de oír hablar mal de sí mismas que algunas personas tienen. Si Eduardo no hubiese oído lo que dijimos, ¿habría pasado algo? Después de que me soltó aquella arenga, cuando yo acababa de reñir a Heathcliff por su bien, ya no me importaba lo que sucediera entre ellos; quedaremos distanciados un buen tiempo. Si no puedo seguir siendo amiga de Heathcliff y Eduardo es celoso, me desgarraré el alma para que los dos sufran. Pero eso sólo en caso extremo; no quiero que Eduardo sea tomado por sorpresa. Hasta ahora ha sido prudente. Hazle comprender que sería peligroso abandonar esa prudencia. Recuérdale la violencia de mi carácter y lo fácilmente que me enfurezco. ¡Si consiguieras que desapareciera esa frialdad de su rostro y que me tratara con más afecto!

Me exasperó la serenidad con que ella hablaba; pensé que quien prevé cómo templar sus arrebatos podría también controlarlos si quisiera. No me sentí llamada a añadir más disgustos al marido mediante esa especie de coacción; así que no dije nada cuando él llegó, pero permanecí para escuchar si discutían. Habló el amo primero.

—Quédate donde estás, Catalina —dijo, abatido, sin rencor—. No he venido a disputar ni a hacer las paces. Sólo quiero saber si, después de lo ocurrido, sigues queriendo ser amiga de…

—¡Déjame en paz! —gritó ella, golpeando el suelo con el pie—. No hablemos ahora. Tú no perderás la sangre fría: por tus venas no corre más que agua helada; mi sangre hierve y tu frialdad me enfurece hasta lo indecible.

—Responde —replicó él—. Tus arrebatos no me asustan. Ya he visto que, cuando te propones, eres tan imperturbable como cualquiera. ¿Estás dispuesta a prescindir de Heathcliff o prefieres prescindir de mí? No puedes ser amiga de los dos; elige.

—Y yo te ruego que me dejes en paz —respondió ella, fuera de sí, descontrolada—. ¡No ves que apenas puedo mantenerme en pie! Déjame, Eduardo…

Tiró con violencia la campanilla; fui a atender sin precipitación. Esos arrebatos ponían a prueba la paciencia de un santo. La vi golpearse la cabeza contra el brazo del sofá y rechinar los dientes como si fuera a destrozarlos. Linton la miraba compungido, casi arrepentido de su fuerza anterior. Me mandó a buscar un vaso de agua; ella no quiso beber. Mojé su rostro con la bebida; un instante después se tendió en el sofá, con los ojos en blanco y las mejillas pálidas como las de una muerta. Linton quedó aterrado.

—No es nada —murmuré, intentando evitar que él cediera, aunque por dentro estaba angustiada.

—Sangra por la boca —dijo él, estremecido.

—No haga caso —respondí—.

Le confesé que ella había planeado antes de que llegara dar ese espectáculo de locura; dije la imprudencia en voz alta. Catalina me oyó, se levantó de repente, con el cabello suelto y los tendones del cuello y los brazos dolorosamente tensos. Me preparé para que me rompiera los huesos; pero no fue así: salió despavorida de la habitación. El amo me mandó seguirla; obedecí hasta la puerta de su alcoba, que cerró para dejarme fuera.

Al día siguiente pasó la mañana sin bajar a desayunar; cuando fui a ofrecerle el desayuno me contestó que no lo quería. Igual ocurrió a la hora del almuerzo y del té; al otro día, lo mismo. El señor Linton se recluyó en la biblioteca sin preguntar por su esposa. Habló con Isabel durante una hora intentando arrancarle una respuesta definitiva: que rechazara a Heathcliff. No logró más que evasivas. Entonces juró solemnemente que si ella persistía en la locura de dar esperanzas a aquel indigno, las relaciones entre los dos hermanos quedarían rotas para siempre.

CAPÍTULO XII: LA FIEBRE Y LA FUGA

Mientras Isabel vagaba por el parque y el jardín, y su hermano se encerraba en la biblioteca —probablemente esperando que Catalina se arrepintiera y pidiera perdón—, ella seguía obstinada en prolongar su ayuno. Sin duda imaginaba a Eduardo medio muerto de nostalgia, y que sólo el orgullo le impedía arrojarse a sus pies. Yo, por mi parte, me limité a cumplir con mis obligaciones, convencida de que el único juicio sereno que había entre las paredes de la Granja residía, modestamente, en mí. No gasté palabras de consuelo con la señora ni intenté aliviar al señor, que ardía en deseos de oír el nombre de su esposa, precisamente porque no podía oír su voz. Decidí dejar que cada cual se las compusiera como mejor pudiera, y el tiempo —como supuse desde el principio— me dio la razón.

A los tres días, Catalina asomó a la puerta de su habitación y pidió que le renovara el agua —se le había acabado— y que le llevara un tazón de sopa de leche porque se sentía desfallecer. Supuse que aquella súplica iba dirigida a los oídos de su marido; como no le di crédito, me guardé bien de transmitirla. Me limité a subirle una taza de té y una torta seca. Comió y bebió con ansia, y luego se recostó en la almohada, apretó los puños y rompió a llorar.

—Quisiera morirme —decía—. A nadie le importo. No debí probar bocado. —Y enseguida—: No, no quiero morir. Él no me quiere; me olvidaría.

—¿Necesita algo, señora? —pregunté, ignorando sus exageraciones.

—¿Qué hace mi flemático marido? —dijo, apartándose del rostro los cabellos enmarañados, que en esos días le habían chupado el color—. ¿Se ha muerto o está aletargado?

—Ni lo uno ni lo otro. Está bien; al parecer, ocupado, porque desde que no tiene otra compañía pasa el día entre sus libros.

Si hubiera sospechado el estado real en que se encontraba, no le habría hablado así. Pero creí que fingía.

—¡Ah, muy ocupado entre sus libros! —exclamó— mientras yo me asomo al sepulcro. ¿No sabe lo enferma que estoy? —Y, mirándose al espejo—. ¿Esta es Catalina Linton? Quizá confía en que es un contratiempo sin importancia. Debes decirle que es grave. Mira, Elena: si no es tarde aún, cuando conozca sus verdaderos sentimientos, tomaré una de dos decisiones: dejarme morir o reponerme y marcharme. ¿No has mentido? ¿De verdad le preocupo tan poco?

—El señor no cree que llegue usted a la locura de dejarse morir de inanición.

—¿No? ¡Convéncelo de que estoy decidida!

—No olvide, señora, que hoy ya ha comido…

—¡Me mataría ahora mismo —replicó— si con ello lo arrastrara a él conmigo! Llevo tres noches sin cerrar los ojos. ¡Cuánto he sufrido! Empiezo a pensar que tú tampoco me quieres. Yo creía que, aunque todos se odiasen entre sí, no podrían dejar de quererme a mí. Y, sin embargo, en nada de tiempo todos se han vuelto mis enemigos. ¡Qué espanto morir rodeada de rostros impasibles! Isabel no se atreve a entrar, por miedo a ver a Catalina muerta. Ya casi oigo a Eduardo de pie a su lado, dando gracias porque vuelve la paz a la casa y retornando feliz a sus librotes. ¡Y sigue con sus libros mientras yo me muero!

La idea de un marido filosóficamente resignado —como yo le había dicho— le resultó insoportable. A fuerza de darle vueltas, se puso frenética; en su delirio rasgó el almohadón con los dientes. Después se irguió, encendida, y me ordenó abrir la ventana. Me negué: era pleno invierno y soplaba un nordeste cortante. Pero su expresión y los bruscos cambios de tono me alarmaron. Recordé la indicación del médico: no contrariarla. Un minuto antes estaba rabiosa; de pronto, sin reparar en que yo no la había obedecido, se apoyó en mi brazo y se entretuvo sacando las plumas por los desgarrones del almohadón. Las iba colocando sobre la sábana y las agrupaba por «familias».

—Ésta es de pavo —musitaba—, ésta de pato silvestre, ésta de pichón. Claro, ¿cómo voy a morirme con plumas de pichón en la almohada? Cuando me acueste, las tiraré. Ésta es de cerceta, y ésta de avefría… la reconocería entre mil. Revoloteaba sobre nuestras cabezas en los pantanos, buscando el nido cuando el cielo bajo anunciaba lluvia. Esta pluma la tomaron en los matorrales. En invierno encontramos su nido lleno de pequeños esqueletos. Heathcliff había puesto una trampa cerca y los padres no se atrevían a entrar. Le hice prometer que no volvería a matar avefrías, y me obedeció. ¡Hay más! ¿Habrá disparado a mis avefrías, Elena? ¿No están manchadas de sangre algunas plumas? Déjame ver…

—Vamos, no se ocupe de niñerías —dije, mientras volteaba el almohadón, ya agujereado—. Acuéstese, cierre los ojos. Delira. ¡Mire qué ventisca de plumas ha montado!

Me puse a recogerlas.

—Pareces una vieja, Elena —divagó—. Cabello gris, espalda encorvada. Esta cama es la cueva encantada del pie de la colina de Penniston, y tú recoges guijarros para lanzárselos a los novillos. Dices que son copos de nieve. Dentro de cincuenta años estarás así, aunque ahora no lo estés. Te equivocas, no deliro: si delirase, creería que de veras eres una bruja y que estoy en la cueva. Sé que es de noche, y que hay dos velas sobre la mesa, y que ese armario brilla negro como el ébano.

—¿Qué armario negro? —pregunté—. ¿Sueña?

—El armario apoyado en la pared, como siempre. ¡Qué raro! Distingo una cara.

—En este cuarto nunca ha habido armario —repliqué. Corrí las cortinas del lecho para vigilarla mejor.

—¿No ves esa cara? —dijo, señalándose: era su reflejo.

Como no lograba hacerle entender que era su propio rostro, me levanté y cubrí el espejo con un chal.

—La cara sigue detrás —jadeó—; se ha movido. ¿Quién será? Temo que aparezca cuando te vayas. ¡Elena, este cuarto está embrujado! Me aterra quedarme sola.

Le tomé las manos y traté de calmarla. Se estremecía y no apartaba la vista del espejo.

—No hay nadie, señora —insistí—. Era su propia cara, lo sabe usted bien.

—¡Yo misma! —suspiró—. Y el reloj da las doce… ¡Horrible!

Se tapó los ojos con la sábana. Quise ir a avisar a su marido, pero me detuvo un grito agudo: el chal había caído del espejo.

—¡Vamos! —exclamé—. ¿Qué sucede? ¿Quién es el cobarde ahora? ¿No ve que es su rostro reflejado?

Se aferró a mí y, poco después, el rubor sustituyó su palidez.

—¡Oh, querida! —dijo—. Creí estar en mi cuarto de Cumbres Borrascosas. Como estoy tan débil, se me nubló la cabeza y grité sin saber. No lo cuentes; siéntate a mi lado. Me da miedo volver a esas pesadillas.

—Le convendría dormir, señora —aconsejé—. Que estos padecimientos le sirvan para no volver a coquetear con morirse de hambre.

—¡Quién estuviera en mi cama, en mi casa! —se lamentó, retorciendo las manos—. ¡El viento entre los abetos, bajo las ventanas! Ábrela: quiero aspirarlo; viene de los pantanos.

Para tranquilizarla, abrí unos minutos; entró una ráfaga helada. Cerré y volví junto a ella. Catalina quedó inmóvil, con lágrimas rodándole por las mejillas, rendida por la debilidad: nuestra orgullosa Catalina, reducida a un niño asustado.

—¿Cuánto llevo encerrada? —preguntó de pronto.

—Desde el lunes por la tarde —respondí— y ahora es la madrugada del viernes.

—¿De esta misma semana? —murmuró, incrédula—. ¿Tan poco?

—Demasiado, si se alimenta sólo de agua y mal humor.

—Han sido horas eternas —dijo, vacilante—. Debe haber pasado más. Recuerdo que, tras su riña, fui al salón; Eduardo estuvo cruel y provocador; vine aquí desesperada. Apenas eché el cerrojo se me oscureció la cabeza y caí al suelo. No pude avisarle que me iba a dar un arrebato de locura si seguía acorralándome. Perdí lengua y pensamiento; sólo quería huir. Cuando me repuse, anochecía. Te contaré lo que pensé y lo que sigo imaginando, hasta temer perder el juicio. Tendida al pie de la mesa, viendo el rectángulo gris de la ventana, me creí en mi lecho de tablas de Cumbres Borrascosas, con un dolor agudísimo en el corazón. Traté de entender: me pareció que los últimos siete años no habían existido. Era una niña todavía; papá acababa de morir, y el dolor era por la orden de Hindley de separarme de Heathcliff. Me vi sola por primera vez; al despertar de una noche de llanto, levanté la mano para apartar las tablas del lecho… Topé con la mesa, palpé la alfombra, y entonces volví en mí. Aquella pena se apagó ante un frenesí aún mayor… No sé por qué era tan desdicha… Pero piensa que con doce años me arrancan de Cumbres y me traen a la Granja para ser mujer de Eduardo Linton: así de hondo fue el abismo en que me sentí arrojada. Menea la cabeza si quieres; algo de culpa tienes. Si hubieras hablado con Eduardo como debías, habrías logrado que me dejara en paz. ¡Me quemo! Quise aire libre, volver a ser fuerte y salvaje, reírme de los agravios en lugar de enloquecer. Con decir dos palabras, se me alborota la sangre. ¡Y volvería a ser yo entre los matorrales y los pantanos! Abre la ventana de par en par y déjala abierta. ¿Qué haces? ¿Por qué no me obedeces?

—Porque no quiero matarla de frío —respondí.

—Querrás decir que no quieres darme ocasión de revivir —me escupió—. Aún puedo; la abriré yo.

Saltó de la cama y, antes de detenerla, cruzó el cuarto y descorrió la ventana. El aire glacial le cortaba los hombros como cuchillo. Le rogué que se apartara; se negó. Intenté forzarla; su delirio le daba una fuerza que yo no igualaba. No había luna; la bruma cubría todo. No brillaba luz alguna. En Cumbres no se veía resplandor, aunque ella juraba distinguirlo.

—¡Mira! —gritó—. Esa luz es la de mi cuarto; aquella, el desván de José. Seguro espera a que vuelva para cerrar la verja. Tendrá que esperar. Es mal camino, muy desagradable. Hay que pasar por la iglesia de Gimmerton. Muchas veces nos desafiamos a quedarnos entre las tumbas llamando a los muertos. Heathcliff, si te desafío ahora, ¿vendrás? Podrán enterrarme a doce pies y poner la iglesia encima: no me quedaré allí hasta que no estés conmigo.

Hizo una pausa, y añadió con una sonrisa extraña:

—Estás pensando que sería mejor que te buscara yo… Bien, búscame un camino que no cruce el cementerio. ¡Qué lento vas! Tranquilo: te seguiré siempre.

Vi que hablar era inútil: tenía la razón trastornada. Buscaba algo para cubrirla cuando escuché el picaporte: entró el señor Linton, para mi consternación. Pasaba por el corredor; al oírnos, la curiosidad o el miedo a una desgracia lo trajeron a la alcoba.

—¡Señor! —exclamé, para tapar el grito que asomó a sus labios al ver el cuadro—. La señora está enferma y no puedo con ella. Venga, convénzala de acostarse. Olvide su enojo: ya sabe que con ella sólo se hace lo que ella quiere.

—¿Está enferma? —dijo, y corrió hacia nosotras—. Cierra la ventana, Elena. ¿Qué te pasa, Catalina?

Se detuvo. El aspecto de su esposa le heló la sangre. Me miró, descompuesto.

—Lleva consumiéndose días —dije—, negándose a comer y sin quejarse de nada. Hasta hoy no dejó pasar a nadie, y no le avisamos porque ni nosotras sabíamos. No creo que sea grave…

Yo misma sentí lo flojo de mi excusa. Mi amo frunció el ceño.

—¿Que no es grave, Elena Dean? Ya me explicarás tu silencio —dijo, severo.

Tomó a su mujer en brazos, mirándola con angustia. Al principio, ella no le reconoció. Pero el delirio no era continuo: los ojos, velados por la oscuridad de fuera, acabaron reparando en el hombre que la sostenía.

—¿A qué vienes, Eduardo Linton? —saltó, viva—. Llegas cuando no haces falta y nunca cuando importa. Ya comenzarás con lamentos, pero no por eso dejaré de irme a mi morada definitiva antes de que acabe la primavera. Y no descansaré en el panteón de los Linton, sino en una fosa al aire libre, con una losa simple. Haz lo que quieras: vete con los Linton o ven conmigo.

—¿Qué dices, Catalina? —balbuceó—. ¿Ya no soy nada para ti? ¿Estás enamorada de ese miserable Heath…?

—¡Silencio! —gritó—. ¡Cállate o me lanzo ahora mismo por la ventana! Tendrás mi cuerpo, pero mi alma estará en las Cumbres antes de que puedas tocarme de nuevo. No te necesito; vuelve a tus libros. Ellos te consolarán: yo no volveré a servirte de consuelo.

—Señor —intervine—, delira. Lleva toda la tarde así. Cuidémosla, mantengámosla tranquila, y se repondrá. En adelante, no la disgustemos.

—No me des consejos —me cortó—. Conocías su genio, y aun así me empujaste a contrariarla. ¡Y tres días sin decir nada! ¡Crueldad! ¡Está desfigurada como si llevara meses enferma!

Me defendí. ¿Qué culpa tenía yo de la torcida inclinación de Catalina?

—Sabía que la señora es terca y dominante, pero ignoraba que usted quisiera alimentar ese mal carácter. No sabía que debíamos tolerar a Heathcliff con tal de no contrariarla. Así me paga por cumplir con lealtad: aprenderé. A partir de ahora, infórmese con sus propios ojos.

—Si vuelves con chismes, prescindiré de ti —replicó.

—Entiendo —respondí—. Según parece, el señor Heathcliff tiene permiso para cortejar a la señorita y predisponer a la señora contra usted cuando está ausente.

Aunque con la cabeza nublada, Catalina prestaba oído fino.

—¡Oh, traidora Elena! —estalló—. Es mi enemiga solapada. ¡Bruja! ¡Déjame, Eduardo, y verás cómo la hago arrepentirse!

Un relámpago de locura cruzó sus ojos; intentó soltarse de los brazos de Linton. Yo resolví ir a por el médico por mi cuenta y salí. Al cruzar el jardín, vi colgando de un garfio un bulto blanco que se movía de modo extraño. No quise quedarme con la duda de estar viendo un alma en pena; me acerqué y quedé helada: era el galguito de Isabel, colgado con un pañuelo al cuello, medio ahogado. Lo desaté y lo salvé. Yo lo había visto subir tras su dueña la noche anterior, y no acertaba a imaginar quién pudo cometer tal barbaridad. Mientras lo libertaba, me pareció oír a lo lejos el galope de un caballo —inusual a las dos de la madrugada—, pero la prisa me impidió atender.

Encontré al señor Kenneth saliendo para ver a un enfermo. Al contarle lo de Catalina, decidió acompañarme de inmediato. Sencillo y franco como es, me confió que dudaba de que Catalina sobreviviera a aquel segundo ataque.

—Debe de haber una causa concreta, Elena —dijo—. ¿Qué ha pasado? Una mujer tan fuerte no cae por pequeñeces. Personas como ella enferman rara vez; cuando lo hacen, es difícil arrancarlas del mal. ¿Cómo empezó?

—El amo se lo contará —respondí—. Conoce usted el carácter violento de los Earnshaw, y sabe que la señorita Catalina los supera a todos. Todo nació de una disputa y, tras una explosión de furia, sufrió un ataque. Ella lo ha contado así; no lo vimos: se encerró. Luego se negó a comer y ahora delira por ratos o se pierde en fantasías. Aún nos reconoce, pero su cabeza está llena de ideas extrañas.

—¿Estará muy disgustado el señor Linton?

—¡Tanto, que se rompería la cabeza si sucediera algo! Procure no alarmarle más.

—Le advertí que anduviera con cuidado; ahora toca aceptar las consecuencias de no escucharme —dijo el médico—. ¿Ha tratado últimamente con Heathcliff?

—Heathcliff iba a la Granja —admití—, no por gusto del amo, sino por su antigua amistad con la señora. Después de ciertas pretensiones intolerables hacia miss Isabel, se le invitó a no volver. No creo que reaparezca.

—¿Y la señorita Linton lo rechazó? —preguntó.

—No me hace confidencias —dije.

—Isabel hace lo que le place —respondió él—, pero obra como una chiquilla. Sé que anoche —¡y qué hermosa noche!— paseó con Heathcliff en el jardín, y él quiso convencerla de huir juntos. Ella se negó, pero accedió a hacerlo el próximo día que se vieran. Lo sé de buena fuente. Lo que ignoro es qué día señalaron.

Aquel dato me heló la sangre. Me adelanté al médico y eché a correr. En el jardín, el perrito ladraba; al abrir la verja, se lanzó de un lado a otro, olisqueando la hierba, dispuesto a salir al camino si no lo detengo. Subí al cuarto de Isabel: vacío. Quizá, de haber sabido a tiempo la enfermedad de la señora, habría frenado su locura. Ya era tarde. No había modo de alcanzar a los fugitivos; yo no pensaba perseguirlos, ni añadir otra angustia a la que ya padecía mi amo. No quedaba sino callar y dejar que las cosas siguieran su curso. Avisé deprisa al señor de la llegada del médico. Catalina dormía, con sueño agitado. Su marido había logrado calmarla un poco y se inclinaba sobre ella para leer la más leve contracción de su rostro.

El médico, tras examinarla, nos dio esperanzas, con la condición de procurar una calma absoluta. Creí entender que temía más una locura fija que la muerte.

Ni el señor Linton ni yo dormimos; no nos acostamos. Los criados madrugaron más de costumbre y cuchicheaban. Al notar que Isabel no se levantaba, también comentaron. Su hermano, por su parte, se ofendió del poco interés que mostraba hacia su cuñada. Yo no quería ser quien diera la noticia. Se adelantó una doncella que había ido a Gimmerton; volvió fuera de sí:

—¡Ay, señor! ¡Amo, la señorita…!

—No alborotes —le corté.

—Habla bajo, María —dijo el señor—. ¿Qué pasa?

—¡La señorita ha huido con Heathcliff!

—No es verdad —prorrumpió Linton, lívido—. ¡Imposible! ¿Cómo dices tal cosa? ¡Ve a buscarla, Elena! ¡Es increíble!

La condujo a la puerta y le pidió razones.

—Me crucé en el camino con el mozo de la leche; me preguntó si estábamos disgustados. Creí que hablaba de la enfermedad de la señora, y le dije que sí. Entonces dijo: «¿Han mandado ya a alguien en su persecución?». Me quedé helada. Al ver que yo nada sabía, me contó que una dama y un caballero se habían detenido en casa del herrero, cerca de Gimmerton, para herrar un caballo. La hija del herrero vio que el hombre era Heathcliff; él pagó con una moneda de oro. La señora llevaba el rostro cubierto; al beber un vaso de agua, se descubrió y la reconocieron. Luego partieron. La moza lo ha corrido por todo el pueblo.

Por cumplir, me asomé al cuarto de Isabel y, al volver, confirmé el relato. El señor, de nuevo a la cabecera de la cama, comprendió por mi cara lo sucedido.

—¿Qué hacemos? —pregunté.

—Isabel se ha ido por voluntad propia —dijo—. Era libre de hacerlo. No vuelvas a nombrarla. Ha renegado de mí.

No habló más del asunto. No ordenó búsqueda alguna. Se limitó a encargarme que, cuando conociéramos su paradero, le enviara todas sus pertenencias.

CAPÍTULO XIII: CARTA DESDE LA BUHARDILLA

Pasaron dos meses fuera los fugitivos. En ese tiempo, la señora sufrió y superó lo más agudo de una fiebre cerebral —así la diagnosticaron—. Ninguna madre habría cuidado a un hijo con más devoción que la que mostró Eduardo hacia su mujer: día y noche permaneció a su lado, soportando cuanto molesto o penoso pudiera producirle el cuidar de ella. Kenneth veía claro que lo que salvaba de la tumba no era sino el origen de nuevas angustias para Linton; sin embargo, la gratitud y la alegría del marido fueron enormes cuando Catalina quedó fuera de peligro. Horas enteras se sentaba a su cabecera, vigilando su recuperación, esperando en el fondo que recobrase también el equilibrio del juicio y volviera a ser la mujer de antes.

La primera vez que salió de su cuarto fue a principios de marzo. Aquella mañana el señor había dejado sobre su almohada un ramillete de azafranes. Catalina los miró fijamente.

—Son las primeras flores que brotan en las Cumbres —dijo—. Me recuerdan los vientos templados que funden hielos, el sol tibio y las últimas nieves. Eduardo, ¿sopla el viento del sur? ¿Se ha derretido la nieve?

—Aquí ya no hay nieve, querida —respondió él—. Sólo quedan dos manchas blancas en los pantanos. El cielo está azul, las alondras cantan y los arroyos corren. El año pasado, Catalina, yo moría de ganas por tenerte conmigo bajo este techo; ahora, en cambio, te querría en aquellas colinas. El aire de allá te curaría.

—Iré una vez más —dijo ella—. Me dejarás allí y me quedaré para siempre. Dentro de un año volverás a suspirar por traerme aquí; recordarás este día y pensarás que entonces eras feliz.

Linton la acarició y le prodigó las palabras más dulces; pero al contemplar las flores, Catalina rompió a llorar sin poder evitarlo. Dado que parecía estar mejor, concluimos que parte de su abatimiento provenía de la larga reclusión en el mismo cuarto y que cambiar de ambiente podría remediarlo en parte.

El señor me mandó encender la chimenea del salón, abandonado desde hacía tanto, y colocar en él el sillón junto a la ventana. Catalina pasó allí largas horas y se animó con el calor y la vista de objetos familiares, aunque distintos de los que asociaba con sus delirios. Al oscurecer no accedió a volver a su habitación, así que le hice un lecho en el sofá mientras habilitábamos otra estancia. Este cuarto —el que ahora ocupa usted— fue el que preparamos entonces. Poco después Catalina ya caminaba por la casa apoyada en el brazo de Eduardo. Yo estaba convencida de que se restablecería, y con su mejoría esperábamos también que el señor hallara consuelo en sus tribulaciones: todos aguardábamos el próximo nacimiento de un hijo.

Seis semanas después de su huida, Isabel envió a su hermano una nota breve anunciando su matrimonio con Heathcliff. Era una carta seca, pero traía una posdata escrita a lápiz que dejaba entrever un lejano deseo de reconciliación: decía que no había impedido lo ocurrido y que ya no tenía remedio. Linton, me parece, no contestó; quince días después recibí yo una larga carta, sorprendente en una recién casada aún en luna de miel. La conservo, y la voy a leerle porque todo recuerdo de alguien querido merece guardarse.

«Querida Elena:

»Anoche llegué a Cumbres Borrascosas y me enteré por primera vez de que Catalina ha estado, y aún está, muy enferma. No me parece oportuno escribir a ella. Creo que mi hermano está muy disgustado conmigo, pues no me escribe. Pero sentí la necesidad de dirigirme a alguien, y por eso te escribo a ti.

»Dile a Eduardo que quisiera de todo corazón volver a verle; que mi alma regresó a la Granja de los Tordos a las veinticuatro horas de haber salido de ella, y que en este momento se halla allí. Dile que siento el mayor afecto por él y por Catalina; que no puedo gobernar lo que me dicta el alma (estas palabras están subrayadas), aunque creo que nadie en esa casa debe esperarme. Que Eduardo no piense que ha sido por olvido o falta de cariño. Que imagine lo que juzgue justo.

»El resto va dirigido a ti. Respóndeme, ante todo, a dos preguntas.

»La primera: ¿Cómo te las arreglabas para llevarte bien con todos cuando vivías aquí? No hallo modo de entenderme con los que me rodean.

»La segunda me interesa mucho: dime, Heathcliff, ¿es un ser humano? Y si lo es, ¿está loco? ¿O es un demonio? No te explico los motivos; tú sábelos. Cuando vengas a verme, explícamelo. No me escribas; pero cuando vengas procura que Eduardo te encargue algún recado para mí.

»Te relataré la acogida en Cumbres, mi nueva casa, no para quejarme, sino para entretenerme. Al cruzar los pantanos ya atardecía; debía de ser sobre las seis. Heathcliff perdió media hora en inspeccionar el parque y los jardines, y cuando bajamos al patio era ya noche. José salió a recibirnos con una ceremonia que habla poco en favor de su cortesía: alzó la bujía hasta mi rostro, esbozó un guiño malicioso, sacó el labio inferior y dio la espalda. Luego atendió a los caballos, los llevó a la cuadra y cerró la puerta exterior como si viviéramos en un castillo antiguo.

»Heathcliff habló un rato con él; yo entré en la cocina, convertida en una especie de cueva sucia que tú no reconocerías si volvieses: ha cambiado mucho. Cerca del fuego había un niño robusto, aspecto pillo, parecido a Catalina en ojos y boca. Pensé que sería el sobrino de Eduardo y, por tanto, pariente mío hasta cierto punto; debía estrecharle la mano y besarle. Me acerqué y, al intentar tomarle la mano, me respondió con palabras ininteligibles.

»—¿Seremos amigos, Hareton? —le dije.

»Me soltó un juramento y amenazó con soltar a Tragón contra mí si no me marchaba.

»—¡Arriba, Tragón! —gritó, azuzando a un perro—. ¿Te vas?

»El instinto de conservación me llevó a complacerle. Salí y esperé a que vinieran los demás. Heathcliff no apareció; José, a quien pedí que me acompañase al cuarto, contestó:

»—¡Cha, cha, cha…! ¿Ha oído hablar así un cristiano? ¡Qué chácharo! ¡Cualquiera la entiende!

»—¿Que me acompañe a la casa? —le repetí, creyendo que era sordo. Su grosería me enojó.

»—¡Quia! Tengo cosas más importantes que hacer.

»Siguió moviendo las mandíbulas y mirando con desprecio mi vestido y mi cara. Me volví hacia otra puerta con la esperanza de hallar un criado más servicial. Abrióse y apareció un hombre alto y delgado, sin corbata, con aspecto terrible de abandono, maraña de cabellos hasta los hombros y ojos que me recordaron a los de Catalina.

»—¿Qué quiere? —me preguntó—. ¿Quién es usted?

»—Mi nombre de soltera era Isabel Linton —respondí—. Me he casado hace poco con señor Heathcliff; supongo que él me ha traído aquí con su consentimiento.

»—¿Ha vuelto él? —preguntó el solitario con un fulgor de lobo hambriento.

»—Sí —dije—, pero me dejó en la puerta de la cocina; cuando quise entrar, su hijo me ahuyentó azuzando un perro.

»—¡Veo que el maldito ha cumplido su palabra! —rezongó el hombre, mirando tras de mí como si buscara a Heathcliff.

»Me arrepentía de haber llamado a aquella puerta y ya pensaba marcharme, cuando me mandó pasar y cerró con llave. En la habitación ardía un gran fuego, la única luz; el suelo tenía un tono gris y los platos, que de niña me encantaban por su brillo, estaban cubiertos de polvo y moho. Pregunté por la doncella para que me llevara al cuarto. Earnshaw no contestó: deambulaba con las manos en los bolsillos, sumido en profunda abstracción, tan misantrópico que no quise importunarlo.

»No te extrañará, Elena, si te digo que me sentí triste en aquel hogar inhóspito, mil veces peor que la sociedad, aunque a sólo cuatro millas de mi vieja y agradable casa, donde habitan las únicas personas que quiero. Pero parecía que nos separara un océano: un abismo infranqueable.

»La pena que más me angustiaba era no tener a quien recurrir como aliado contra Heathcliff. Por una parte me alegraba haber venido a Cumbres para no quedarme sola con él; por otra, sabía ya cómo era la gente de la casa y no temía su intervención en nuestros asuntos.

»Tras largo rato sumida en angustias, escuché unas amargas exclamaciones de Earnshaw. No pude contener las lágrimas. Él, sorprendido, se detuvo; aproveché para decir:

»—Estoy fatigada; quisiera descansar. ¿Dónde está la doncella?

»—No tenemos doncella —repuso—. Tendrá que cuidarse usted misma.

»—¿Dónde dormiré? —sollocé.

»El cansancio y la pena me habían robado la dignidad.

»—José le enseñará la habitación de Heathcliff —contestó—. Abra la puerta y la hallará. Y añadió, con acento singular: cierre con llave y cerrojo. No lo olvide.

»—¿Por qué, señor Earnshaw? —pregunté—. La idea de encerrarme con Heathcliff no me atrae.

»—Mire esto —dijo, sacando una pistola con navaja plegable—. Verá que es tentación para un desesperado. No hay noche sin que sienta el deseo de probarla en la puerta de Heathcliff. Si la hallase abierta, sería hombre perdido. Pienso en mil razones para no hacerlo; hay un demonio que quiere que le mate y desbarate mis planes. Procure, si ama a

Heathcliff, luchar contra ese demonio; cuando llegue su hora, ni todos los ángeles podrían salvarlo.

»Miré el arma. Un pensamiento horrible me visitó: lo fuerte que me sentiría si la tuviera. La expresión de codicia que cruzó mi rostro asombró a aquel hombre; arrebatóme la pistola, cerró la navaja y la escondió.

»—Puede hablar de esto —dijo—. Ponga guardia y vele por él. Ya veo que conoce nuestras relaciones; no le espanta el peligro que corre.

»—¿Qué le ha hecho Heathcliff? —pregunté—. ¿No sería mejor decirle que se marche?

»—¡No! —clamó Earnshaw—. Si intenta abandonar a su amo, le mataré. Si pretende persuadirle de marchar, será usted responsable de su asesinato. ¿Cree que voy a perderlo todo sin esperanza de recuperarlo? ¿Que permitiré que Hareton sea un mendigo? Maldición: haré que Heathcliff me devuelva todo; luego le arrancaré la sangre, y el diablo se apoderará de su alma. Cuando yo vaya al infierno, será mil veces peor con su presencia.

»Yo sabía por ti, Elena, que tu amo está al borde de la locura. Al menos la noche pasada lo estaba. Su proximidad me producía tanto miedo que hasta la aspereza de José me parecía agradable.

»Volvió a sus paseos silenciosos; yo corrí a la cocina. José atendía la lumbre, junto a una olla; tenía un cuenco de sopa de avena. El hervor empezaba; pensé que aquello sería la cena. Decidí cocinar algo comestible; dije:

»—Voy a preparar la sopa.

»Le quité la vasija y me quité la ropa de montar.

»—El señor Earnshaw me ha dicho que debo cuidarme —añadí—. No voy a andar con remilgos: moriría de hambre.

»—¡Dios mío! —profirió—. Si ahora que me he acostumbrado a dos amos tengo que sufrir otras órdenes y obedecer a una señora, ¡habrá que marcharse! Creí que no tendría que irme nunca de esta casa, pero no habrá remedio.

»Me entregué al trabajo, dejando de lado sus lamentos. El recuerdo de otras épocas me angustiaba; cuanto más angustiada, con más brío batía y más deprisa caían los puñados de harina en el agua. José me miraba furioso.

»—¡Qué barbaridad! —comentó—. No tendrás sopa esta noche. Hareton… Otra vez. En su lugar, yo tiraría cazos y todo. Vamos, echa ya esa porquería y acabas antes. ¡Plaf! Me asombra que no se haya torcido el fondo del caldero.

»Mi preparado no fue gran cosa. Había cuatro tazones y un jarro de leche. Hareton cogió el jarro y bebió, dejando parte en las comisuras. Le reprendí: la leche se bebe en vasos; yo no bebería tras su jarro. El viejo se enojó por mis escrúpulos y aseguró que el chico valía tanto como yo y estaba sano. El chiquillo siguió sorbiendo y me miró con acritud.

»—Me voy a cenar a otro sitio —dije—. ¿No hay algo parecido a un salón?

»—¡Salón! —se mofó José—. No, no hay salón. Si no te gusta nuestra compañía, tienes la de los amos; y si no te agradan los amos, tienes la nuestra.

»—Me voy arriba —respondí—. Enséñame una habitación.

»Puse el tazón en una bandeja y fui por más leche. José, a regañadientes, me acompañó al piso superior y me mostró el desván: rincón donde había trigo limpio; me dijo que me cubriera el vestido. Era una buhardilla olorosa a cebada; sacos de grano se apilaban contra las paredes.

»—¡Vaya! —dije—. No pienso dormir aquí. Enséñeme una alcoba.

»—¡Una alcoba! —replicó—. Aquella es la mía.

»Me mostró otra estancia solo distinta por una cama baja, sin cortinas y con colcha. No me convenció.

»—Enséñeme la alcoba de Heathcliff —exigí.

»—Habría que haberlo dicho antes —contestó—. No te dejará entrar. Ese hombre no permite paso a nadie.

»—¡Bonita casa y magníficos habitantes! —exclamé—. La quintaesencia de la locura humana invadió mi alma el día que me casé. Sea como sea: muéstrame un sitio donde instalarme.

»Bajó sin responder y me llevó a una habitación que parecía la mejor: alfombra cubierta de polvo, chimenea con papel pintado despegado, cama de roble con cortinas carmesí costosas pero destrozadas; sillas estropeadas y papeles de pared deslucidos. Iba a tomar posesión cuando José, con su voz tosca, exclamó:

»—Esta es la habitación del amo.

»La cena se me había enfriado; el apetito se me había ido; la paciencia, también. Insistí con violencia por un sitio donde reposar.

»—¿Dónde demonios quiere instalarse? —comenzó José—. Dios me perdone. Ya le he enseñado todo, menos el tabuco de Hareton. No hay en casa otro sitio donde dormir.

»Furiosa, tiré la bandeja y cuanto contenía. Me senté en el descansillo y rompí a llorar.

»—Muy bien, señorita —dijo José—. Cuando el amo encuentre los cacharros rotos, verá la que se arma. ¡Qué mujer tan necia! Mereces no comer hasta Navidad por haber tirado el pan nuestro de cada día. Pero no te durará el arranque. ¿Te figuras que Heathcliff te va a aguantar? No me habría importado verlo.

»Cogió la vela, se fue a su cuchitril y me dejó en la oscuridad.

»Tras mi arrebato, medité y entendí que debía dominar mi orgullo. Encontré consuelo inesperado en Tragón, al que reconocí como hijo de nuestro viejo Espía. De cachorro había estado en la Granja y mi padre lo regaló a Hindley. Me frotó la nariz con el hocico en saludo y se puso a comer la sopa derramada mientras yo recogía los cacharros y limpiaba con un pañuelo las huellas de leche.

»Estábamos terminando cuando oímos pasos de Earnshaw en el pasillo. El perro se encogió y se pegó a la pared; yo me deslicé por la puerta más próxima. Un ruido de caída por la escalera y unos aullidos lastimeros indicaron que el perro no había podido evitar el encuentro. Earnshaw no me vio; fui afortunada. Poco después José entró con Hareton y dijo:

»—Parece que la casa ya está a salvo. Queda sitio para las dos: usted y su soberbia. Ocúpelo y quede con quien todo lo ve y no desprecia ni las malas compañías.

»Me senté junto al fuego y dormí profundamente. El sueño fue breve. Al llegar, Heathcliff me despertó y me preguntó con amabilidad qué hacía allí. Le dije que no me había acostado porque él tenía la llave de nuestro cuarto en el bolsillo. La palabra «nuestro» le ofendió muchísimo. Juró que no era ni sería nunca mío, y su lenguaje y conducta habituales te harían reír; procura excitar mi odio por todos los medios. Su modo de obrar me asombra y me hace olvidar a veces el terror que siento. Un tigre o una serpiente no me amedrentarían más que él. Me habló de la enfermedad de Catalina y culpó a mi hermano de causarla, sugiriéndome que me considerara a mí misma como si fuera Eduardo a efectos de su venganza…

»Le aborrezco. ¡Qué desgraciada y qué necia he sido! Mas no hables de esto en casa. Te espero con ansia. No faltes.

Isabel».

CAPÍTULO XIV: ULTIMÁTUM DEL CORAZÓN

En cuanto leí la carta, fui a ver al señor y le informé de que su hermana se hallaba en Cumbres Borrascosas; que me había escrito interesándose por Catalina y manifestando su deseo de saber si había sido perdonada y de ver a su hermano.

—No tengo nada que perdonarle —respondió Linton—. Ve a verla si quieres, y dile que no estoy airado sino triste; pienso, además, que es imposible que ella sea feliz. Pero que no espere que yo vaya a verla. Nos hemos separado para siempre. Solo me haría rectificar si ese puerco con quien se ha casado se marchara de aquí.

—¿Por qué no le escribe unas líneas? —insistí, suplicante.

—Porque no quiero tener nada en común con la familia Heathcliff —replicó.

La frialdad de sus palabras me abatió profundamente. Durante todo el camino hacia Cumbres, no hice más que pensar cómo repetir, con ternura, el mensaje de su hermano. Parecía que Isabel esperaba mi visita desde primera hora. Al subir por la senda del jardín la vi detrás de una cortina y le hice un gesto con la cabeza; ella desapareció, como si no quisiera ser vista.

Entré sin llamar. La casa, antaño tan alegre, ofrecía ahora un aspecto desolado. Yo, en el caso de mi señora, habría tratado de ordenar la cocina y de quitar el polvo de los muebles; pero el abandono se había apoderado del lugar. El rostro hermoso de Isabel estaba descuidado y pálido, su cabello enmarañado; parecía no haberse cambiado desde la víspera. Hindley no estaba. Heathcliff estaba sentado delante de una mesa, removiendo papeles en su cartera. Al verme me saludó con cortesía y me ofreció una silla. Era el único que conservaba buena presencia; mejor, acaso, que nunca.

La casa había cambiado tanto que un forastero podría tomarle a él por caballero y a su esposa por mendiga. Isabel se acercó impaciente, extendió la mano esperando recibir la carta que su hermano aguardaba que yo entregara. Negué con la cabeza. Aun así me siguió hasta el perchero, y, en voz baja, me preguntó si no traía noticia alguna.

Heathcliff comprendió su intención y dijo:

—Si tienes algo para Isabel, dáselo a Elena. Entre nosotros no hay secretos.

—No traigo nada —contesté con la verdad—. Mi señor me ha encargado que diga a su hermana que, por ahora, no debe contar ni con visitas ni con cartas suyas. Le manda su afecto, le desea felicidad y le perdona el dolor que le causó; pero entiende que conviene evitar cualquier relación que, según él, no serviría de nada.

Isabel volvió a sentarse junto a la ventana; sus labios temblaron. Heathcliff, que se había colocado a mi lado, me interrogó sobre Catalina. Traté de exponer solo lo imprescindible, pero él averiguó casi todo el origen de la enfermedad. Culpé a Catalina de su propio mal, y terminé opinando que el propio Heathcliff —si fuese hombre de juicio— evitaría todo trato con la familia.

—La señora Linton ha comenzado a convalecer —dije al fin—, pero, aunque ha salvado la vida, no volverá a ser la Catalina de antes. Si usted la quiere, no debe interponerse en su camino. Más aún: creo que debería irse de la comarca. La Catalina de ahora se parece a la antigua tanto como yo; ha cambiado de tal modo que el hombre que vive con ella solo podrá recordarla y cumplir un deber.

—Puede ser —repuso Heathcliff— que su señor sienta por su mujer solo los impulsos del deber. Pero ¿crees que dejaré a Catalina entregada a esos sentimientos? ¿Piensas que mi cariño por ella equivale al suyo? Antes de morir, si ella me olvidara, no dudaría en arrancarle el corazón y beber su sangre; pero, hasta ese momento, me habría dejado descuartizar antes que tocar un pelo de su cabeza.

—Sí —le interrumpí—, pero a usted le importa muy poco deshacer la esperanza de curación provocando en ella nuevos disgustos con su presencia.

—Tú bien sabes, Elena —dijo— que ella no me ha olvidado. Por cada pensamiento que dedica a Linton, me dedica mil a mí. Dudé un momento: pensaba probarlo este verano, al volver; solo habría confirmado mi convicción si Catalina me hubiera confesado que era así. En ese caso, no quedarían ni Linton ni Hindley ni nada… Mi existencia se reduciría a una condena y a la muerte. Vivir sin ella sería un infierno. Fui estúpido al creer, siquiera por un instante, que ella preferiría el afecto de Eduardo al mío. Si él la amara con toda la mezquindad de su alma, no la amaría en ochenta años cuanto yo la amo en un día. Catalina tiene un corazón como el mío. Antes podrían meter el mar en un cubo que el amor de ella menguara. La quiere poco más que a su perro o a su caballo;

nunca me amará como yo la amo. ¿Cómo va a querer en él lo que no existe?

—Catalina y Eduardo se aman tanto como cualquier otro matrimonio —exclamó Isabel—. Nadie tiene derecho a hablar así. No consentiré que desprecies así a mi hermano en mi presencia.

—También a ti te quiere mucho tu hermano, ¿no? —contestó Heathcliff con desdén—. Mira cómo se apresura a dejarte abandonada a tu suerte.

—Porque no conoce mi estado: no he querido contárselo —replicó Isabel.

—Eso significa que le has dicho algo.

—Le escribí para anunciar que me casaba. Tú mismo leíste la carta.

—¿No volviste a escribirle? —insistió él.

—No.

—Me duele ver lo desmejorada que está la señorita —apunté—. Se nota que le falta el amor de alguien, aunque no esté autorizada a decir de quién.

—Me parece —repuso Heathcliff— que el amor que le falta es amor propio. Está convertida en una fregona. Se cansó pronto de complacerme. Creyó ser un héroe de novela y esperaba que yo le rindiera homenajes; pero ya comienza a conocerme: han cesado las sonrisas infantiles y las muecas con que quiso fascinarme. Noté cómo menguaba su incapacidad para comprender que yo hablaba en serio cuando la acusaba de necedad. Esta mañana me dio la admirable prueba de talento de decirme que ha logrado odiarme. Te aseguro que ha sido obra de Hércules. Si cumple lo que ha dicho, le estaré agradecido. Isabel, ¿dices la verdad? ¿Me odias? Sospecho que ella hubiera preferido que yo me mostrara dulce contigo, porque la verdad desnuda hiere su soberbia. Me tiene sin cuidado. Ella sabe que el amor no fue mutuo. Jamás le di prueba alguna de cariño. Lo primero que hice al salir de la granja fue ahorcar a su perro; y cuando quiso defenderlo, le oí expresar el deseo de acabar con todo cuanto oliera a Linton, salvo una sola excepción. Quizá creyó que la excepción era ella misma, y que le daba igual hacer daño a otros con tal de preservar su valiosa persona. Dime: ¿no es la cumbre de la necedad creer que yo podría amarla? Puedes decir a tu amo, Elena, que jamás he hallado a nadie más vil que su hermana. Deshonra hasta el nombre de los Linton. A veces he suavizado mis pruebas para tantear su paciencia, y siempre vi que se apresuraba a arrastrarse vergonzosamente ante mí. Añade, para tranquilidad de su fraternal corazón, que me mantengo dentro de los límites que permite la ley. He evitado siempre todo pretexto que pudiera servirle para pedir la separación; aunque si quiere irse, no me opondré. La satisfacción de atormentarla no iguala el fastidio de soportar su presencia.

—Habla usted como un loco, señor Heathcliff —le dije—. Su mujer, sin duda, está convencida de ello, y por esa causa le ha soportado tanto. Pero ya que afirma que puede marcharse, supongo que lo aprovechará. Si fuera usted señora, no estaría tan loca como para quedarse voluntariamente con él.

—Elena —replicó Isabel, con una expresión que delataba que, efectivamente, su marido había conseguido ser odiado por completo—: no creas una palabra de cuanto dice. Es un diablo, un monstruo, no un ser humano. He intentado irme antes y no me dejó; no tengo deseos de repetir la experiencia. Te ruego que no reveles esta vil conversación ni a mi hermano ni a Catalina. Que diga lo que quiera; en realidad solo pretende desesperar a Eduardo. Asegura que se casó conmigo para ejercer ascendiente sobre mi hermano, pero antes que darle ese placer, prefiero que me mate. ¡Así lo haga! No aspiro a otra felicidad que morir o verle muerto a él.

—Eso es magnífico —dijo Heathcliff—. Si alguna vez te citan como testigo, ya sabes lo que piensa Isabel, Elena. Apunta lo que me dice: me sirve. No, Isabel; no... Si estás incapacitada para cuidarte, yo, como guardián legal, debo tenerte bajo mi protección. Sube ahora; tengo que decirle a Elena algo en secreto. Por allí no: te he dicho que arriba. ¿No ves dónde está la escalera?

La tomó del brazo y la arrastró fuera de la habitación. Al volver, exclamó:

—No puedo ser compasivo. Cuanto más veo a los gusanos retorcerse, más deseo aplastarlos; cuanto más los piso, más aumenta mi placer...

—¿Sabe usted acaso lo que es la compasión? —le pregunté, mientras me ponía el sombrero apresuradamente—. ¿La ha conocido en su vida?

—No te vayas aún —me rogó, notando que me marchaba—. Escucha. O te persuado para que me procures una entrevista con Catalina, o te obligo a ello. Ahora mismo. No pretendo causar daño ni molestar a Linton; solo quiero que ella me diga cómo está y preguntarle si puedo hacer algo por ella. Anoche pasé seis horas rondando el jardín de la Granja y hoy volveré; siempre volveré hasta lograr entrar. Si me encuentro con Eduardo, no dudaré en golpearle hasta dejarle incapaz de impedirme la entrada. Y si sus criados acuden, me libraré de ellos con estas pistolas. ¿No sería mejor evitar ese choque? A ti te resultaría fácil: te diría el día en que voy, podrías facilitarme la entrada, vigilar y luego verme marchar sin que nadie te reproche nada.

Me negué a desempeñar ese papel degradante y le repetí que su intención solo iba a traer nuevos quebrantos a Catalina.

—Cualquier cosa la trastorna enormemente —aseguré—. Está hecha un manojo de nervios. No resistirá la sorpresa. ¡Y no insista, señor, porque tendré que avisar a mi amo y él tomará medidas para impedir lo que pretende!

—Y yo tomaré medidas para asegurarme de ti —repuso Heathcliff—. No saldrás de Cumbres Borrascosas hasta mañana por la mañana. ¿Qué es eso de que Catalina no soportará verme? Además, yo no quiero sorprenderla. Tú puedes prepararla y preguntarle si me permite ir. Me has dicho que no le hablan de mí ni se pronuncia mi nombre… ¿Cómo podrá hacerlo, si está prohibido? Sospecho que todos sois espías de su marido. Tengo la prueba de que le hacéis la vida imposible. Que la calléis es ya una prueba de lo que siente. Qué sosiego fingido: ¿cómo no sentirse angustiada en ese horrible aislamiento? Y, además, ese despreciable que la cuida "porque es su deber"… "¡Su deber!". Antes germinaría en un tiesto una bellota a la que él pudiera devolver la salud a su esposa con ese tipo de cuidados. Pues bien, decidme: ¿optas por quedarte aquí mientras yo entro por la fuerza, entre Linton y sus criados, hasta Catalina? ¿O prefieres obrar amistosamente, como hasta ahora? Decídete pronto, porque si perseveras en tu obstinación, no tengo un minuto que perder.

Por más que argumenté y rehusé, acabé cediendo. Consentí en llevar a mi señora una carta de Heathcliff y en avisarle si ella accedía a verle en la primera oportunidad en que Linton estuviera fuera de casa. Yo me quedaría aparte y procuraría que la servidumbre no notara la visita. Ignoro si obré bien o mal; tal vez mal. Mi intención era prevenir otras violencias y pensé que tal encuentro podría incluso favorecer la recuperación de Catalina. Recordando además los reproches de Linton por mis "historias", me consoló un poco y prometí que aquella traición —si así puede llamarse— sería la última. Aun así volví a casa más triste de lo que había salido y no muy resuelta a entregar la carta de Heathcliff a Catalina Linton.

—Ya veo venir al médico —dije—. Voy a bajar y decirle al señor Lockwood que usted está mejor, pues este relato se ha hecho prolijo, y aún tomará mañana otro tanto contarlo.

«Prolijo y lúgubre» —me dije mientras la buena señora bajaba a recibir al médico—. No es el estilo con que yo me entretendría. En fin, transformaré las amargas hierbas que me sirve la señora Dean en medicinas sanas, y procuraré no dejarme deslumbrar por los brillantes ojos de Catalina Heathcliff. ¡Sería notable que se me ocurriera enamorarme de esa joven y que nuestra hija acabara siendo otra edición de su madre!

CAPÍTULO XV: LA VISITA PROHIBIDA

Ha pasado otra semana. Estoy, pues, un poco más cerca de la salud y de la primavera. Ya he escuchado por entero la historia de mi vecino, tal como la refiere la señora Dean. La transcribiré, abreviándola apenas, pero conservando su estilo: cuenta con mano segura, y yo no me siento con fuerzas para mejorarlo.

—La tarde que fui a Cumbres Borrascosas —prosiguió— estaba tan segura como si lo hubiese visto de que Heathcliff rondaba por los alrededores. Procuré no salir: llevaba su carta en el bolsillo y no quería exponerme a sus reproches ni a sus bravuconadas por no haberla entregado. Decidí no dársela a Catalina hasta que el amo estuviese fuera: ignoraba cómo reaccionaría la señora. Así que no se la entregué hasta tres días más tarde. Al cuarto, domingo, subí a su cuarto cuando todos marcharon a la iglesia. Solo quedábamos otro criado y yo. Lo habitual era cerrar puertas, pero el día estaba tan templado que las dejamos abiertas. Para asegurarme la tranquilidad, envié al criado al pueblo a comprar naranjas para la señora. Partió, y yo subí.

Catalina estaba sentada junto a la ventana abierta. Vestía de blanco y llevaba un chal sobre los hombros. Su abundante cabello —cortado al inicio de su enfermedad— caía en trenzas sobre el pecho. Había cambiado, como dije a Heathcliff; pero, en sus momentos de calma, conservaba una hermosura extraña, casi sobrenatural. Sus ojos, en vez del fulgor de antaño, tenían una dulzura melancólica: no miraban lo presente, sino alguna cosa lejanísima, como si lo de este mundo ya no la rozara. El rostro seguía pálido, no tan consumido, y ese aire quebradizo suyo, aunque hería, despertaba aún más compasión en quien la veía. A mi juicio, aquel aspecto anunciaba sin rodeos que estaba sentenciada.

En el alféizar reposaba un libro cuyas páginas movía el aire; sin duda lo había puesto allí Linton, porque ella ya no leía ni hacía nada, pese a los mil ardides con que él intentaba distraerla. Catalina lo percibía y, cuando estaba de buen humor, lo soportaba en silencio: a veces dejaba escapar un suspiro ahogado; otras, con besos y sonrisas tristes, le apartaba de su empeño. En ocasiones se irritaba, se cubría el rostro con las manos y hasta empujaba a su marido fuera de la habitación, cosa que él hacía al instante, convencido de que más le convenía estar sola.

Lejanas sonaban las campanas de Gimmerton, y el rumor del arroyo —cuando los árboles aún desnudos no lo tapaban— se oía claro hasta la casa. En Cumbres, tras los deshielos o las lluvias largas, aquel murmullo se volvía casi un habla. Catalina debía de pensar en Cumbres al escucharlo, si es que pensaba en algo, porque su mirada vaga parecía ausente de toda materia.

—Me han dado una carta para usted —le dije, dejándola en su mano, apoyada sobre la rodilla—. Conviene leerla en seguida: espera respuesta. ¿Quiere que la abra?

—Sí —respondió sin variar el semblante.

La abrí. Era brevísima.

—Léala —insistí.

Dejó caer el papel. Lo repuse en su regazo y aguardé. Viendo que no prestaba atención, añadí:

—¿Quiere que se la lea yo? Es del señor Heathcliff.

Se estremeció. Un relámpago le cruzó los ojos: pugnaba por atar las ideas. Tomó la carta, la recorrió lo suficiente, y al ver la firma soltó un suspiro. Pero no había entendido el contenido, porque, al preguntarle qué debía contestar, me miró con angustia interrogante.

—Quiere verla —dije, adivinándole el sentido—. La espera en el jardín, impaciente.

Mientras hablaba, vi al perro del jardín erguirse, tensar orejas y, en seguida, desistir de ladrar y mover la cola: reconocía al que llegaba. Catalina se inclinó a la ventana, conteniendo el aliento. Un minuto después, pasos en el vestíbulo. La puerta abierta era una tentación demasiado grande para Heathcliff: tal vez creyó que yo había faltado a mi palabra y confió en su osadía.

Ella miró, anhelante, hacia la entrada. Heathcliff, al principio, no dio con el cuarto; me hizo señas para que bajara a recibirlo, pero se presentó antes de que yo llegara a la puerta, y, en un instante, estaban fundidos en un abrazo.

Durante cinco minutos no dijo nada: la estrechó, la besó más veces de las que la habría besado en toda su vida. En cualquier otro tiempo, habría sido ella quien besara primero. Vi que, al contemplarla, él sintió lo que yo: que Catalina no volvería de aquella orilla.

—¡Ay, Catalina, vida mía! ¡No lo resistiré! —dijo, murmurando, deshecho—. Y la miró con tal fijeza, que pensé que se rompería en lágrimas; pero le ardían los ojos secos.

—Me habéis despedazado el corazón entre tú y Eduardo, Heathcliff —dijo ella, ceñuda—, y ahora os lamentáis como si los dignos de lástima fuerais vosotros. No te compadezco. Has logrado lo que querías: me has matado. Eres fuerte: ¿cuántos años piensas vivir cuando yo ya no esté?

Él se había puesto de rodillas para rodearla. Intentó levantarse; ella le sujetó del cabello y lo forzó a seguir a sus pies.

—Querría tenerte así —dijo— hasta que los dos muriéramos. No me importa tu dolor. ¿Por qué no habrías de sufrir? ¿Podrás ser feliz cuando yo esté bajo tierra? Dentro de veinte años dirás quizá: "Aquí yace Catalina Earnshaw. Mucho la amé, pero la perdí; todo pasó. Luego amé a otras. Quiero más a mis hijos que cuanto la quise a ella, y me dolerá más dejarlos que me alegrará ir al encuentro de quien quise". ¿Lo dirás, Heathcliff?

—No me atormentes, Catalina; me vuelves tan loco como tú —gritó, librando su cabeza de sus dedos; le castañeteaban los dientes.

Era una escena singular, terrible. Catalina bien podía pensar que el cielo sería destierro si su mal genio no quedaba sepulto con su carne. En las mejillas lívidas, los labios sin sangre y los ojos ardientes se le pintaba un rencor de enferma. Entre los dedos crispados apretaba un mechón que había arrancado al aferrarlo. Él, por su parte, le sujetó ahora el brazo con tal fuerza que, cuando lo soltó, le quedaron cuatro huellas moradas.

—Hablas como poseída —escupió con fiereza—, ahora que te mueres. ¿No sabes que tus palabras se me grabarán al rojo en la memoria y seguirán ardiendo cuando tú ya no estés? Mientes cuando dices que te he matado, y sabes también que tanto podría olvidarte como dejar de existir. ¿No te basta, egoísta, con imaginar que, cuando tú descanses en paz, yo me retorceré entre todas las torturas del infierno?

—No descansaré en paz —sollozó ella.

Cayó de nuevo en abatimiento; el corazón le golpeaba irregular. Cuando logró domeñar el frenesí, dijo más quedo:

—No te deseo penas mayores que las mías. Solo querría que no volviéramos a separarnos. Si una sola palabra mía te hiere, piensa que, ya bajo tierra, yo sentiré tu mismo dolor. Perdóname… ven. Arrodíllate. Nunca me has hecho daño. Si estás ofendido, me duele más a mí que a ti lo que dije. ¡Ven! ¿No vienes?

Heathcliff apoyó la frente en el respaldo de su sillón y volvió la cara. Ella se inclinó para mirarlo; él, para evitarla, le dio la espalda, se acercó a la chimenea y calló.

La señora Linton lo siguió con los ojos: le nacían sentimientos encontrados. Al cabo, tras una larga pausa, murmuró hacia mí:

—¿Ves, Elena? No cede ni un instante, ni siquiera para demorar mi fin. ¡Qué manera de amar! Me da igual… Este no es mi Heathcliff. Yo seguiré amándolo como si lo fuera; esa imagen es la que llevaré conmigo, porque es la que habita en mi alma. Esta prisión es lo que me fatiga —añadió—. Estoy harta de este encierro. Anhelo volar al mundo espléndido que asoma más allá. Lo entrevéo entre lágrimas y tormentos y, pese a todo, me parece tan glorioso que hasta me das pena, tú, satisfecha con ser fuerte y sana… Pronto estaré por encima de todos. ¡Y pienso que él no estará conmigo! —prosiguió, como consigo—. Creí que quería acompañarme también allá. Heathcliff, vida mía, no te enfades… ¡Ven!

Se incorporó, apoyándose en el brazo del sillón. Él se volvió con una desesperanza inmensa en la mirada; los ojos, ya húmedos, centelleaban al verla; el pecho se le alzaba convulso. Un instante quedaron separados; luego Catalina se lanzó y él la abrazó con tanta fuerza que temí que se le apagara en los brazos. Al separarse, ella quedó exánime en la silla y él se desplomó en otra. Me acerqué a comprobar si estaba desmayada; él, con espuma en la boca y los dientes apretados, me apartó con furia. No parecía humano. Quise hablarle; no me entendió. Me retiré, turbada.

Catalina hizo un leve gesto y respiré. Alzó la mano, atrajo la cabeza de Heathcliff y juntó su mejilla con la suya. Él la cubrió de caricias desesperadas y dijo, con ferocidad doliente:

—Ahora me demuestras cuán cruel y falsa fuiste. ¿Por qué me desdeñaste? ¿Por qué traicionaste tu propia alma? No sé decirte una palabra de consuelo: no la mereces. Bésame y llora cuanto quieras; arráncame besos y lágrimas: te abrasarán, serán tu condena. Tú te has matado. Si me querías, ¿con qué derecho me abandonaste? Por un mezquino capricho hacia Linton. Ni la miseria, ni la vileza, ni la muerte nos habrían separado; y fuiste tú quien nos separó, voluntariamente. No he desgarrado tu corazón: te lo desgarraste tú, y al hacerlo, desgarraste el mío… Y si yo resisto, ¡peor para mí! ¿Para qué vivir cuando tú…? ¡Dios mío, querría yacer contigo en la tumba!

—Suéltame —sollozó—. Si hice mal, pago con mi muerte. Basta. Tú también me dejaste, y no te lo echo en cara: te he perdonado. ¡Perdóname tú!

—¿Perdonarte viendo esos ojos, tocando esas manos enjutas? Bésame, pero no me mires. Sí: te perdono. ¡Amo a quien me mata! Pero ¿cómo perdonar a quien te mata a ti?

Callaron. Pegaron los rostros y se bañaron en lágrimas. No sé si me engañé creyendo que también Heathcliff lloraba; bien lo merecía la hora.

Yo estaba inquieta. Caía la tarde; la gente salía de la iglesia de Gimmerton y bajaba al valle. El criado al que envié al pueblo regresaba ya.

—El oficio ha terminado —anuncié—; el señor volverá antes de media hora.

Heathcliff lanzó una maldición y estrechó aún más a Catalina, que permaneció inmóvil. A poco, vi a los criados avanzar en grupo por el camino; Linton venía a corta distancia. Abrió él mismo la verja, como embebido en la hermosura de la tarde y sus perfumes.

—Ya está aquí —dije—. ¡Baje, por Dios! No hallará a nadie en la escalera principal. Escóndase entre los árboles hasta que el señor entre.

—Debo irme, Catalina —dijo, separándose a la fuerza—. Si no muero, te veré otra vez antes de que te duermas. No me alejaré cinco varas de tu ventana.

—No te irás —replicó, sujetándolo—. No tienes por qué.

—Vuelvo en una hora —prometió.

—Ni un minuto —insistió ella.

—Es forzoso —apremió, alarmado—: Linton estará aquí al instante.

De haber podido, se habría librado de ella por la fuerza; pero la aferraba con resolución nueva, pronunciando frases entrecortadas. Se le veía la decisión en el rostro.

—¡No! —gritó—. ¡No te vayas! Eduardo no nos hará nada. Es la última vez, Heathcliff: me muero.

—¡Maldito insensato! Ya llegó —dijo él, dejándose caer—. ¡Calla, Catalina; calla, alma mía! Si me matara ahora, moriría bendiciéndolo.

Se abrazaron de nuevo. Oí a mi amo subir la escalera. Se me heló la frente. Estaba horrorizada.

—¿Hará caso de sus desvaríos? —le dije a Heathcliff, fuera de mí—. No sabe lo que dice. ¿Quiere perderla aprovechando su falta de razón? Váyase ahora mismo. Este crimen sería el más odioso de los suyos. Nos perderá a todos: al señor, a la señora y a mí.

Grité y me retorcí las manos. Al oírme, Linton apuró el paso. Me alivió apenas ver que los brazos de Catalina, que oprimían a Heathcliff, caían flojos y la cabeza se le vencía.

«Se ha desmayado, o ha muerto —pensé—. Mejor: vale más que muera que seguir siendo ruina de todos».

Eduardo, lívido de estupor y cólera al ver al intruso, se lanzó hacia él. No sé qué intentaba. Pero Heathcliff le detuvo poniendo en sus brazos el cuerpo inerte de su esposa.

—Si no es usted un demonio —dijo Linton—, ayúdeme primero con ella y luego hablaremos.

Heathcliff se retiró al salón y se sentó. El señor recurrió a mí; entre ambos, con esfuerzo, logramos reanimarla. Pero había perdido del todo el juicio: suspiraba, gemía, no reconocía a nadie. Eduardo, en su ansiedad, olvidó al rival. Aproveché la primera rendija para pedirle a Heathcliff que se marchara, asegurándole que Catalina estaba algo más sosegada y que, por la mañana, yo misma le llevaría noticias.

—Saldré de la casa —dijo—, pero me quedaré en el jardín. No te olvides mañana, Elena: estaré bajo aquellos pinos. Si no, volveré, esté Linton o no.

Lanzó una mirada fugaz por la puerta entreabierta de la alcoba y, al comprobar que no mentía, se fue, librando la casa de su funesta presencia.

CAPÍTULO XVI: LA PAZ DE CATALINA

A medianoche de aquel día nació la Catalina que usted conoce en Cumbres Borrascosas: una niña de siete meses. Dos horas después, su madre murió sin recobrar el juicio lo suficiente para reconocer a Eduardo ni echar de menos a Heathcliff. El señor Linton quedó atravesado por el dolor. No quiero detenerme ahí: es demasiado. A su pesar, pesaba además la pena de no tener heredero varón. Yo misma lo lamenté mientras miraba a la huérfana y, en silencio, maldecía al viejo Linton por haber dispuesto que, en tal caso, heredara la hija y no el hijo, como a mi entender habría sido lo más lógico.

La pequeña llegó con desdichada inoportunidad. Si, pobrecilla, hubiera exhalado el llanto final en sus primeras horas, a nadie entonces nos habría importado. Más tarde rectificamos; pero el comienzo de su vida fue tan triste como, probablemente, lo será su final.

La mañana siguiente amaneció limpia y luminosa. La luz, filtrándose entre las persianas, bañaba el lecho y a quien yacía en él con un resplandor manso. Eduardo, con los ojos cerrados y la cabeza en la almohada, tenía el rostro pálido como el de la muerta. En su expresión se leía una angustia infinita; en la de ella, una paz sin límites. Tenía los párpados cerrados y una leve sonrisa en los labios. No creo que un ángel pudiera parecer más hermoso. Aquella serenidad se me pegó. Jamás sentí el alma tan quieta como mientras contemplaba esa imagen inmóvil del reposo eterno. Recordé —y hasta repetí— las palabras que Catalina pronunciara poco antes: se había elevado por encima de todos nosotros. Estuviera aún en la tierra o ya en el cielo, su espíritu, sin duda, estaba con Dios.

Será manía mía, pero pocas veces dejo de sentir una íntima beatitud velando a un difunto, salvo cuando me acompaña algún pariente inconsolable. La muerte me parece un descanso que ni el infierno ni la tierra pueden quebrar, y me invade la certeza de una eternidad sin sombras. Sí: la Eternidad, donde la vida no se agota, el amor no mengua y la dicha no conoce límite. Entonces comprendí el egoísmo que late en un amor como el de Linton, capaz de lamentar con tanta amargura la liberación de Catalina.

Es verdad que, atendiendo a la vida indómita y turbulenta que llevó, cabía dudar de su entrada en el cielo; pero la contemplación de aquel rostro, tan serenado, disolvía cualquier vacilación.

—¿Cree usted —me preguntó la señora Dean— que personas así pueden ser felices en el otro mundo? Daría algo por saberlo.

No respondí a la pregunta de mi ama de llaves —me pareció poco ortodoxa—, y ella siguió:

—Temo, pensando en la vida de Catalina Linton, que no sea muy dichosa allá. Pero en fin, dejémosla tranquila: está en presencia de su Creador...

Como el amo parecía dormir, me atreví, ya salido el sol, a salir un momento. Los criados imaginaron que iba a despejarme tras la larga vela, pero mi intención era hablar con Heathcliff, que había pasado la noche entre los pinos y quizá no había notado el trajín de la Granja, salvo el galope del mozo que enviamos a Gimmerton. De haber estado más cerca, luces y puertas le habrían anunciado lo grave. Sentía a la vez deseo y temor: urgía darle la noticia y no sabía cómo hacerlo sin encender su furia.

Lo vi en el parque, apoyado en un fresno viejo, sin sombrero, el cabello empapado por el rocío que le caía de las ramas. Debía llevar horas inmóvil: una pareja de mirlos iba y venía a menos de un metro, ocupados en su nido, tan ajenos a él como si fuese árbol. Al acercarme, echaron a volar; él alzó los ojos y dijo:

—¡Ha muerto! Tanto esperar para acabar oyéndolo. Anda, guarda ese pañuelo; no me vengas con llantos... ¡Al diablo todos! ¿De qué le sirven vuestras lágrimas ahora?

Yo lloraba por él tanto como por ella. Es común compadecer a quienes parecen incapaces de compadecer a otros, y ni siquiera a sí mismos. Al verlo, pensé que quizá ya lo sabía y se había resignado y rezaba, porque movía los labios, con la mirada baja.

—Ha muerto —respondí, secándome—, y está en el cielo; todos iríamos a reunirnos con ella si aprendiéramos la lección y dejáramos el mal camino.

—¿Ha muerto como una santa? Vaya —replicó con sarcasmo—. Cuenta. ¿Cómo murió...?

Quiso pronunciar su nombre, pero la voz se le quebró y se mordió los labios. La lucha interior era visible.

—¿Cómo murió? —insistió.

Pese a su insolencia, se calmaba con alguien cerca. Un temblor profundo le recorría el cuerpo.

«Desdichado —pensé—: tienes corazón y nervios como cualquiera. ¿A qué empeño en ocultarlo? No engañarás a Dios con tu soberbia: lo estás tentando a humillarte hasta quebrarte».

—Murió como un cordero —dije—. Suspiró, se movió como un niño al despertar y se quedó dormida. A los cinco minutos, sentí su corazón palpitar con fuerza… Y luego, nada.

—¿Habló de mí? —preguntó, vacilante, temiendo su propia pregunta.

—Desde que usted se fue, no volvió en sí ni reconoció a nadie. Tenía la mente atrás, en su niñez. Su vida terminó en un sueño dulce. ¡Quiera Dios que despierte igual al otro lado!

—¡Que despierte entre tormentos! —rugió, con una vehemencia espantosa, pateando y vociferando en un arrebato súbito—. Falsa hasta el final. ¿Dónde estás? En la vida imperecedera del cielo, no. ¿Dónde estás? Dijiste que no te importaban mis dolores. Yo solo repetiré una plegaria: «¡Catalina, que Dios no te dé reposo mientras yo viva!». Si es cierto que la maté, que me persiga. Dicen que la víctima persigue a su asesino: hazlo; sígueme hasta enloquecerme, pero no me dejes solo en este abismo. ¡No puedo vivir sin mi vida! ¡No puedo vivir sin mi alma!

Apoyó la frente en el tronco y cerró los ojos. No parecía un hombre, sino una fiera acorralada, con la carne hecha jirones por las armas de los cazadores. En la corteza vi manchas de sangre; tenía manchadas las manos y la frente. Escenas así debieron repetirse en la noche. Sentí miedo más que compasión; me dolía dejarlo, pero no había alivio que darle. Fue él quien, al notar que seguía allí, me instó a irme. Obedecí: ni podía consolarlo ni devolverle la calma.

Hasta el viernes —día del funeral—, Catalina permaneció en su ataúd, en el salón, cubierto de plantas y flores. Nadie, salvo yo, supo que Linton veló allí todo ese tiempo, casi sin cerrar los ojos. Heathcliff, por su parte, permaneció fuera, al menos las noches, también sin descanso. El martes, aprovechando que el amo, rendido, se retiró dos horas, abrí una ventana para que Heathcliff pudiera despedirse. No hizo el menor ruido al entrar. Solo supe que había estado por el desorden en las telas alrededor del rostro y por un rizo rubio en el suelo. Miré con cuidado: lo habían arrancado de un medallón que Catalina llevaba al cuello y reemplazado por un mechón negro de Heathcliff. Yo junté ambos cabellos y los guardé en el dije.

Se invitó al señor Earnshaw al entierro de su hermana, pero no apareció ni se excusó. A Isabel no se la avisó. Así que el duelo, aparte de mi amo, lo formaron criados y colonos.

Para asombro de los labriegos, Catalina no fue enterrada en el panteón de los Linton ni entre las tumbas de los Earnshaw. Se abrió la fosa en un rincón verde del cementerio; por ese lado, el muro es tan bajo que los matorrales lo trepan y se inclinan sobre la sepultura. Su esposo descansa ahora en el mismo lugar, y una lápida sencilla, con una piedra gris a los pies, cubre cada tumba.

CAPÍTULO XVII: CUANDO EL INFIERNO TIENE NOMBRE

El día del sepelio fue el único amable de aquel mes. Al caer la noche, el tiempo cambió: el viento viró, primero llovió y luego nevó. A la mañana siguiente costaba creer que hubiésemos tenido tres semanas de buen clima. Las flores quedaron sepultadas bajo la nieve, enmudecieron las alondras y las hojas más tempranas se ennegrecieron como si una helada mortal las hubiese herido. ¡Qué mañana triste y lúgubre! El señor no salió de su cuarto. Yo me instalé en la sala desierta, con la niña en brazos; mientras la acunaba, miraba la nieve a través de la ventana. De pronto se abrió la puerta y entró una mujer jadeando y riéndose. Me indignó y me dejó atónita. Pensando que era una de las criadas, le solté:

—¡Silencio! ¿Qué diría el señor Linton si te oyera reír?

—Perdona —contestó una voz que conocía bien—. Sé que Eduardo está en cama y no he podido contenerme.

Mientras hablaba, se arrimó al fuego, apretándose los costados con las manos.

—He venido volando desde Cumbres —siguió— y me he caído no sé cuántas veces. Ya te lo explicaré todo. Solo ordena que enganchen el coche: debo ir a Gimmerton. Y haz que me busquen algo de ropa en el armario.

La recién llegada era la esposa de Heathcliff. Llevaba el pelo suelto sobre los hombros y empapado de nieve. Vestía el traje de soltera, escotado y de manga corta; iba sin tocado y sin nada al cuello, y calzaba unas chinelas finas. Para colmo, tenía un tajo junto a la oreja; no sangraba por el frío, pero el rostro, blanco como el papel, estaba cruzado de arañazos y magulladuras.

—¡Señorita! —exclamé—. No ordenaré nada ni la escucharé hasta que se cambie esas ropas. Esta noche no irá a Gimmerton. No hace falta coche.

—Me iré a pie si es preciso —repuso—. Y me cambiaré, sí. Mira: con el calor vuelve la sangre… y el dolor.

Hasta que no dispuse el carruaje y pedí a una criada ropa seca, no consintió en que la curara. Cuando todo estuvo listo, se sentó al fuego, ante una taza de té, y dijo:

—Siéntate, Elena. Quítame a la hija de Catalina de delante; no quiero verla. No pienses que no me ha dolido la muerte de mi cuñada: he llorado como la que más. Nos separamos enfadadas, y no me lo perdono. Eso solo bastaría para aborrecer a ese hombre. Mira lo que hago con lo único que llevo de él.

Se quitó del dedo un anillo de oro y lo arrojó.

—Quiero pisotearlo y luego quemarlo —dijo con una rabia casi infantil, lanzando la sortija al fuego—. ¡Así! Ya me comprará otro… si logra encontrarme. Es capaz de venir solo por turbar a Eduardo. No me atrevo a quedarme: temo que se le ocurra. Además, Eduardo tampoco se ha portado bien, ¿verdad? Solo por necesidad absoluta me he refugiado aquí. Si hubiese sabido que estaba levantado, me habría quedado en la cocina a calentarme y te habría pedido lo justo para huir de mi… de ese demonio hecho hombre. ¡Estaba fuera de sí! ¡Si llega a alcanzarme! Ojalá Earnshaw fuera más fuerte; entonces me habría quedado hasta verlo aniquilarlo.

—Hable más despacio, señorita —la interrumpí—. Se le va a caer el pañuelo y volverá a sangrar. Beba, respire… y no se ría. No conviene ni a su estado ni a lo que ha pasado en esta casa.

—Tienes razón —admitió—. Pero escucha cómo llora esa niña. Haz que se la lleven, al menos una hora. No me quedaré mucho.

Llamé a una doncella, le entregué la criatura y le pregunté a Isabel qué la había decidido a escapar de Cumbres en una noche así, y por qué no pensaba quedarse.

—Debería y quisiera quedarme para atender a Eduardo y cuidar de la niña; esta es mi casa —dijo—. Pero Heathcliff no me lo permitiría. ¿Crees que soportaría saberme tranquila y que aquí hay paz? Se apresuraría a venir a perturbarla. Me odia tanto que no tolera mi presencia: cada vez que me ve, se le contrae la cara en un rictus de odio. Pues bien: como no puede soportarme, no me perseguirá por toda Inglaterra. Debo irme muy lejos. Ya no deseo que me mate: prefiero que se mate él. Ha extinguido mi amor. Me siento libre. Solo recuerdo que lo quise, y ya de un modo borroso… Y aunque me hubiera adorado, no habría dejado de mostrar su naturaleza infernal. Solo un gusto tan torcido como el de Catalina pudo amar a ese hombre. ¡Qué monstruo! Querría verlo borrado del mundo y de mi memoria.

—Calle —le dije—. Tenga compasión: al fin, es humano. Hay peores.

—No, no lo es —repuso—, y no tiene derecho a mi piedad. Le entregué el corazón y, tras desgarrarlo, me lo arrojó al rostro. Los humanos sentimos con el corazón, Elena; desde que lo rompió, no puedo sentir nada por él, ni sentiría nada mientras viva, aunque llorara sangre. ¡No, no siento nada!

Rompió a llorar, pero enseguida se secó las lágrimas y continuó:

—Te diré por qué tuve que huir. Lo provoqué hasta más allá de su diabólica prudencia, y estalló contra mí. Al verlo, sentí un segundo de satisfacción; luego el instinto de conservación me empujó, y escapé. ¡Ojalá no caiga otra vez en sus manos!

»Como supondrás —siguió—, Earnshaw pensaba ir al entierro. No bebió… quiero decir, solo se emborrachó a medias, y así estuvo hasta las seis, cuando se acostó. A medianoche se levantó con la resaca: de humor de perros y con tantas ganas de iglesia como de baile. Se sentó al fuego y siguió bebiendo. Heathcliff —¡se me hiela nombrarlo!— apenas ha aparecido desde el domingo. No sé si lo alimentan los duendes, pero con nosotros no come hace una semana. Al alba se encierra en su cuarto —¡como si alguien buscara su agradable compañía!— y se entrega a fervientes plegarias.

»Pero te advierto que ese dios suyo es polvo y ceniza, y al invocarlo lo confunde extrañamente con el demonio que lo engendró. Tras esas oraciones —hasta enronquecer—, se va derecho a la Granja. Me admira que Eduardo no haya puesto un alguacil a vigilar. Por mi parte, aunque lo de Catalina me apenaba, disfruté de una libertad que me parecía fiesta. Recobré fuerzas para soportar los sermones de José sin echarme a llorar y para andar por la casa con más seguridad. José y Hareton son tan detestables que la charla horrible de Hindley me resultaba preferible.

»Cuando Heathcliff está en casa —prosiguió—, a veces he de juntarme con los dos en la cocina, para no morir de hambre ni vagar sola por las piezas lóbregas. En cambio, ahora que no estaba, pude sentarme tranquila a la mesa, junto al fuego, sin ocuparme de Earnshaw, que tampoco se ocupaba de mí. Está más quieto que antes, aunque más huraño; no estalla si no lo provocan. José jura que Dios le tocó el corazón y que se salvó "como por el fuego". En fin, me da lo mismo. Anoche leí en mi rincón hasta cerca de las doce. Me asustaba subir y afuera la nieve caía a torbellinos. Pensaba en el cementerio y la fosa recién abierta; cada vez que apartaba la vista del libro, la escena se me imponía. Hindley, sentado delante, acaso pensaba lo mismo. Cuando estuvo bastante bebido, dejó el vaso y permaneció dos o tres horas sin abrir la boca. En la casa solo se oía el viento azotando las ventanas, el crujir del fuego y el chasquido al despabilar la vela. Hareton y José dormirían. Yo estaba muy triste, y suspiraba hondo de cuando en cuando. De pronto, en medio del silencio, sonó el picaporte de la cocina. La tempestad habría hecho volver antes a Heathcliff. Pero esa puerta estaba con llave: desistió y lo oí rodear hacia la principal. Me levanté, ahogando el grito que se me escapaba, y mi compañero me miró.

»—Si no le importa —me dijo—, haremos esperar cinco minutos a Heathcliff.

—Por mí, que espere toda la noche —respondí—. Vamos: eche llave y cerrojo.

»Earnshaw obedeció antes de que el otro alcanzara la puerta. Luego acercó su silla y me miró buscando en mis ojos un reflejo del odio que ardía en los suyos. Como tenía cara y alma de asesino, no halló en mí plena correspondencia; aun así, encontró suficiente para animarse.

»—Usted y yo —dijo— tenemos cuentas con el hombre de ahí fuera. Si no fuéramos cobardes, pactaríamos la venganza. ¿Es usted tan mansa como su hermano y dispuesta a sufrir eternamente sin desquite?

»—Estoy harta de soportarlo —repliqué—, pero la traición y la violencia son armas de doble filo: pueden herir a quien las esgrime.

»—¡La traición y la violencia son lo que se usa con quien vive de traición y violencia! —estalló Hindley—. Señora Heathcliff, no necesito más de usted que silencio y que no grite. ¿Puede? Creo que debería gozar tanto como yo viendo caer a ese demonio. Si no, él acabará con usted y conmigo. ¡Maldito! ¡Llama como si fuese el amo! Prométame callar, y antes de la una —faltan tres minutos— estará usted libre de ese hombre.

»Mientras hablaba, sacó el artefacto que ya te he descrito y quiso apagar la vela; se lo impedí.

»—No callaré —dije—. No lo toque. Deje cerrada la puerta, pero no vaya más allá.

»—¡Estoy resuelto! —gruñó—. Haré justicia a Hareton y un favor a usted, aunque no lo quiera. Y no tendrá que salvarme. Catalina ha muerto y nadie tiene que avergonzarse de mí. Ha llegado la hora.

»Era tan fácil razonar con él como con un oso. Solo me quedaba una salida: correr a la ventana y avisar a la víctima.

»—Mejor no entres —le grité—. Si lo haces, el señor Earnshaw te va a disparar.

»—Más te valdría abrirme —replicó Heathcliff, con ciertas flores de lenguaje que no repetiré.

»—Allá tú —dije—. Yo he cumplido. Entra y que te mate si quiere.

»Cerré la ventana y volví al fuego sin fingir una ansiedad que no sentía. Earnshaw, furioso, me increpó llamándome cobarde y diciéndome que aún amaba al villano. La verdad: pensaba, sin remordimiento, lo bien que le vendría a Hindley librarse de la vida… y a mí, librarme de Heathcliff. Mientras cavilaba, el cristal estalló, y por el boquete asomó el rostro negro de aquel hombre. Como la hoja era estrecha, sonreí, creyéndome a salvo. Tenía el cabello y la ropa cuajados de nieve; los dientes, afilados como los de un antropófago, relucían en la oscuridad.

»—Ábreme, Isabel, o te arrepentirás —rugió.

»—No quiero ser cómplice —retruqué—. Hindley te espera con cuchillo y pistola.

»—Ábreme la de la cocina —ordenó.

»—Hindley llegará antes que yo —repliqué—. ¡Bonito amor el tuyo por Catalina, cuando no aguantas un poco de nieve! Yo, en tu lugar, me tendería sobre su tumba como un perro fiel. ¿No es verdad que ahora vivir te parece poca cosa? Tú mismo dijiste que ella era tu única alegría. No sé cómo vas a existir sin ella.

»—¡Ah! —exclamó Hindley avanzando hacia mí—. ¿Está ahí?

»Temo que me tomes por malvada, Elena: jamás habría facilitado un atentado contra la vida de ese hombre. Pero confieso que me decepcionó ver cómo, al alargar el brazo, Heathcliff le arrancó el arma a Earnshaw.

»Al hacerlo, la pistola se disparó y la navaja se cerró clavándose en la mano de su dueño. Heathcliff se la arrancó tirando, desgarrándole la carne; luego, de una pedrada, rompió la carpintería y entró. Su adversario, exhausto por el dolor y la sangre, cayó desfallecido. El miserable lo pateó, le estampó la cabeza contra el suelo, y con la otra mano me sujetaba para que no llamara a José. Le costó no rematarlo. Por fin, sin aliento, lo arrastró y comenzó a vendarle la herida con brutal torpeza, maldiciéndolo y escupiéndole con la misma furia. Al soltarme, corrí a por el viejo, que comprendió al instante y bajó de dos en dos.

»—¿Qué pasa? —dijo.

»—Que su amo está loco —respondió Heathcliff—, y como siga, lo haré encerrar. Y tú, perro, ¿por qué me cerraste? ¿Qué rezongas? Ea, yo no le curo. Límpiale eso, y cuidado con las chispas. La mitad de su sangre es aguardiente.

»—¿Con que lo ha asesinado? —gimió José—. ¡Y tener que ver yo esto! ¡Dios permita que…!

»Heathcliff lo empujó hacia el herido y le arrojó una toalla, pero el viejo, en vez de curar, comenzó una oración tan disparatada que no pude contener la risa. Estaba en tal estado de insensibilidad que nada me conmovía. Me pasaba como a ciertos condenados al pie del patíbulo.

El tirano soltó una carcajada áspera.

—¡Me había olvidado de ti! —dijo—. Vamos, encárgate de eso. ¡Al suelo! ¿También tú confabulas con él contra mí, víbora? ¡Cúrale!

Me sacudió hasta hacerme rechinar los dientes y me arrojó junto a José. Este, sin perder la flema, remató su plegaria y anunció, muy decidido, que iría a la Granja: según dijo, el señor Linton, como magistrado, intervendría aunque hubiesen muerto cincuenta mujeres. Tan empeñado estaba, que a Heathcliff le pareció conveniente que yo aclarara lo ocurrido; a fuerza de preguntas insidiosas me arrancó el relato de cómo se habían desarrollado las cosas. Aun así, costó convencer al viejo de que el agresor no había sido Heathcliff. Por fin, al comprobar que el señor Earnshaw no estaba muerto, le dio un trago de aguardiente y Hindley recobró el sentido. Heathcliff, viendo que su enemigo ignoraba los malos tratos recibidos en el desmayo, le increpó llamándole borracho y delirante, prometió "olvidar" la atroz agresión y le recomendó irse a dormir. Luego nos dejó a solas y yo subí a mi cuarto, celebrando haber salido tan bien librada.

Cuando bajé, a eso de las once, Hindley estaba junto al fuego, muy desmejorado, con su ángel malo a su vera, tan abatido como él. Yo comí con apetito, y no voy a negar que me invadía cierta sensación de superioridad: la de quien, con la conciencia limpia, mira a los culpables. Al terminar, me acerqué al fuego —libertad inusitada en mí— rodeando por detrás la silla de Earnshaw y me encogí en un rincón.

Heathcliff no me miraba, y pude observarlo a mi antojo. Tenía la frente contraída —esa frente que antes me pareció tan varonil y ahora tan demoníaca—; los ojos, apagados por el insomnio y quizá por el llanto; los labios, cerrados, sin su ironía habitual, delataban una pena honda. Ese dolor, en otro, me habría conmovido. Pero era él; no resistí la tentación de clavar una saeta en el enemigo caído. Solo en aquel instante, débil, podía devolverle una mínima parte del mal que me hizo.

—¡Qué vergüenza, señorita! —me interrumpiste—. Diríase que nunca ha abierto una Biblia. Bastaría con ver cómo Dios humilla a sus enemigos. No es cristiano añadir castigo propio al que Dios envía.

—De acuerdo en teoría, Elena —repuse—, pero el mal de Heathcliff no me satisfacía si yo no intervenía. Preferiría que sufriera menos, con tal de que su dolor se debiera a mí. Solo podría perdonarle si le devolviera, uno por uno, los sufrimientos que me causó. Como fue él quien me afrento primero, que sea él quien pida perdón. Tal vez entonces me gustaría ser generosa. Pero, si no puedo vengarme, tampoco puedo perdonar.

Hindley pidió agua y, al dársela, le pregunté cómo se sentía.

—No tan mal como quisiera —rezongó—. Pero, salvo el brazo, me duele todo el cuerpo como si hubiese peleado con una legión de diablos.

—No me extraña —le contesté—. Catalina decía que se interponía entre ustedes para evitar males mayores. Por suerte, los muertos no se levantan; de lo contrario, ayer habría presenciado una escena que la habría horrorizado. ¿No está molido, como si le hubieran machacado?

—¿Qué insinúa? —saltó Hindley—. ¿Es posible que ese hombre me golpeara cuando estaba inconsciente?

—Le pateó, le pisoteó y le golpeó contra el suelo —le dije—. De haber podido, le habría arrancado la carne a dentelladas. Es hombre de apariencia; por dentro, demonio.

Ambos miramos al enemigo. Él, absorto en su pena, no se enteraba de nada; en su rostro se adivinaba el siniestro sesgo de sus pensamientos.

—¡Me iría al infierno feliz si Dios me diera fuerzas para estrangularlo antes! —gimió Earnshaw, intentando alzarse y desplomándose enseguida, rabioso de impotencia.

—Con uno de ustedes ha bastado —dije en voz alta—. Todos en la Granja saben que Catalina viviría aún si no fuera por Heathcliff. A fin de cuentas, su odio pesa más que su amor. Cuando recuerdo lo felices que éramos antes de que apareciera, me entran ganas de maldecir aquel día.

Apuesto a que Heathcliff entendió lo cierto de mis palabras, aunque vinieran de mí. Un torrente de lágrimas le cayó de los ojos; luego suspiró hondo. Le miré y me reí con desprecio. Sus ojos —verdugos de almas— se alzaron un segundo hacia mí; estaba tan quebrado que temí repetir la mofa.

—Quítate de delante —gruñó, inarticulado.

—Perdona —repuse—, pero yo amaba a Catalina. Y ahora, muerta, atenderé a su hermano… Tiene sus mismos ojos, esos que tú has amoratado a golpes, y…

—¡Levántate, estúpida, si no quieres que te tumbe de una patada! —bramó, amagando. Yo me preparé a apartarme.

—Si la pobre Catalina —proseguí, sin bajar la guardia— se hubiera casado contigo y llevado el grotesco y degradante título de señora de Heathcliff, pronto la habrías dejado hecha un guiñapo como a su hermano. Solo que ella no lo habría soportado, y te lo habría demostrado…

Hindley, entre él y yo, le frenó. Heathcliff no intentó alcanzarme: empuñó un cuchillo de la mesa y me lo lanzó a la cara. Me cortó junto a la oreja. Le respondí con una injuria que debió calarle más hondo que a mí el cuchillo, y gané la puerta. Lo último que vi fue a Earnshaw tratando de detenerlo y a ambos cayendo abrazados ante el hogar. Al pasar por la cocina, avisé a José para que corriera junto a su amo. Tropecé con Hareton, encaramado en una silla jugando con unos cachorrillos, y me lancé, feliz como un alma que huye del purgatorio, ladera abajo por el áspero camino. Luego crucé a campo traviesa hacia la luz de la Granja. Antes preferiría el infierno eterno que volver a Cumbres.

Isabel, en silencio, apuró el té, se alzó, se puso el chal y el sombrero que le trajimos, subió a una silla y besó los retratos de Catalina y de Eduardo; sin atender mis súplicas de que se quedara una hora más, se marchó en el coche, con Fanny exultante al reencontrarse con su dueña. No volvió; desde entonces solo escribió con regularidad al señor. Creo que se instaló en el sur, cerca de Londres. A los pocos meses dio a luz un niño a quien puso Linton; nos dijo que era una criatura caprichosa y enfermiza.

Heathcliff me topó un día en el pueblo y quiso saber dónde vivía Isabel. Me negué, y él no insistió mucho, aunque me advirtió que se cuidara de volver con su hermano: no le permitiría vivir con él. Por otros caminos, supo el domicilio; no la molestó. Ella lo atribuiría a su odio. Cuando me lo encontraba, me preguntaba por el niño; al oír el nombre, soltaba:

—Veo que buscan que también odie al crío…

—Lo único que pretenden es que no se acerque a él —le respondí.

—Pues que no olviden que, cuando quiera, me lo traeré.

Por fortuna, Isabel murió cuando el muchacho tenía unos doce años.

El día siguiente a la visita de Isabel no hablé con mi amo. Evitaba cualquier conversación; yo tampoco tenía ánimo. Cuando por fin le conté la fuga de su hermana, se alegró: aborrecía a Heathcliff cuanto le permitía su temple dulce. Tal era su aversión, que dejó de acudir a cualquier lugar donde pudiera verlo u oír su nombre. Dimitió de magistrado, dejó la iglesia, no pasó por el pueblo. Vivía recogido, saliendo solo para pasear por el parque, asomarse a los páramos o visitar la tumba de su esposa, y aun eso, a horas en que no hallaba a nadie. Pero era tan bueno que no podía ser siempre desdichado: con el tiempo, se apaciguó; una melancolía suave le envolvía. Custodiaba el recuerdo de Catalina y esperaba reunirse con ella donde —no dudaba— había ido.

Encontró consuelo en su hija. Aunque al principio le fue indiferente, aquella frialdad se deshizo como nieve de abril, y antes de que la niña anduviera o hablara, reinaba despótica en su corazón. La bautizaron Catalina, pero él nunca la llamó así, sino Cati. A su esposa jamás la nombró de ese modo, quizá porque lo hacía Heathcliff. Creo que amó más a la hija porque le recordaba a la madre que por ser sangre suya.

Comparando su caso con el de Hindley, no entendía cómo, ante la misma desgracia, ambos siguieron rumbos contrarios. Hindley, que parecía más fuerte, fue el más débil: al naufragar el barco que mandaba, abandonó el puente y dejó que todo se viniera abajo. Linton, en cambio, confió en Dios y mostró el valor de un corazón leal. Uno esperó; el otro desesperó. Cada cual eligió su suerte, y cada cual recibió su paga. En fin, señor Lockwood: no necesita mis moralidades; usted sabrá sacar las suyas. Earnshaw acabó como era de esperar: seis meses después de su hermana, murió. En la Granja supimos poco de su estado; el señor Kenneth nos lo anunció.

—Elena —dijo, entrando de mañana al patio, a caballo—: ¿a que no adivinas quién ha muerto?

—¿Quién? —pregunté, temblando.

—Adivina —dijo—. Y coge el delantal: te hará falta.

—Desde luego no el señor Heathcliff —solté.

—¿Llorarías por él? No; Heathcliff está robusto, o eso parece. Le acabo de ver; desde que perdió a su "amiga", ha engordado.

—Entonces ¿quién, señor Kenneth? —apremié.

—¡Hindley Earnshaw! Tu viejo amigo, y mal compañero mío. No se ha portado bien conmigo últimamente, pero… Ya te dije que llorarías. ¡Pobre mozo! Murió, como era de esperar, borracho perdido. Me ha dolido. Siempre se llora a un camarada… aunque me hiciera más perrerías de las que imaginas. Y apenas tenía tu edad: veintisiete. ¡Quién lo diría!

Ese golpe me traspasó más que la muerte de Catalina: la oleada de recuerdos me anegó. Me senté en el umbral, dije al doctor que avisara con otro criado, y rompí a llorar. Me angustiaba pensar si Hindley había muerto de muerte natural, y tanto me pudo la inquietud que pedí permiso para ir a Cumbres. El señor Linton se resistía, pero le hice ver que mi hermano de leche tenía tanto derecho como él a mis atenciones póstumas, y que Hareton, sobrino de su esposa, debía quedar bajo su tutela en ausencia de parientes más próximos; que tocaba revisar la herencia y ver el estado de los asuntos del difunto. Al cabo, me mandó hablar con su abogado y me dio permiso para ir. El letrado había llevado también los papeles de Earnshaw. Cuando le rogué que me acompañara, me respondió que era mejor dejar en paz a Heathcliff y que la situación de Hareton era poco menos que la de un pordiosero.

—El padre ha muerto cargado de deudas —me explicó—. Todo está hipotecado. Lo mejor para el chiquillo es ganarse el favor del acreedor.

Al llegar a Cumbres hallé a José profundamente afectado y satisfecho de verme. Heathcliff dijo que mi presencia era innecesaria, pero que podía organizar el sepelio.

—En rigor, ese trastornado habría debido ser enterrado sin ceremonia al borde del camino —añadió—. Ayer lo dejé solo diez minutos, por casualidad; en ese rato me atrancó la puerta y pasó la noche bebiendo hasta matarse. Esta mañana, al oírle resoplar como un caballo, tuvimos que romper la cerradura. Estaba tendido en el banco; no habría despertado ni aunque lo desolláramos. Mandé por Kenneth, pero antes de que llegara, la bestia ya era carroña. Rígido, frío. Nada que hacer.

El viejo confirmó el relato y añadió:

—Mejor hubiera sido que él fuese a por el médico. Yo habría cuidado al amo con más tino. Cuando me fui, todavía respiraba.

Insistí en un entierro digno. Heathcliff me autorizó a disponerlo como quisiera, recordándome, eso sí, que todo saldría de su bolsillo. Estaba impasible y seco. Había en su aire la satisfacción del que culmina una obra largamente buscada; incluso creí verle un asomo de exaltación cuando sacaban el féretro. Acompañó el duelo —hasta ahí llegó su hipocresía—. Vi cómo sentaba a Hareton a la mesa y le oí murmurar, complacido:

—Vamos, chiquillo: ya eres mío. Si la rama crece tan torcida como el tronco, con el mismo viento la tumbaremos.

El niño se alegró, le agarró las patillas y le dio palmaditas en la cara. Pero entendí bien lo que quería decir, y advertí:

—Este niño debe venir conmigo a la Granja. No hay cosa en el mundo sobre la que tenga usted menos derecho que sobre él.

—¿Eso ha dicho Linton? —me cortó.

—Sí. Me ha mandado llevármelo.

—Bien —replicó el villano—. No quiero disputas. Pero me apetece probar si sirvo para educar a un crío; así que si os lleváis a ese, traeré conmigo al mío. Díselo a tu amo.

Así nos dejó atados de manos. Repetí sus palabras a Eduardo y, como a él tampoco le ardía el celo en ese asunto, no volvió a mencionarlo.

El antiguo huésped de Cumbres se convirtió en su dueño. Tomó posesión definitiva, probando en regla que la finca estaba hipotecada: Hindley había empeñado, una tras otra, todas las partes de la propiedad. El acreedor era el propio Heathcliff. Por eso Hareton, que debió ser el hombre más acomodado del contorno, sirve ahora al enemigo de su padre, vive como criado en su propia casa —para colmo, sin salario—, e incapaz de reclamar lo que es suyo, porque ignora el atropello de que ha sido víctima.

CAPÍTULO XVIII: UN MUNDO PEQUEÑO, UNA MIRADA LARGA

Los doce años que siguieron a aquella época dolorosa —prosiguió la señora Dean— fueron los más felices de mi vida. Mis únicas inquietudes eran los achaques propios de cualquier criatura, rica o pobre. A los seis meses, la niña empezó a crecer como un arbolito; caminaba —y hasta balbuceaba a su manera— antes de que dos primaveras cubrieran de flores la tumba de la señora Linton. Era la cosa más encantadora que jamás alegró una casa desolada. Tenía los ojos negros de los Earnshaw y la piel nívea con cabellos rubios de los Linton. Su carácter era altivo, pero sin rudeza; y el corazón, de una ternura y afecto extraordinarios. No se parecía a su madre: era mansa como paloma, de voz dulce y ademán pensativo. Jamás se encendía en arrebatos. Eso sí, traía de cuna algunos defectos: cierta inclinación a la insolencia, propia de los niños mimados, y esa tozudez graciosa con la que amenazaba: «Se lo diré a papá». Si él la reprendía —aunque fuera con un gesto—, lo vivía como una tragedia. Pero me parece que el señor jamás le dirigió palabra áspera. Él mismo se encargó de su instrucción, y, por fortuna, era viva y curiosa: aprendió con rapidez.

A los trece años aún no había cruzado sola el límite del parque. A veces el señor Linton la llevaba una o dos millas de paseo, pero no la confiaba a nadie. Para sus oídos, "Gimmerton" no significaba nada; no había entrado en otra casa que la suya, salvo la iglesia. Ni Cumbres Borrascosas ni el señor Heathcliff existían para ella. Vivía en perfecta reclusión y parecía contenta. A veces, mirando el paisaje desde la ventana, me preguntaba:

—Elena, ¿cuánto tardaría en llegar a lo alto de esos montes? ¿Y qué hay detrás? ¿El mar?

—No, señorita —le respondía—. Detrás hay otros montes, iguales.

—¿Cómo se ven de cerca esas rocas doradas? —preguntó un día.

El risco de Penniston la fascinaba, sobre todo cuando el sol poniente bañaba su cumbre y dejaba en penumbra el resto. Le conté que eran masas de piedra áridas, con algún árbol raquítico en las grietas.

—¿Y por qué brillan tanto al anochecer?

—Porque están mucho más altas que nosotros. Usted no podría subir: son escarpadas y muy altas. En invierno la nieve cae allí primero; y aun en verano yo he encontrado nieve en una hendidura al nordeste.

—Si tú has estado —celebró—, yo también iré cuando sea mayor. ¿Papá ha ido, Elena?

—Su papá diría —me apresuré— que no merece la pena. El campo donde pasea con usted es más hermoso, y el parque de esta casa, el lugar más bonito del mundo.

—Pero el parque ya lo conozco. Ese sitio no. ¡Cómo me gustaría mirar desde aquella cima! Iré alguna vez con mi yegua Minny.

Una criada le habló un día de la "Cueva Encantada". El entusiasmo de la niña fue tal que atosigó al señor con su empeño de visitarla. Él prometió complacerla cuando fuera mayor. Pero Cati contaba la edad por meses y preguntaba a menudo:

—¿Ya soy lo bastante mayor?

Eduardo, que no deseaba ir —el camino pasaba cerca de Cumbres Borrascosas, lugar que detestaba—, respondía:

—Aún no, querida, aún no.

Como dije, la señora Heathcliff no vivió más de doce años tras abandonar a su esposo. Traía de familia una constitución débil: ni ella ni su hermano gozaron de la robustez común en la comarca. Ignoro de qué murió; supongo que ambos de lo mismo: una fiebre lenta que, de pronto, devora las fuerzas. Llegado el trance, escribió a su hermano anunciando un probable desenlace de la enfermedad que arrastraba hacía cuatro meses y le rogó ir a verla: tenían que arreglar cosas, y deseaba entregarle a Linton antes de morir. Confiaba en que Heathcliff permitiría que el niño quedara a cargo de su tío, como antes quedó ella, y la consolaba creer que su marido no querría ocuparse del pequeño. El amo se apresuró a cumplir su deseo. Al marcharse, me dejó a Cati y me encargó, con especial severidad, que no saliera del parque ni siquiera conmigo. A ella sola ni se le pasaba por la cabeza traspasar los lindes.

Tres semanas estuvo fuera. La niña, al principio, pasaba el tiempo en un rincón de la biblioteca, mustia, sin juego ni lectura. Luego, a esa quietud siguió una inquietud bullente. Yo, ya madura y muy ocupada, encontré un modo de que se entretuviera sin darme guerra: la enviaba a pasear por la finca, a pie o a caballo, y a su vuelta escuchaba, paciente, el relato de sus aventuras reales o imaginarias.

Llegó el verano, y su afición a aquellas excursiones solitarias creció tanto que a menudo salía tras el desayuno y no regresaba hasta la cena. En la velada me deleitaba con sus historias fantásticas. No temía que saliera del parque: la verja solía estar cerrada, y, aunque abierta, yo creía que no se arriesgaría a salir sola. Me equivoqué. Una mañana, a las ocho, vino a buscarme: aquel día era —dijo— un mercader árabe que cruzaría el desierto y necesitaba provisiones para sí y su caravana: el caballo y tres camellos. Los "camellos" eran un gran sabueso y dos pachones. Le preparé golosinas en una cesta que colgué del arzón. Saltó ligera como sílfide a la jaca y partió al trote, con su sombrero de anchas alas contra el sol de julio, riéndose de mis sermones de volver pronto y no galopar. No regresó a la hora del té. El sabueso, viejo y poco dado ya a trotes, volvió; los pachones y la dama, no. Envié a buscarla y, al fin, viendo que nadie la hallaba, partí yo misma. Cerca del lindero de la finca encontré a un aldeano:

—La vi por la mañana —me dijo—. Me pidió que le cortara una vara de avellano y luego hizo saltar a su jaca por encima del seto.

Figúrese el sobresalto. Pensé primero en el risco de Penniston. Me metí por un hueco del seto que el hombre arreglaba y eché a la carretera. Anduve millas hasta avistar Cumbres Borrascosas. Como Penniston está a milla y media de esa casa —y a cuatro de la Granja—, temí que cayera la noche antes de llegar.

«Quizá se ha resbalado trepando y está muerta… o con algún hueso roto», pensé.

Mi ansiedad se alivió al pasar junto a Cumbres: vi a Carlitos, el más fiero del cortejo canino de Cati, tendido bajo la ventana, con la cabeza hinchada y sangrando por la oreja. Llamé con fuerza. Me abrió una mujer de Gimmerton, ahora sirvienta allí desde la muerte de Earnshaw.

—¿Viene a por la señorita? —dijo—. Está aquí, y sana y salva. Me alegro de que el amo no esté.

—¿No está en casa? —pregunté, sin aliento aun.

—Él y José han salido. Volverán en una hora, poco más. Pase y descanse.

Entré y vi a mi ovejita descarriada sentada junto al hogar, en una sillita que fue de su madre cuando niña. Tenía el sombrero colgado y estaba como en casa; reía y hablaba sin parar a Hareton —entonces un mozo arrogante de dieciocho—, que la miraba sin entender del todo aquel torrente de palabras.

—Está bien, señorita —dije, ocultando mi alivio bajo gesto airado—: este ha sido su último paseo hasta que vuelva su papá. No la dejaré salir sola otra vez. Es usted muy traviesa.

—¡Ay, Elena! —gritó ella, corriendo a mí—. ¡Qué historia para contarte esta noche! ¿Cómo me encontraste? ¿Has estado aquí alguna vez?

—Póngase el sombrero y nos vamos —ataqué—. Estoy muy indignada. No, no haga pucheros: no me quita usted el susto. Pienso en el encargo del señor Linton y en cómo se me escapó… No volveremos a fiarnos.

—¿Qué he hecho? —replicó, conteniendo un sollozo—. Papá no me hizo ningún encargo de esos. Él nunca se enfada como tú.

—¡Vamos, vamos! —exclamé—. ¡Qué vergüenza! ¡Con trece años y estas niñerías!

Y se me escabulló, se quitó el sombrero y se escondió entre los muebles. La criada terció:

—No riña a la niña, señora Dean. Fuimos nosotros quienes la entretuvimos. Quería seguir su camino para no causarle cuidado. Hareton se ofreció a acompañarla, y me pareció bien: el sendero es malo.

Hareton estaba de pie, manos en los bolsillos, poco contento con mi aparición.

—Vamos —le apremié—. No me haga esperar. En diez minutos será de noche. ¿Dónde está la jaca? ¿Y Fénix? Si no se da prisa, me marcho y la dejo aquí. ¡Vamos!

—La jaca está en el patio —dijo ella—, y Fénix encerrado. Les han mordido a él y a Carlitos. Iba a decírtelo, pero no te contaré nada por enfadarte.

Fui a ponerle el sombrero, pero viendo que otros tomaban su partido, echó a correr, burlándome entre sillas y bancos; todos se reían hasta hacerme perder la paciencia:

—¡Si supiera a quién pertenece esta casa, señorita Cati, no volvería a pisarla!

—¿Es de tu padre? —preguntó a Hareton.

—No —respondió él, ruborizándose y apartando la vista. No se atrevía a mirarla: tenían los mismos ojos.

—¿Entonces, de su amo? —insistió.

Él se puso más rojo, soltó una blasfemia y se giró.

—¿Quién es el amo? —me preguntó Cati—. Este joven me habló como si fuera hijo del dueño. No me ha llamado "señorita". Si es criado, debía hacerlo.

Hareton se ensombreció. Yo conseguí que al fin se dispusiera a venir conmigo.

—Tráigame el caballo —le dijo la muchacha a su pariente como lo haría a un mozo de cuadra—. Puede acompañarme. Quiero ver salir al fantasma del pantano y las hadas de las que me habló. ¡Pero deprisa! ¡El caballo!

—Antes te veré condenada que ser tu criado —espetó él.

—¿Cómo? —saltó Cati, pasmada.

—Condenada he dicho, bruja.

—Vea con qué compañía se topó, señorita —intervine—. No discuta. Tomemos a Minny nosotras mismas y vámonos.

—¿Cómo se atreve a hablarme así, Elena? —y las lágrimas le asomaron—. ¿Por qué no hace lo que le digo? ¡Canalla! Se lo contaré a papá.

A Hareton le importó poco la amenaza. Cati se volvió a la mujer:

—Tráigame la jaca y suelte a mi perro.

—Menos humos, señorita —replicó la criada—. No le vendría mal ser más amable. Yo no soy su sirvienta, y el señor Hareton, aunque no sea hijo del amo, es primo suyo.

—¿Mi primo? —saltó Cati, desdeñosa.

—Sí, su primo.

—¿Cómo permites, Elena, que digan eso? —protestó—. A mi primo ha ido a buscarlo papá a Londres. ¡Este, mi primo! —y la idea de emparentar con aquel patán la indignó.

—Una tiene primos de toda laya, señorita —le dije—, y no vale menos por ello. Basta con no buscar su compañía si no le place.

—No, Elena; él no puede ser mi primo —insistió, asustada por la idea, refugiándose en mis brazos.

Estaba yo molesta con ella y con la criada, por lo que mutuamente se habían descubierto. Entendí que Heathcliff sabría pronto del regreso de Linton con el hijo de Isabel, y que la niña no dejaría de preguntar a su padre por ese primo tan tosco.

En cuanto a Hareton, pasado el disgusto de que lo tomaran por criado, pareció lamentar la pena de su prima: sacó la jaca a la puerta y quiso regalarle un cachorrillo de la perrera. Ella lo miró como si viera un monstruo, suspiró y detuvo el llanto.

Aquella antipatía me hizo sonreír. Él, en realidad, era un mozo bien formado, de buena estampa y robusto, aunque vestía de faena. Le adivinaba mejores cualidades que las de su padre, virtudes que habrían florecido en mejor ambiente. Heathcliff, me parece, no le maltrató físicamente —no era su costumbre—; volcó su malicia en embrutecerlo: no le enseñó a leer ni a escribir, ni le reprendía sino las manías que le molestaban a él; jamás le ayudó a acercarse al bien ni a apartarse del mal. José, con sus zalemas al "jefe de la familia", remató la faena. Así como en tiempos de niños culpaba a Heathcliff y Catalina de todas las faltas, ahora cargaba sobre el usurpador los vicios de Hareton. Si el muchacho blasfemaba, José no lo reprendía: parecía gozar viéndolo andar el mal camino. Creía condenada su alma, pero se consolaba pensando que Heathcliff respondería por ella ante el tribunal divino. Había inoculado en el joven el orgullo del nombre y la estirpe, y le habría encantado encenderle un odio vivo contra Heathcliff, de no ser por el miedo que le tenía; así, se contentaba con gruñir amenazas. No digo que yo supiera entonces, de primera mano, cómo se vivía en Cumbres: hablo de oídas. Los colonos aseguraban que el señor Heathcliff era más duro que todos los amos previos; pero, al mando ahora de una mujer, la casa tenía mejor aspecto y las orgías de los tiempos de Hindley habían acabado. El nuevo dueño era demasiado sombrío para gustar de compañía —ni buena ni mala—, y así sigue hasta hoy.

Con todo, no adelanto en mi relato. La señorita Cati rechazó el cachorro y pidió sus perros. Llegaron cojeando, y nos volvimos a casa, mohínas. No logré arrancarle otra explicación de sus andanzas que la que yo había supuesto: se dirigió al risco de Penniston, y, al pasar por Cumbres, los perros de Hareton atacaron a los suyos. La refriega fue larga hasta que los amos respectivos impusieron paz. Así trabaron conocimiento los primos.

Cati le dijo a dónde iba, y él le sirvió de guía, mostrándole los secretos de la "Cueva Encantada". Como yo estaba en desgracia, no tuve la dicha de saber qué maravillas vio en esos "prodigiosos" parajes. Sí advertí que su guía improvisado fue su favorito… hasta que ella le ofendió llamándolo criado, justo cuando la criada de Heathcliff le reveló que era su primo.

El lenguaje que Earnshaw usó con ella le dejó una herida honda. Acostumbrada en la Granja a ser "cariño", "vida mía", "ángel", "reina", la injurió un extraño. No lo comprendía. Me costó mucho arrancarle la promesa de no contárselo a su padre. Le dije que él aborrecía a los habitantes de Cumbres y que se disgustaría al saber que había estado allí; y que, si se enteraba de mi negligencia, causante de su fuga, me despediría. Aquello la asustó, y guardó silencio. En el fondo, era una jovencita muy bondadosa.

CAPÍTULO XIX: EL NIÑO DE DOS CASAS

Una carta con crespones nos avisó del regreso del amo. Traía instrucciones para el luto por su hermana y para instalar a su sobrino. Cati estaba exultante por volver a ver a su padre y no hablaba de otra cosa que de su "primo de verdad", como decía. Al fin llegó la tarde del retorno. Desde la mañana, la muchacha se había entretenido en sus pequeños quehaceres y en vestirse de negro —aunque la pobre no sentía pena alguna por la muerte de una tía a la que nunca conoció—. Por último, me obligó a acompañarla hasta la entrada de la finca para recibir a los viajeros.

—Linton es seis meses exactos menor que yo —me decía mientras pisábamos el césped, bajo la sombra de los árboles—. ¡Qué ilusión tener un compañero de juegos! La tía Isabel mandó una vez a papá un rizo de su pelo: tan fino como el mío, pero más rubio. Lo guardo en una cajita de cristal y siempre he querido conocer al dueño. ¡Y papá viene también! ¡Querido papá! ¡Apúrate, Elena!

Se adelantó corriendo y volvió la vista mil veces antes de que yo llegara a la verja. Nos sentamos en un talud cubierto de hierba, pero Cati no estuvo quieta ni un segundo.

—¡Cómo tardan! Mira, una nube de polvo… ¡Ya llegan!… ¡Ah, no! ¿Y si nos adelantamos media milla, Elena? Solo hasta ese grupo de árboles, ¿ves? Allí…

Me negué. Por fin vimos el carruaje. Cati empezó a gritar en cuanto distinguió el rostro de su padre tras la ventanilla. Él se apeó tan ansioso como ella, y se abrazaron, sin ocuparse de nadie más. Yo miré dentro del coche: Linton dormía en un rincón, envuelto en un abrigo de piel como si fuera invierno. Era un muchacho pálido y delicado, muy parecido al señor, pero con una fragilidad que éste no tenía. Eduardo, al notar mi mirada, me mandó cerrar la portezuela para que el niño no se enfriara. Cati quiso verlo, pero su padre insistió en que lo acompañara, y ambos subieron por el parque mientras yo me adelantaba para prevenir a la servidumbre.

—Hija —le dijo el señor—: tu primo no está tan fuerte como tú y acaba de perder a su madre. Por ahora no podrá jugar mucho. Tampoco le hables demasiado. Déjalo dormir esta noche, ¿quieres?

—Sí, papá —contestó Catalina—, pero quiero verlo, y ni siquiera asomó la cabeza.

El coche se detuvo, el muchacho despertó y su tío lo bajó en brazos.

—Mira a tu prima, Linton —le dijo, juntándoles las manos—. Te quiere mucho; procura no disgustarla llorando, ¿eh? Alégrate: el viaje terminó y ahora toca pasarlo bien.

—Entonces déjeme ir a la cama —dijo el niño, soltando la mano de Cati y llevándosela a los ojos, donde asomaban lágrimas.

—Anda, sé buen chico —le murmuré mientras lo conducía adentro—. Vas a hacer llorar a tu primita. Mírala, qué triste se ha puesto.

Fuera por él o no, Cati tenía efectivamente un gesto apenado. Subimos los tres a la biblioteca y allí se sirvió el té. Le quité a Linton el abrigo y la gorra y lo senté en una silla; apenas sentado, rompió otra vez a llorar. El señor le preguntó qué le pasaba.

—Estoy mal en esta silla —murmuró.

—Pues siéntate en el sofá, y Elena te llevará allí el té —repuso, paciente, el señor.

Comprendí que la bondad del amo ya venía puesta a prueba desde el viaje. Linton fue al sofá. Cati se puso a su lado en un taburete, sosteniéndole la taza. Al principio guardó silencio; luego empezó a acariciarlo, a besarlo en las mejillas, a ofrecerle el té en plato, como a un bebé. A él le gustó y apareció una sonrisa complacida.

—Esto le sentará bien —dijo el amo—. Si logramos que se quede, la compañía de una niña de su edad le dará ánimo, y con ganas de fortalecerse, lo conseguirá.

«Eso será, sí… si logramos que se quede», pensé, no sin inquietud. Me imaginé el destino de aquel chico entre su padre y Hareton. La respuesta no tardó. Había acostado ya a Linton y estaba encendiendo una vela para la alcoba del señor cuando una criada anunció que José, el de Heathcliff, pedía hablar con el amo.

—¡Vaya horas, y sabiendo que el señor llega de un viaje! —dije—. Primero hablaré yo con él.

Pero José ya había cruzado la cocina y entraba en el vestíbulo. Venía de traje de fiesta y con la expresión más agria en su rostro. Sostenía el sombrero en una mano y el bastón en la otra, mientras se restregaba las botas en la alfombrilla.

—Buenas noches, José —le dije—. ¿Qué te trae?

—Con quien he de hablar es con el señor Linton —replicó.

—El señor se acuesta ya; si no es asunto urgentísimo, no podrá recibirte… Siéntate y dime qué quieres.

—¿Cuál es su cuarto? —respondió, mirando las puertas cerradas.

A regañadientes, subí a anunciar al señor la visita del inoportuno, recomendándole que lo hiciera volver al día siguiente. José me siguió, entró, plantó el bastón y, alzando la voz como quien va a pleitear, soltó:

—Heathcliff me manda a por su hijo y no me iré sin él.

Eduardo guardó silencio un instante. La pena se le dibujó en el rostro: sufría por el niño y recordaba las súplicas de Isabel para que lo tomara a su cargo. Pero por más que buscó, no halló pretexto para negarse: cualquier intento daría más armas al reclamante. Tocaba ceder. No quiso, pese a todo, despertar al pequeño.

—Diga al señor Heathcliff —respondió con calma— que su hijo irá mañana a Cumbres Borrascosas. Ahora no: está acostado. Añádale que su madre me lo confió.

—No —insistió José, golpeando el suelo con el bastón—. Eso no vale de nada. A Heathcliff no le importan la madre ni usted. Quiere al chico, y lo quiere ahora.

—Esta noche no —repitió mi amo—. Váyase y transmita lo dicho. Acompáñale, Elena. ¡Váyase…!

Como el viejo persistiera, le tomó del brazo y lo echó a la fuerza.

—¡Muy bien! —gritó José al irse—. Mañana vendrá mi amo, y veremos si también se atreve a echarlo.

CAPÍTULO XX: EL HEREDERO ENTREGADO

Para evitar que la amenaza se cumpliera, el señor Linton me encargó al amanecer que llevara al niño a casa de su padre en la jaca de Cati, y me advirtió:

—Como no podremos intervenir en el destino que le aguarda, sea bueno o malo, dile a mi hija solo que el padre de Linton lo ha mandado llamar; no le digas dónde está, para que no sienta deseos de ir a Cumbres Borrascosas.

Linton no quiso levantarse a las cinco, menos sabiendo que era para continuar el viaje. Le expliqué que solo iría una temporada con su padre, el señor Heathcliff, deseoso de conocerlo.

—¿Mi padre? —dijo—. Mamá nunca me habló de él. Prefiero quedarme con el tío. ¿Dónde vive?

—Muy cerca —respondí—. Cuando estés fuerte podrás ir andando. Alégrate de verlo y de estar con él, y procura quererlo como quisiste a tu madre.

—¿Por qué no vivían juntos? ¿Por qué no me habló de él?

—Él debía estar aquí por sus asuntos —dije— y tu madre, por su salud, en el sur.

—¿Y cómo voy a querer a mi padre si no lo conozco? Del tío me habló mucho y me acostumbró a quererlo.

—Todos los niños quieren a sus padres —repuse—. Tal vez tu madre calló para evitar que quisieras irte con él. Vamos: un paseo a caballo, con esta mañana tan hermosa, vale más que una hora más de sueño.

—¿Vendrá la niña de ayer? —preguntó.

—Ahora no.

—¿Y el tío?

—Tampoco. Voy yo contigo.

Linton hundió el rostro en la almohada, hosco.

—No me iré sin el tío —concluyó—. No entiendo por qué quiere usted llevarme.

Intenté convencerlo; se resistió tanto que hube de llamar al señor. Por fin salió, a fuerza de promesas —falsas— de que estaría poco tiempo y de que Eduardo y Cati lo visitarían a menudo. El aire, el sol y el trote tranquilo de Minny le alegraron un poco. Empezó a preguntarme por la nueva casa.

—¿Cumbres Borrascosas es tan bonita como la Granja de los Tordos? —dijo, volviendo la cabeza para echar una última mirada al valle, de donde subía una leve bruma hacia el azul.

—No tiene tantos árboles —contesté— ni es tan grande, pero desde allí se contempla un panorama ancho, y el aire es más puro. Puede parecerte una casa antigua y sombría, pero en importancia es la segunda de la comarca. Podrás pasear por los campos y Hareton Earnshaw —primo de la señorita Cati y, en cierto modo, tuyo— te enseñará lo hermoso de los alrededores. Con buen tiempo podrás llevar un libro y leer en el campo. A veces verás a tu padre, que suele caminar por las colinas.

—¿Cómo es mi padre? ¿Tan joven y guapo como el tío?

—Tan joven como él —respondí—, pero con cabello y ojos negros. Más alto y más fuerte. A primera vista parece severo. Puede que no te parezca cariñoso, pero trátalo con afecto y él te querrá más que tu tío: al fin, eres su hijo.

—Entonces no me parezco a él —siguió—. Si tiene el pelo y los ojos negros…

—No mucho —admití. Pensé para mí que en nada.

—Me sorprende que nunca fuera a ver a mamá. ¿Y a mí, me vio de pequeño? No lo recuerdo.

—Trescientas millas son mucha distancia —le dije— y diez años no pesan igual en un adulto que en un niño. Quizá siempre pensó ir "más adelante" y ese momento no llegó. Será mejor que no le hagas preguntas sobre eso.

No habló más hasta que paramos en la puerta de la casa. Observó la fachada labrada, las ventanas, los árboles torcidos y los groselleros. Hizo un gesto de disgusto, pero calló. Me adelanté a abrir. Eran las seis y media: acababan de desayunar. La criada recogía la mesa. José explicaba algo del caballo a su amo, y Hareton se aprestaba a salir.

—Hola, Elena —dijo Heathcliff—. Temía tener que venir yo a buscar lo que es mío. ¿Me lo has traído? A ver qué tal es.

Se levantó y fue hacia la puerta, con José y Hareton detrás. El pobre Linton los miró.

—¡Qué pinta! —gruñó José, tras mirarlo de arriba abajo—. Me parece, señor, que han echado a perder a su hijo.

Heathcliff, clavando los ojos en el niño, soltó una carcajada desdeñosa.

—¡Dios santo, qué criatura! Lo han criado con caracoles y leche agria. El diablo me lleve si no es peor de lo que esperaba… y ya esperaba poco.

Mandé al niño desmontar y entrar. Él no había entendido del todo las palabras ni estaba seguro de que aquel hombre fuera su padre. Me miraba con miedo creciente y, cuando Heathcliff se sentó y le ordenó acercarse, se agarró a mi falda y empezó a llorar.

—¡Bah, bah! —dijo Heathcliff. Lo atrajo, le levantó la cara por la barbilla—. Nada de tonterías. No vamos a hacerte daño. Eres el retrato de tu madre. ¿Qué hay mío en ti, polluelo?

Le quitó el sombrero, echó atrás los rizos, palpó brazos y manos. Linton dejó de llorar y miró al hombre con sus grandes ojos azules.

—¿Me conoces? —preguntó Heathcliff, tras cerciorarse de lo frágil que era.

—No —balbuceó Linton.

—¿Ni te han hablado de mí?

—No.

—¿No, eh? Tu madre debió avergonzarse de no despertar tu cariño hacia mí. Pues entérate: soy tu padre, y ella fue una mala bribona al no explicarte qué clase de padre tienes. ¡Anda, te ruborizas! Algo de sangre mía tendrás. Ahora, sé buen chico. Elena, si estás cansada, siéntate; si no, vuelve a tu casa. Ya me imagino que en la Granja contarás todo lo que veas y oigas. Y el chico no se hará a esto mientras no se quede solo.

—Espero, señor Heathcliff —le dije—, que se porte bien con el niño, porque si no, no lo tendrá a su lado mucho tiempo. Es el único familiar que le queda.

—Seré buenísimo —repuso—, ya que nadie más lo será. Procuraré ganar su afecto. Y para empezar: ¡José, trae algo de desayunar para el niño! Hareton, becerro, al trabajo. —Y, cuando ambos salieron, añadió—: Sí, Elena: mi hijo es el futuro dueño de tu casa, y no quiero que muera antes de asegurarme su herencia. Además, es hijo mío: quiero ver a mi descendiente dueño exclusivo de los bienes de los Linton y a los Linton —o sus retoños— labrando las tierras de sus padres a las órdenes del mío. Es lo único que me importa de él. Lo odio por lo que me recuerda y lo desprecio por lo que es. Pero lo dicho basta para cuidarlo tanto como tu amo cuida a su hija. Le he preparado una buena habitación y he contratado un maestro que vendrá, desde veinte millas, tres veces por semana. A Hareton le he mandado obedecerle, y he puesto cuanto hace falta para que Linton se sienta superior a todos en la casa. Pero me desagrada que valga tan poco. Me habría consolado que fuese digno de mí; me decepciona ver a este pobre llorón.

José volvió con un cuenco de sopa de leche. Linton, tras darle vueltas, dijo que no lo quería. El viejo le guardaba el mismo desprecio que su padre, aunque intentaba disimularlo, sabedor del deseo de Heathcliff de que lo respetaran.

—¿Conque no lo quiere? —murmuró, en voz baja—. Pues el señorito Hareton no comía otra cosa de niño y era tan bueno como usted.

—Llévatelo —repuso Linton—. No lo quiero.

José, indignado, llevó el cuenco a Heathcliff.

—¿Qué tiene de malo?

—Nada —dijo Heathcliff.

—Pues su hijo no lo quiere. ¡Se saldrá con la suya! La madre era igual: nos tenía por puercos y creía que el contacto nos manchaba el trigo de su pan.

—Ni una palabra de su madre —gruñó Heathcliff, irritado—. Tráele algo que le guste y ya está. ¿Qué suele tomar el chico, Elena?

Dije que le convenía té o leche hervida. La criada recibió la orden. Pensé que el egoísmo del padre jugaría a favor del pequeño: Heathcliff veía que aquella salud exigía cuidados, y eso quizá consolaría al señor. Ya no tenía pretexto para quedarme. Salí al patio cuando Linton, tímido, rechazaba las caricias de un mastín. Él advirtió mi marcha. Al cerrar la puerta, le oí gritar una y otra vez:

—¡No se vaya! ¡No quiero quedarme aquí!

Cerraron por dentro y le impidieron salir. Monté en Minny. Así terminó mi brevísima custodia del niño.

CAPÍTULO XXI: CARTAS, SECRETOS Y CENIZAS

Pasamos el día entero consolando a Cati. Se levantó al alba, impaciente por ver a su primo, y lloró y se lamentó tanto cuando supo que ya se había marchado, que Eduardo tuvo que prometerle —"si lo consigo"— que el niño volvería pronto. La promesa la calmó un poco; aun así, el tiempo hace lo suyo: cuando volvió a ver a Linton, lo había olvidado hasta el punto de no reconocerlo.

Siempre que me cruzaba con la criada de Cumbres Borrascosas le preguntaba por el muchacho. Me decía que vivía casi tan encerrado como Cati y que rara vez se dejaba ver. La salud le seguía fallando y resultaba un huésped incómodo. Heathcliff lo quería cada vez menos, por más que intentara disimularlo: le irritaba la voz y no soportaba su presencia mucho rato. Le hablaba poco. Linton estudiaba y pasaba las tardes en una salita, o en la cama, porque encadenaba catarros, accesos de tos y toda clase de achaques.

—No he visto criatura más remilgada ni más asustadiza —resumía la criada—. Si dejo la ventana un dedo abierta, se pone fuera de sí, como si por ahí fuera a entrar la muerte. En pleno verano necesita arrimarse al fuego; le molesta el humo de la pipa de José; hay que tenerle siempre a mano dulces, y leche, siempre leche… Se pasa el día junto a la lumbre, enfundado en un abrigo de piel, con tostadas y algo de beber al alcance. Y, cuando Hareton —que no es malo, aunque sea rudo— intenta distraerlo, uno termina renegando y el otro llorando. Me figuro que al amo le gustaría que Earnshaw lo moliera a palos, si no fuera su hijo; y creo que lo echaría de casa si supiera el catálogo de cuidados que el chico exige. Pero el señor nunca entra en la salita; y si Linton empieza con niñerías en el salón, lo manda enseguida a su cuarto.

A la vista de aquello, entendí que el muchacho, sin una sola muestra de simpatía en su entorno, se había vuelto egoísta e ingrato —si no lo era ya de cuna—, y dejé de interesarme por él, aunque lamenté que no lo hubieran dejado con nosotros. El señor Linton, en cambio, me animaba a pedir noticias, e incluso llegó a encargarme que averiguara si el chico bajaba al pueblo. La criada me dijo que había ido dos o tres veces a caballo con su padre, y que siempre volvía rendido por varios días. Aquella mujer dejó la casa dos años después de la llegada del niño.

En la Granja, el tiempo discurría manso. Llegó el día en que la señorita Cati cumplió dieciséis. Nunca celebrábamos su cumpleaños: coincidía con el aniversario de la muerte de su madre. Su padre pasaba la jornada en la biblioteca y, al caer la tarde, iba al cementerio de Gimmerton, donde a veces se quedaba hasta medianoche. Catalina debía entretenerse sola. Aquel 20 de marzo amaneció espléndido y, después de que su padre saliera, bajó vestida y me dijo que le había pedido permiso para pasear juntas por el borde de los pantanos, con la condición de no tardar más de una hora.

—Vamos, Elena —dijo—. Quiero ir allí, ¿ves?, por donde suelen ir las cercetas. Quiero ver si ya hicieron nido.

—Debe de estar lejos —repuse—. No anidan junto a los pantanos.

—No, no está lejos —aseguró—. He ido con papá casi hasta allí.

Tomé el sombrero y salimos. Cati corría delante, yendo y viniendo como perrilla juguetona. Al principio lo pasé bien: cantaban las alondras y mi niña, con sus rizos dorados y las mejillas sonrosadas como una rosa silvestre, estaba encantadora. Era un ángel entonces; imposible no querer darle todas las alegrías.

—Pero, señorita —dije al cabo—, ¿dónde están las cercetas? Ya estamos lejos de casa.

—Un poco más —repetía—. Sube esa loma, bordea esa orilla; verás qué pronto hago volar a los pájaros.

Había tantas lomas y tantas orillas que, por fin, me harté y le grité que era hora de volver. No me oyó: se había adelantado mucho y tuve que seguirla a regañadientes. Empezó a bajar a una hondonada. A esas alturas estábamos más cerca de Cumbres Borrascosas que de la Granja. De pronto advertí que dos personas la habían abordado; en una reconocí a Heathcliff.

Habían sorprendido a Cati tratando de coger nidos. Aquellas tierras eran de Heathcliff, que la reprendía como a cazadora furtiva.

—No he cogido ningún pájaro —dijo, mostrando las manos—. Papá me dijo que anidaban aquí y quería ver los huevos.

Llegaba yo en ese momento. Heathcliff me miró con sorna y preguntó:

—¿Quién es su padre?

—El señor Linton, de la Granja de los Tordos —repuso ella—. Supuse que no me conocía; de otro modo no me habría hablado así.

—¿Y usted supone que su padre merece mucha estima y respeto? —ironizó él.

—¿Quién es usted? —preguntó Cati, curiosa—. A ese joven ya lo he visto —señaló a Hareton, a quien los dos años lo habían vuelto más alto y fornido, aunque igual de zafio.

—Señorita Cati —intervine—, toca volver. Salimos hace tres horas.

—No es mi hijo —respondió Heathcliff—. Pero yo tengo uno, y también lo conoces. Aunque tu aya tenga prisa, será mejor que vengáis a descansar a casa. Basta con rodear esa loma. Os recibirán bien, tomas aliento y vuelves cuando quieras.

Insistí en no aceptar, pero Cati replicó:

—¿Por qué no? Estoy cansada, y el suelo está húmedo. Anda, Elena. Además, dice que conozco a su hijo. Yo creo que se equivoca. ¿Vive en aquella casa a la que fui cuando volví de Penninston?

—Exacto —dijo Heathcliff—. Calla, Elena. Le gustará ver nuestra casa. Hareton, ve delante con la señorita. Tú, conmigo, Elena.

—No va a ese sitio —protesté, intentando soltarme del brazo con que me sujetaba. Pero Cati ya corría y casi alcanzaba Cumbres; Hareton había desaparecido por el sendero.

—Es un atropello, señor Heathcliff —le solté—. Verá a Linton, lo contará a su padre y todas las culpas caerán sobre mí.

—Quiero que vea a Linton —dijo—. Hoy está hasta presentable. Y no será difícil lograr que la joven no diga nada… ¿Qué mal hay?

—El mal de que su padre me odiará si sabe que la dejé entrar en su casa. Y estoy segura de que usted trama algo —repliqué.

—Mi propósito es limpísimo —repuso—, y te lo diré: quiero que esos primos se enamoren y se casen. Ya ves qué generoso soy con tu amo. La chica no tiene otras perspectivas. Casada con Linton, la haría coheredera.

—Ya lo sería si Linton muriera —dije—, y sabe que su salud es precaria.

—No lo sería —corrigió—: el testamento no la menciona y el heredero sería yo. Para evitar pleitos, que se casen.

—Y yo no la meto ahí —zanjé.

Catalina ya estaba en la verja. Heathcliff me aconsejó calma y se adelantó por el sendero. La muchacha lo observaba, como queriendo descifrar qué clase de hombre era; él le devolvía sonrisas y suavizaba la voz al hablarle. Llegué a pensar que el recuerdo de la madre le enternecía. Hallamos a Linton junto al fuego: venía del campo con la gorra puesta y pidiéndole a José calzado seco. Le faltaban pocos meses para los dieciséis y había dado el estirón. Conservaba las facciones bellas, y en la piel y los ojos se le notaba el bien que le habían hecho el aire y el sol.

—¿Lo reconoces? —preguntó Heathcliff a Cati.

—¿Es su hijo? —dijo ella, dudosa.

—Sí; pero ¿crees que es la primera vez que lo ves? Haz memoria. Linton, ¿no recuerdas a tu prima?

—¿Linton? —exclamó Catalina, gratamente sorprendida—. ¿Este es el pequeño Linton? ¡Si está más alto que yo!

Él se acercó, se besaron y se miraron asombrados por el cambio en ambos. Cati estaba ya hecha y derecha: llena y esbelta, flexible como un junco, rebosante de salud. Linton, en cambio, tenía gesto y mirada lánguidos, y la complexión endeble; pero la gracia de sus modales compensaba. Tras un intercambio de caricias, Cati se volvió a Heathcliff, que fingía mirar afuera desde la puerta y no hacía otra cosa que observarlos.

—¿Así que es usted mi tío? —dijo, abrazándolo—. ¿Y por qué no nos visita en la Granja? Es raro vivir tan cerca y no verse. ¿Por qué?

—Antes de que nacieras iba a veces. Anda, deja los besos… Dáselos a Linton. Conmigo pierdes el tiempo.

—¡Qué mala eres, Elena! —rio Cati, viniendo a colgarse también de mi cuello—. ¡Y tú sin dejarme entrar! A partir de hoy vendré todas las mañanas. ¿Puedo, tío? ¿Y puede venir papá? ¿No le gustará vernos?

—Claro —dijo él, disimulando la mueca de asco hacia los dos posibles visitantes—. Pero mejor te digo la verdad: tu padre y yo tuvimos una gran riña, y si le cuentas que me visitas, te lo prohibirá. Si quieres seguir viendo a tu primo, más vale que no lo digas en casa.

—¿Por qué riñeron? —preguntó Cati, contrariada.

—Porque creyó que yo era demasiado pobre para casarme con su hermana —explicó—. Se disgustó cuando nos casamos y jamás me perdonó.

—Eso no está bien —dijo ella—. Pero Linton y yo no tenemos culpa. En lugar de venir yo, que él vaya a la Granja.

—Está muy lejos para mí, Cati —respondió Linton—. Caminar cuatro millas me mataría. Ven tú cuando puedas, al menos una vez por semana.

Heathcliff miró con desdén a su hijo.

—Me temo que pierdo el tiempo, Elena —murmuró—. Catalina verá que su primo es un necio y lo mandará al diablo. ¡Si hubiera sido Hareton! Te juro que me lamento sin parar de que no sea como él, por degradado que esté. Si el chico fuera otro, lo querría. No hay peligro de que se enamore; no creo que pase de los dieciocho. ¡Imbécil! Solo le importa secarse los pies y ni mira a su prima. ¡Linton!

—¿Qué, padre?

—¿No tienes nada que enseñarle? ¿Un conejo, un nido de comadreja? Vamos, deja el calzado, llévala al jardín, enséñale tu caballo.

—¿No prefieres sentarte aquí? —le propuso a Cati, con un tono que delataba sus pocas ganas de moverse.

—No sé… —respondió ella, mirando hacia la puerta con una claridad que decía: "prefiero hacer algo".

Pero él se repantigó más y se arrimó al fuego. Heathcliff fue a buscar a Hareton. El mozo volvía de lavarse: se le notaban las mejillas frescas y el pelo húmedo.

—Quiero preguntarle algo, tío —dijo Cati—. Este no es primo mío, ¿verdad?

—Sí —dijo—. Es sobrino de tu madre. ¿No te gusta?

Ella lo miró entre sorprendida e incrédula.

—¿No te parece buen mozo? —insistió Heathcliff.

Cati se puso de puntillas y le susurró algo al oído. Él soltó una carcajada. Hareton se ensombreció: era muy susceptible en ciertas cosas. Heathcliff lo tranquilizó:

—Vamos, Hareton, te preferiremos a ti. Me ha dicho que eres un… ¿un qué? No me acuerdo: una cosa agradable. Pasea con ella y compórtate como un caballero: nada de palabrotas, no la mires cuando ella no te mire, ruborízate si se ruboriza, háblale suave y manos fuera de los bolsillos. Trátala lo mejor que puedas.

Los miró pasar frente a la ventana. Hareton no la miraba y parecía atento al paisaje como un pintor o un turista. Cati lo observaba con halago; luego, a falta de charla, se entretenía señalando cosas y tarareando.

—Con lo que le he dicho —comentó Heathcliff—, ya verás cómo no suelta palabra. Elena, cuando yo tenía su edad —o poco menos—, ¿era tan obtuso como él?

—Peor —le dije—: era aún más hosco.

—¡Cuánto me satisface verlo así! —prosiguió, pensando en voz alta—. Ha colmado mis expectativas. Si fuera necio de nacimiento, no me bastaría. Pero no lo es; entiendo todo lo que siente porque lo sentí antes que él. Me hago cargo de lo que padece —y esto no es sino el comienzo—. Nunca se librará de su tosquedad e ignorancia. Yo lo he envilecido más de lo que su miserable padre me quiso envilecer a mí. Le he enseñado a despreciar todo lo que no sea bruto, y hasta se enorgullece de su rudeza. ¿Qué pensaría Hindley si lo viera? Estaría tan orgulloso como yo del mío. Con la diferencia de que Hareton es oro en bruto haciendo de loza, y éste es latón pretendiendo plata. El mío no vale nada y, aun así, lo haré prosperar hasta donde alcance. El otro tiene excelentes cualidades que he conseguido desperdiciar. ¡Y lo mejor es que Hareton me quiere como un condenado! En esto vencí a Hindley. Si el bribón se levantara de la tumba para echarme en cara lo que he hecho con su hijo, Hareton sería el primero en defenderme: me tiene por el mejor amigo del mundo.

La ocurrencia le arrancó una risa agria. No respondí, ni lo esperaba. Entretanto, Linton —sentado bastante lejos para no oírnos— empezó a inquietarse y a lamentar no haber salido con Cati. Heathcliff advirtió las miradas que lanzaba hacia la ventana; la mano del muchacho iba, indecisa, a la gorra.

—Vamos, holgazán, arriba —dijo con fingida jovialidad—. Ve con ellos. Están junto a las colmenas.

Linton reunió ánimos y dejó la lumbre. Al cruzar el umbral, oí —por la ventana abierta— cómo Cati le preguntaba a Hareton por la inscripción sobre la puerta. Hareton alzó los ojos y se rascó la cabeza, como un verdadero patán.

—No sé leer ese condenado escrito —contestó.

—¿Que no puedes leerlo? —respondió Cati—. Yo sí que lo leo, pero lo que quiero es saber por qué está ahí.

Linton soltó una risotada, primera manifestación de alegría que daba.

—No sabe leer —comunicó a su prima—. Supongo que te asombrará saber que es un burro tan grande.

—¿Está bien de la cabeza? —preguntó Catalina seriamente—. Sólo le he hecho dos preguntas, pero creo que no me entiende, y además me habla de un modo tal que tampoco le entiendo yo.

Linton rio de nuevo y miró despreciativamente a Hareton, que no pareció ofenderse por ello.

—¿Verdad que todo es cuestión de pereza, Hareton? —dijo—. Mi prima se imagina que eres un idiota. Entérate de a lo que conduce despreciar los libracos, como tú dices. ¿Has oído cómo pronuncia, Cati?

—¿Pa qué diablos necesito tener buena «pronuncia»? —respondió Hareton. Y siguió hablando a su manera, con gran regocijo de mi señorita.

—¿Y pa qué diablos necesitas mencionar al diablo en esa frase? —dijo Linton haciéndole burla—. Papá te ha ordenado hablar correctamente, y no dices dos palabras sin cometer una incorrección. Procura portarte como un caballero.

—Si no tuvieras más de chica que de chico, te largaba un puñetazo —contestó el otro, marchándose con el rostro encendido, ya que comprendía que le habían afrentado y no acertaba a reaccionar de otra manera.

Heathcliff, que lo había oído todo tan bien como yo, sonrió, mas enseguida miró con animosidad a la pareja, que se había quedado hablando en el portal. El muchacho se animaba al referir anécdotas relativas a Hareton. En cuanto a ella, celebraba sus comentarios, sin reparar en que denotaban un espíritu perverso. Con todo ello, yo empecé a aborrecer a Linton y me sentí inclinada a justificar el desprecio que sentía su padre hacia él.

Estuvimos hasta la tarde. El señor no salió de su habitación, y esta feliz circunstancia impidió que notara nuestra larga ausencia. Mientras volvíamos intenté explicar a la joven quiénes eran aquellos con los que habíamos estado, pero a ella se le antojaba que mi prevención era injusta.

—Ya veo que le das la razón a papá —me dijo—. No eres justa. La prueba es que me has tenido engañada todos estos años asegurándome que Linton vivía lejos de aquí. Estoy muy incomodada, mas como por otro lado me siento muy satisfecha, no te digo nada. Pero no hables mal de mi tío. Ten en cuenta que es mi pariente. Voy a reñir a papá por no tratarse con él.

Hube de renunciar a mi intento de disuadirla de su equivocación. No habló de la visita aquella noche, porque no vio al señor Linton. Pero al día siguiente lo soltó todo, y aunque por un lado esto me disgustaba, me complacía por otro pensar que el señor acertaría a aconsejarla mejor que yo.

—Papá —dijo Cati después de saludarle—, ¿a quién cree usted que vi ayer cuando salí de paseo? Ya noto que usted se estremece. Claro, como no obró bien... Escúcheme, y sabrá cómo he descubierto que usted y Elena me estaban engañando diciéndome que Linton vivía muy lejos, a la vez que afectaban complacerme cuando yo seguía hablando de él.

Narró lo sucedido. El señor no dijo nada hasta que ella terminó, y sólo de vez en cuando me miraba con expresión de reproche. Al final le preguntó si conocía las razones por las que le había ocultado la proximidad de Linton.

—Porque usted no quiere al señor Heathcliff —contestó ella.

—¿De modo que piensas, Cati, que me preocupan más mis sentimientos que los tuyos? No es que yo no quiera al señor Heathcliff, sino que él no me quiere a mí. Además, es el hombre más diabólico que ha existido, y se goza en dañar y arruinar a los que odia aunque no le den motivos para ello. Yo sabía que no podías tratar a tu primo sin tratarle a él, y me constaba que él te odiaría por ser hija mía. Por eso y por tu propio bien procuré impedir que le vieses. Me proponía explicártelo cuando fueras mayor, y lamento no habértelo dicho antes.

—El señor Heathcliff se portó muy atentamente conmigo —insistió Cati—. Me dijo que puedo ver a mi primo cuando quiera, y que es usted quien no le ha perdonado que él se casara con la tía Isabel. El tío está dispuesto a permitir que me trate con Linton, y usted no.

Entonces el amo le explicó, en breves frases, lo sucedido con Isabel y el procedimiento por el que las «Cumbres» habían pasado a manos de Heathcliff. No se extendió en muchos detalles, pero, por pocos que fueran, bastaban para ilustrar a Cati, dada la animosidad con que los expresó su padre, que seguía odiando a su enemigo, a quien consideraba como el causante de la muerte de la señora, sentimiento que no le abandonaba jamás. La señorita Cati, que era incapaz de hacer mal a nadie salvo pequeñas faltas de desobediencia, quedó asombrada al oír explicar el carácter de aquel hombre capaz de prolongar durante años enteros sus planes de venganza sin sentir remordimiento alguno. Tan afectada nos pareció, que el señor creyó superfluo seguir hablando más. Y sólo agregó:

—Ya te diré más adelante, hija mía, por qué deseo que no vayas a su casa. Ahora ocúpate de tus cosas, y no pienses más en eso.

Cati dio un beso a su padre, y luego dedicó, como siempre, dos horas a sus lecciones. Dimos una vuelta por el parque y no hubo otra novedad. Pero a la noche, mientras yo la ayudaba a desnudarse, empezó a llorar.

—¿No le da vergüenza, niña? —la recriminé—. Si tuviera usted aflicciones de veras no lloraría por una contrariedad tan insignificante. Figúrese que su padre y yo faltáramos y que usted se quedara sola en el mundo. ¿Qué sentiría usted entonces? Compare lo que sufriría en un caso así con esta pequeña contrariedad, y dará usted gracias a Dios, que le concede suficientes amigos lo bastante buenos para no tener que suspirar por otros.

—No lloro por mí, Elena —respondió—. Lloro por Linton, que me espera, y que tendrá mañana el desengaño de no verme ir.

—No se figure —repuse— que él piensa en usted tanto como usted en él. Ya tiene a Hareton para hacerle compañía. Nadie en el mundo lloraría por dejar de tratar a un primo al que ha visto dos veces en toda su vida. Linton comprenderá lo que ha pasado y no se acordará más de usted.

—Podía escribirle una nota explicándole por qué no voy y mandarle unos libros que le he prometido prestarle. ¿Por qué no hacerlo, Elena?

—No —respondí—, porque él entonces le contestarla a usted y sería el cuento de nunca acabar. Hay que cortar las cosas de raíz, como lo ha mandado su papá.

—Pero una notita… —dijo suplicante.

—Nada de notitas —dije—. Acuéstese.

Me dirigió una mirada tal, que me abstuve de besarla después de desearle buenas noches. La tapé y salí muy disgustada. Pero, arrepintiéndome de mi dureza, volví para rectificar, y la encontré sentada a la mesa escribiendo con un lápiz una nota que escondió al verme entrar.

—Voy a apagar la bujía —dije—. Y si le escribe usted, no encontrará quién le lleve la carta.

Y apagué, recibiendo, al hacerlo, un golpe en la mano y varias violentas recriminaciones después de las cuales Cati se encerró con cerrojo en su cuarto. La carta, con todo, fue terminada y enviada por un lechero que iba al pueblo. Pero yo no me enteré hasta más adelante. Transcurrieron varias semanas, y Catalina abandonó su actitud violenta. Tomó entonces la costumbre de ocultarse por los rincones. Si, cuando estaba leyendo, me acercaba a ella, se sobresaltaba y procuraba esconder el libro, pero no lo suficiente para que yo dejase de ver que tenía papeles sueltos entre las hojas. Solía bajar temprano de mañana a la cocina y andaba por allí como en espera de algo. Adquirió la costumbre de echar la llave a un cajoncito que tenía en la biblioteca para su uso.

Un día noté que en el cajoncito, que en aquel momento estaba ella ordenando, en lugar de las chucherías y los juguetes que eran su contenido habitual, había numerosos pliegos de papel. La curiosidad y la sospecha me decidieron a echar una ojeada a sus misteriosos tesoros. Aprovechando una noche en que ella y el señor se habían acostado pronto, busqué entre mis llaves hasta hallar una que valía para abrir aquel cajón, saqué cuanto había en él y me lo llevé a mi cuarto. Como había supuesto, era una correspondencia procedente de Linton Heathcliff. Las cartas de fecha más antigua eran tímidas y breves, pero las sucesivas contenían encendidas frases de amor, que por su exaltada insensatez parecían propias de un colegial, pero que mostraban ciertos rasgos que me parecieron de mano más experta. Algunas principiaban expresando enérgicos sentimientos, y luego concluían de un modo afectado, tal como el que emplearía un estudiante para dirigirse a una figura amorosa inexistente. No sé lo que aquello le parecería a Cati, pero a mí me dio la impresión de una cosa ridícula. Finalmente, las até juntas y volví a cerrar el cajón.

Según tenía por costumbre, la señorita bajó a la cocina muy temprano. Al llegar el muchacho que traía la leche, mientras la criada la vertía en el jarrón, la señorita salió y deslizó un papel en el bolsillo del jubón del rapaz, a la vez que recogía algo de él. Dando un rodeo, atajé al chico, quien defendió esforzadamente la integridad de su misiva. Pero al fin logré arrebatársela, y le hice irse amenazándole con fieros males en caso contrario. Leí la carta de amor de Cati. Era mucho más sencilla y más expresiva que las de su primo. Moví la cabeza y me volví pensativa a casa. Como llovía, Catalina no bajó aquel día al parque. Al terminar de estudiar, acudió a su cajón. Su padre estaba sentado a la mesa, leyendo. Yo estaba arreglando unos flecos descosidos de la cortina de la ventana.

Un pájaro que hubiese hallado su nido vacío no hubiera, con sus trinos y su agitación, manifestado más angustia que la de Cati al exclamar:

—¡Oh!

Y su cara, que un momento antes expresaba una perfecta felicidad, se alteró completamente. El señor Linton levantó los ojos.

—¿Qué te pasa, hijita? ¿Te has lastimado?

Ella comprendió que su padre no era el descubridor del tesoro escondido.

—No —repuso—. Elena, ven arriba conmigo. Me encuentro indispuesta. La acompañé.

—Tú las has cogido, Elena —me dijo, cayendo arrodillada delante de mí—. Devuélvemelas y no lo digas a papá, y no volveré a hacerlo. ¿Se lo has dicho a papá, Elena?

—Ha ido usted muy lejos, señorita Cati —dije severamente—. ¡Debía darle vergüenza! ¡Y vaya una hojarasca que lee usted en sus ratos de ocio! ¡Si parecen cuartillas destinadas a los periódicos! ¡Qué dirá el señor cuando se lo enseñe! No lo he hecho aún, pero no se figure que guardaré el secreto. Y el colmo es que ha debido usted ser la que empezó, porque a él creo que no se le hubiera ocurrido nunca.

—No es verdad —respondió Cati sollozando con desconsuelo—. No había pensado en amarle hasta que…

—¡Amarle! —exclamé, subrayando la palabra con tanto desdén como me fue posible—. Es como si yo amase al molinero que una vez al año viene a comprar el trigo. ¡Si no ha visto usted cuatro horas a Linton, sumando las dos veces! Ea, voy a llevar a su padre estas bobadas, y ya veremos lo que él opina de ese amor.

Ella dio un salto para coger su correspondencia, pero yo la mantuve levantada sobre mi cabeza. Me suplicó frenéticamente que la quemase o hiciera con ella lo que quisiera menos enseñarla a su padre. Como a mí todo aquello me parecía una puerilidad, y estaba más cerca de reírme que de reprochárselo, cedí, no sin preguntarle previamente:

—Si las quemo, ¿me promete usted no volver a mandar ni a recibir cartas, ni libros, ni rizos de cabello, ni anillos, ni juguetes?

—No nos enviamos juguetes —exclamó.

—Ni nada, señorita. Si no me lo promete, hablaré a su papa.

—Te lo prometo, Elena —me dijo—. Échalas al fuego… Mas, al hacerlo, ello le resultó tan doloroso, que me rogó que guardase una o dos siquiera. Yo comencé a echarlas a la lumbre.

—¡Oh, cruel! Quiero siquiera una —dijo, metiendo la mano entre las llamas, y sacando un pliego medio chamuscado, no sin menoscabo de sus dedos.

—Entonces, también yo quiero algunas para enseñárselas a su papá —repliqué, envolviendo las demás en el pañuelo, y dirigiéndome a la puerta.

Arrojó al fuego los trozos medio quemados y me incitó a consumar el holocausto. Cuando estuvo terminado, removí las cenizas y las sepulté bajo una paletada de carbón. Se fue ofendidísima a su cuarto sin decir palabra. Bajé y dije al amo que la señorita estaba mejor, pero que era preferible que reposase un poco. Cati no bajó a comer, ni reapareció hasta la hora del té. Estaba pálida y tenía los ojos hinchados, pero se mantenía serena. Cuando a la mañana siguiente llegó la carta acostumbrada la contesté con un trozo de papel en el que escribí: «Se suplica al señor Linton que no envíe más cartas a la señorita Cati, porque ella no las recibirá». Y desde aquel momento el muchachito venía siempre con los bolsillos vacíos.

CAPÍTULO XXII: OTOÑO DE RECELOS

Terminó el verano y llegó el otoño. Pasó San Miguel y aún quedaban campos sin segar. El señor Linton solía acompañar a su hija a ver la siega; un día se quedó en el campo hasta muy tarde y, con el frío húmedo que reinaba, cogió un catarro que lo tuvo recluido casi todo el invierno.

Desde que su historia de amor acabó como acabó, Cati andaba sombría y callada. Su padre opinó que debía leer menos y moverse más. Como él no podía salir, resolví sustituirle en lo posible. Pero apenas podía dedicarle dos o tres horas al día, y, por lo demás, mi compañía no la alegraba como la de su padre.

Una tarde —a fines de octubre o principios de noviembre, con los caminos tapizados de hojas y el cielo azul enfriándose bajo nubes de lluvia— le supliqué que pospusiéramos el paseo. No quiso; tuve que acompañarla hasta el fondo del parque, el recorrido casi automático que hacía cuando estaba de mal humor. Eso ocurría siempre que su padre empeoraba, aunque jamás lo confesaba: se le veía en la cara. Caminaba sin brío; ya no retozaba como antes. A veces se pasaba la mano por la mejilla, como limpiándose algo. Yo miraba alrededor buscando una distracción. A un lado del sendero se alzaba una ladera con avellanos y robles de raíces expuestas; el suelo, incapaz de sostenerlos, los tenía inclinados por el viento hasta dejarlos casi horizontales. De niña, Cati trepaba a esos troncos, se sentaba en las ramas y se mecía a más de seis metros del suelo. Yo la reprendía, sin atreverme a bajarla. Podía pasarse horas así, acunada por la brisa, cantando viejas canciones que le enseñé y mirando cómo los pájaros cebaban a sus crías y las animaban a volar. Entonces era feliz.

—Mire, señorita —le dije—: debajo de esas raíces queda una campanilla azul. Es la última de aquel manto violeta de julio. ¿Quiere cogerla para enseñársela a su padre?

Cati la contempló un buen rato y respondió:

—No, no quiero arrancarla. Parece triste, ¿no, Elena?

—Sí —dije—. Tan triste como usted. Tiene las mejillas pálidas. Deme la mano y corramos. ¡Qué despacio anda, señorita! Casi voy yo más deprisa.

Siguió a paso lento. A ratos se detenía a mirar el césped o algún hongo amarillento entre la hierba. En ocasiones volvía a pasarse la mano por el rostro.

—¡Ay, querida Catalina! ¿Está llorando? —pregunté, acercándome y posándole la mano en el hombro—. No se aflija. Su padre está mejor del resfriado. Dé gracias a Dios de que no sea algo más serio.

—Ya verás cómo lo será —murmuró—. ¿Qué haré cuando papá y tú me dejéis sola? No he olvidado lo que me dijiste una vez, Elena. ¡Qué triste será el mundo cuando ustedes mueran!

—Nadie puede asegurar que no le toque antes a usted —repuse—. No hay que anticipar desgracias. Aún faltan muchos años para que faltemos los dos. Su padre es joven, y yo sólo tengo cuarenta y cinco. Mi madre vivió hasta los ochenta. Suponga que el señor llegue, digamos, a los sesenta: ¿ve cuántos años quedan? Es una necedad llorar una pena con veinte años de antelación.

—La tía Isabel era más joven que papá —dijo Cati, esperando que yo la contradijera otra vez.

—No pudimos cuidarla nosotras —expliqué—, y no fue tan dichosa como el señor ni tenía tantos motivos para querer vivir. Ahora lo que debe hacer es cuidar a su padre y evitarle disgustos. No voy a ocultarle que podría usted matarlo si actuara como una insensata, siguiera prendada del hijo de quien desea ver al amo en la tumba, y se mostrara contrariada por una separación que él le impuso con sobrada razón.

—Lo único que me duele en el mundo es la enfermedad de papá —respondió Cati—. Es lo único que me importa. Mientras conserve la razón no diré ni haré nada que pueda apenarlo. Le quiero más que a mí misma, Elena, y todas las noches le pido a Dios no morir antes que él para no causarle ese dolor. Ya ve cuánto lo quiero.

—Habla muy bien —le dije—. Procure demostrarlo con hechos, y cuando se restablezca, no olvide la resolución que acaba de tomar ahora que su salud la preocupa.

Mientras conversábamos, llegamos a una puerta que comunicaba con el exterior de la finca. Mi señorita subió al muro para coger unos escaramujos encendidos que colgaban de los rosales silvestres. Al inclinarse se le cayó el sombrero; como la puerta estaba cerrada, saltó con agilidad. Volver a encaramarse no fue tan fácil: las piedras eran lisas, no había resquicios, y las zarzas estorbaban. No caí en ello hasta oírla reír:

—Elena, no puedo subir. Ve por la llave, o tendré que dar la vuelta a toda la tapia.

—Espere —dije—. Voy a probar con este manojo. Si no, iré a por la llave.

Mientras tanteaba sin éxito, Cati bailoteaba frente a la puerta. Ya me disponía a ir a casa cuando oí el trote de un caballo. Cati dejó de saltar; el animal se detuvo.

—¿Quién va? —pregunté.

—Abre, Elena —susurró Cati, inquieta. Una voz grave, que tomé por la del jinete, dijo:

—Me alegro de encontrarla, señorita Linton. Tengo que hablar con usted. Necesitamos una explicación.

—No quiero hablar con usted, señor Heathcliff —respondió Cati—. Papá dice que es un hombre malo y que nos aborrece; y Elena opina lo mismo.

—Eso no viene al caso —oí replicar—. Yo no aborrezco a mi hijo, y de él hablo. ¿No se escribía usted con él hace unos meses? ¿Jugaban a hacerse los enamorados? Merecen un buen rapapolvo, sobre todo usted, que es mayor y menos sensible. Tengo sus cartas y, si no entra en razón, se las mandaré a su padre. ¿Se cansó del juego y abandonó a Linton? Pues sepa que lo dejó en la desesperación. Él se lo tomó en serio, está enamorado de usted y, por mi vida, le aseguro que se muere; no en sentido figurado, sino de veras. ¡Ni Hareton burlándose seis semanas, ni yo con los remedios más enérgicos, hemos logrado nada! Si usted no le cura, no llega al verano.

—No engañe así a la muchacha —grité desde dentro—. Haga el favor de seguir su camino. ¿Cómo puede mentir de ese modo? Espere, señorita Cati, voy a saltar la cerradura con una piedra. No crea esas patrañas. Nadie se muere de amor por una desconocida.

—No sabía que hubiera oído indiscretos —murmuró el bellaco al saberse descubierto—. Querida Elena, te aprecio, pero no soporto tus chismes. ¿Cómo te atreves a engañar a esta pobre niña, diciendo que la aborrezco e inventando cuentos para que tema mi casa? Vamos, Catalina Linton, aproveche que estaré fuera toda la semana y vaya a comprobar si miento. Póngase en su lugar y piense lo que se siente cuando una enamorada indiferente rehúsa consolar por no darse un breve paseo. No cometa ese error. ¡Le juro que va derecho a la tumba, y sólo usted puede salvarlo! ¡Se lo aseguro por mi salvación!

La cerradura cedió y salí.

—Te juro que Linton se está muriendo —dijo Heathcliff, clavándome la mirada—. Y el dolor y el desengaño aceleran su fin, Elena. Si no dejas ir a la muchacha, ve tú misma y lo verás. No vuelvo hasta la semana que viene. Ni tu amo se opondrá.

—Entre —le dije a Cati, tomándola del brazo. Ella lo miraba sobrecogida, incapaz de ver la mentira detrás de sus facciones adustas.

Él se acercó y añadió:

—Si he de ser franco, señorita Catalina, yo cuido mal de Linton, y José y Hareton, peor. Nos falta paciencia… Él ansía cariño y ternura, y una palabra suya sería su mejor medicina. No haga caso de la señora Dean. Sea generosa y vaya a verle. Pasa el día y la noche soñando con usted, convencido de que lo odia porque se niega a visitarlo.

Cerré la puerta, apuntalé con una piedra, abrí el paraguas —ya empezaba a llover— y cubrí a la señorita. Volvimos tan deprisa que no nos quedó aliento para hablar de Heathcliff; pero vi que el ánimo de Cati se había ensombrecido: en su cara se leía que había creído cada palabra.

Al llegar, el señor se había retirado a descansar. Cati entró en su cuarto, lo vio dormir profundamente, regresó y me pidió que la acompañara a la biblioteca. Tomamos el té; luego se sentó sobre la alfombra y me rogó que no le hablara, porque estaba rendida. Abrí un libro y fingí leer. En cuanto creyó que yo estaba absorta, rompió a llorar. La dejé desahogarse y después la reprendí por dar crédito a Heathcliff. Fue inútil: no conseguí arrancar la espina que él había clavado.

—Puede que tengas razón, Elena —dijo al fin—, pero no estaré tranquila hasta comprobarlo. Tengo que hacer saber a Linton que, si no le escribo, no es por culpa mía y que mis sentimientos no han cambiado.

De nada habría servido insistir. Aquella noche nos acostamos disgustadas; al día siguiente ya caminábamos hacia Cumbres. Me decidí a ceder, con la remota esperanza de que el propio Linton desmintiera, de una vez, aquella necia historia.

CAPÍTULO XXIII: CANCIONES JUNTO AL FUEGO

La noche de lluvia dio paso a una mañana de niebla, escarcha y llovizna fina. Arroyos improvisados bajaban de las lomas y nos dificultaban el paso. Yo, empapada y de mal humor, estaba lista para aprovechar cualquier detalle que confirmara mis temores. Entramos por la cocina para comprobar que Heathcliff estuviera, en efecto, ausente; no me creía ni una palabra de lo que había dicho.

José estaba sentado junto al hogar: el fuego crepitaba, un vaso descomunal de cerveza descansaba en la mesa, rodeado de rebanadas gruesas de torta de avena, y la pipa negra le ocupaba la boca. Cati se arrimó a la lumbre para entrar en calor. Cuando le pregunté al viejo por el amo, tardó tanto en responder que tuve que repetirle la pregunta, temiendo que se hubiera quedado sordo.

—¡No está! —rezongó—. Así que puedes volverte por donde has venido.

—¡José! —gritó una voz desde dentro—. Llevo un siglo llamándote. Ven, que no queda fuego.

El viejo se limitó a aspirar con más brío y a mirar fijamente las brasas. Ni la criada ni Hareton asomaban. Reconocimos la voz de Linton y entramos en su cuarto.

—¡Así te mueras, abandonado en un desván! —soltó el muchacho, creyendo que nuestros pasos eran los de José. Al ver que se equivocaba, se turbó. Cati corrió hacia él.

—¿Eres tú, Cati? —dijo, incorporando la cabeza en el respaldo del sillón—. No me abraces tan fuerte, me ahogas. Papá dijo que vendrías. Cierra la puerta, por favor. Esta gente odiosa no quiere traer carbón. ¡Y hace un frío…!

Yo misma llevé el carbón y avivé la lumbre. Linton protestó porque levanté ceniza, pero tosía de tal modo y estaba tan quebrantado que no me atreví a reprocharle la ingratitud.

—¿Te alegra verme? ¿Puedo ayudarte en algo? —preguntó Cati.

—¿Por qué no viniste antes? —replicó él—. Debiste venir en lugar de escribirme. Me agotaban esas cartas tan largas. Hubiera preferido hablar contigo. Ahora no estoy para hablar ni para nada. ¿Y Zillah? Elena, ¿puede ver si está en la cocina?

No estaba yo para obedecerle, y menos sin una palabra de agradecimiento por el fuego.

—Sólo está José —respondí.

—Tengo sed —dijo Linton—. Zillah no hace más que escaparse a Gimmerton desde que papá se fue. ¡Es una miserable! Y tengo que bajar aquí: si estoy arriba no me hacen caso cuando llamo.

—¿Su padre se ocupa de usted, señorito? —pregunté.

—Al menos hace que los demás me atiendan —dijo—. ¿Sabes, Cati? Ese animal de Hareton se burla de mí. Le odio a él y a todos. Son detestables.

Cati tomó un jarro del aparador, llenó un vaso y, a petición suya, le añadió una cucharada de vino de una botella cercana. Tras beber, se mostró algo más amable.

—¿Ahora sí te alegra que haya venido? —insistió ella, animada por una tímida sonrisa en su rostro.

—Sí. Es agradable oír una voz como la tuya. Pero papá decía que no venías porque no me querías, y eso me dolía. Me llamó un hombre despreciable y juró que, de estar él en mi lugar, ya sería amo de la Granja… Pero tú no me desprecias, ¿verdad?

—¿Yo? —replicó Cati—. Después de papá y de Elena, a nadie quiero más en el mundo. Pero a Heathcliff no le tengo simpatía, y mientras esté aquí no volveré. ¿Faltará muchos días?

—Muchos, no… Suele irse a los pantanos desde que empezó la caza. Podrías estar conmigo una o dos horas cuando no esté. Anda, promételo. Procuraré no ser pesado. Tú no me vas a ofender y no te pesará cuidarme, ¿verdad?

—No —dijo ella, acariciándole la cabeza—. Si papá me lo permitiera, pasaría contigo la mitad del tiempo. ¡Qué guapo eres! Me gustaría que fueras mi hermano.

—¿Me querrías entonces tanto como a tu padre? —preguntó, algo más animado—. Papá dice que si fueras mi esposa me amarías más que a nadie, y por eso querría que nos casáramos.

—Más que a mi padre, imposible —respondió ella con gravedad—. A veces los hombres odian a sus mujeres, pero nunca a sus padres o hermanos. Si fueras mi hermano, vivirías con nosotros y papá te querría tanto como a mí.

Linton negó que los esposos odien a sus mujeres; Cati sostuvo que sí y puso por ejemplo la antipatía de Heathcliff hacia la tía Isabel. Intenté cambiar de tema, pero ya Catalina había soltado cuanto sabía. Linton, picado, aseguró que era mentira.

—Me lo contó mi padre, y él no miente —repuso Cati.

—Mi padre desprecia al tuyo y dice que es un imbécil —saltó Linton.

—El tuyo es un malvado —atajó Cati—. No sé cómo repites sus palabras. ¡Muy malo debió de ser para obligar a la tía Isabel a abandonarlo!

—¡No me contradigas, Cati! Ella no le abandonó.

—¡Sí, lo hizo!

—Pues mira —dijo Linton—: tu madre no amaba a tu padre, ¿lo sabías?

—¡Oh! —exclamó Cati, encendida de ira.

—¡Y amaba al mío!

—¡Embustero! ¡Te odio! —gritó ella.

—Le amaba —insistió él, echándose atrás, maliciosamente complacido con la agitación de su prima.

—Cállese, señorito —intervine—. Ese cuento es de su padre.

—No es cuento —porfió—. Sí, Cati: le amaba, le amaba, le amaba…

Fuera de sí, Cati dio un empujón a la silla y él cayó sobre su propio brazo. Le acometió tal acceso de tos que me asustó. Cati rompió a llorar, pero guardó silencio. Cuando terminó de toser, Linton se quedó mirando al fuego. Cati, ya sin lágrimas, se sentó a su lado.

—¿Cómo se siente ahora, señorito? —pregunté al cabo.

—¡Ojalá se sintiera ella como yo! ¡Qué cruel e implacable es! Hareton no me pega nunca. Y hoy que estaba mejor… —remató, echándose a llorar.

—No te he pegado —respondió Catalina, mordiéndose los labios para contenerse.

Él gimoteaba y suspiraba con evidente propósito de aumentar la pena de su prima.

—Lamento haberte hecho daño —dijo ella, traspasada—, pero a mí un empujón así no me habría lastimado; creí que a ti tampoco. ¿Te duele? No quiero irme pensando que te hice mal. ¡Contesta!

—No puedo —dijo—. No sabes lo que es esta tos, porque no la tienes. No me dejará dormir en toda la noche. Mientras tú descanses, yo me ahogaré aquí, solo. No sabes las noches que paso.

Y comenzó a lamentarse conmovido por sus propios males.

—No será la señorita quien vuelva a molestarle —dije—. De no venir, nada habría perdido. Pero no volverá a importunarlo, quédese tranquilo…

—¿Quieres que me vaya, Linton? —preguntó Cati.

—No puedes deshacer el daño —repuso—. A no ser que quieras seguir molestándome hasta darme calentura.

—Entonces, ¿me voy?

—Por lo menos, déjame solo. No puedo ahora hablar.

Cati se resistía, pero, como él no respondía, cedió a mis ruegos y nos encaminamos a la puerta. No llegamos: un grito nos hizo volver. Linton se había dejado caer del sillón y se retorcía en el suelo. Era una chiquillada de niño malcriado decidido a fastidiar. Comprendí su carácter y la locura de intentar complacerle. La señorita, en cambio, se aterrorizó; entre lágrimas, quiso consolarlo. Él no dejó de agitarse y gritar hasta quedarse sin aliento.

—Mire —le dije—, voy a alzarlo y sentarlo de nuevo; y allí que se retuerza cuanto quiera. No podemos hacer más. Ya habrá visto, señorita Cati, que ustedes no se convienen, y que su silencio no es lo que mantiene enfermo a su primo. Ea, listo… Cuando sepa que no hay quien atienda sus caprichos, se calmará solo.

Cati le puso una almohada bajo la cabeza y le ofreció agua. Él la apartó y empezó a hacer mohines, como si descansara sobre una piedra. Cati quiso acomodarle.

—No es bastante alta —dijo.

Ella puso otra.

—¡Ahora, demasiado!

—Entonces, ¿qué hago? —preguntó, desesperada.

Linton se inclinó hacia Cati, que se había arrodillado, y apoyó la cabeza en su hombro.

—No, así no —intervine—. Conténtese con la almohada, señorito Heathcliff. No podemos quedarnos más.

—Sí podemos —respondió Cati—. Ya va a estar tranquilo. Esta noche sería yo más desdichada que él si me fuera con la idea de haberle empeorado. Dime la verdad, Linton: si mi visita te hace mal, no debo volver.

—Ahora debes venir para curarme —arguyó—, ya que me has dejado peor que cuando llegaste.

—No he sido sólo yo —replicó ella—: también tus arrebatos y tus llantos. Vamos, seamos amigos. ¿De veras quieres volver a verme?

—¡Ya te lo dije! —saltó, impaciente—. Siéntate y deja que me recueste en tu regazo. Mamá lo hacía. Quédate quieta, no hables, pero cántame o recítame una balada, o cuéntame un cuento.

Cati recitó la balada más larga que recordaba. Les gustó a ambos. Linton pidió otra, y otra, y así hasta que el reloj dio las doce y oímos a Hareton regresar a comer.

—¿Vendrás mañana, Cati? —preguntó Linton cuando ella, a su pesar, empezó a levantarse.

—No —corté—: ni mañana ni pasado.

Pero la expresión que él puso cuando Cati se inclinó a hablarle al oído me indicó lo contrario.

—No volverá, señorita —advertí—. No se le ocurra. Mandaré arreglar la cerradura para que no pueda escaparse.

—Puedo saltar el muro —bromeó—. Elena, la Granja no es una prisión ni tú, carcelera. Tengo diecisiete años, soy una mujer. Linton mejoraría si yo lo cuidara. Tengo más edad y juicio que él. Hará lo que yo diga si le mimo un poco. Cuando se porta bien es adorable. ¡Cómo me gustaría que viviera en casa! Una vez acostumbrados, no reñiríamos nunca. ¿No te agrada Linton, Elena?

—¿A mí? ¡Es el chico más insufrible que he visto! Menos mal que, según el propio Heathcliff, no llegará a los veinte. Dudo que pase de la primavera, y no creo que su familia pierda gran cosa. Hemos tenido suerte de que no se quedara aquí. Cuanto mejor lo hubiéramos tratado, más pesado y egoísta sería. Me alegro mucho, señorita, de que no haya el menor riesgo de que llegue a ser su marido.

Cati se puso seria, ofendida por mi frialdad al hablar de la muerte de su primo.

—Es más joven que yo —replicó— y debería vivir más, o al menos lo mismo. Ahora está tan fuerte como cuando vino. Y si dices que papá se pondrá bueno, ¿por qué no habría de mejorar él?

—Cerramos aquí —dije—. Si piensa volver a Cumbres, se lo diré al señor; si lo autoriza, bien. Si no, no habrá continuaciones.

—Ya ha continuado —replicó Cati.

—No seguirá.

—Ya veremos —dijo. Y, clavando las espuelas a la jaca, partió al galope obligándome a apurar el paso para alcanzarla.

Llegamos poco antes de comer. El señor, creyendo que veníamos del parque, no pidió explicaciones. En cuanto entré me cambié zapatos y medias: lo empapado ya había hecho su daño, y a la mañana siguiente guardé cama tres semanas seguidas, algo que jamás me había pasado, ni —gracias a Dios— volvió a sucederme.

Cati me cuidó con la solicitud de un ángel. El encierro prolongado me dejó abatida; para un espíritu activo es lo peor. Ella repartía su tiempo entre el cuarto del señor y el mío. No tenía más entretenimiento: no estudiaba, apenas comía; era una enfermera abnegada. ¡Vaya si tenía buen corazón, con lo mucho que me atendía y lo que quería a su padre! Ahora bien, el señor se acostaba temprano, y después de las seis yo no necesitaba nada. A Cati le quedaban libres esas horas tras el té. Nunca adiviné en qué las gastaba la pobrecita. Cuando venía a darme las buenas noches, con las mejillas encendidas, jamás se me ocurrió pensar que no era el fuego de la biblioteca, como creía, sino una larga carrera por el campo lo que las encendía.

CAPÍTULO XXIV: NOCHES A ESCONDIDAS

A las tres semanas comencé a salir de mi habitación y a andar por la casa. La primera tarde que me quedé levantada, pedí a Catalina que me leyese alguna cosa, porque yo sentía fatigada la vista después de la dolencia. Estábamos en la biblioteca, y el señor se había acostado ya. Notando que Cati cogía mis libros como a disgusto, le dije que eligiese ella misma entre los suyos el que quisiese. Lo hizo así y leyó durante una hora, pero después empezó a interrumpir la lectura con frecuentes preguntas:

—¿No estás cansada, Elena? ¿No valdría más que te acostaras? Vas a recaer si estás tanto tiempo en pie.

—No estoy cansada, querida —contestaba yo.

Viéndome imperturbable, recurrió a otro método para hacerme comprender que no tenía ganas de leerme nada. Bostezó y me dijo:

—Estoy fatigada, Elena.

—No lea más. Podemos hablar un rato —respondí.

Aquel remedio fue peor. La joven estaba impaciente y no hacía más que mirar el reloj. Al fin, a las ocho, se fue a su alcoba, rendida de sueño, según me dijo. A la noche siguiente la escena se repitió, aumentada, y al tercer día me dejó pretextando dolor de cabeza. Empezó a extrañarme aquello, y resolví ir a buscarla a su aposento y aconsejarla que se estuviese conmigo, ya que si se sentía fatigada podía tenderse en el diván. Pero en su habitación no encontré rastro alguno de ella. Los criados me dijeron que no la habían visto. Escuché junto a la puerta del señor. El silencio era absoluto. Volví a su habitación, apagué la luz y me senté junto a la ventana.

Brillaba una luna espléndida. Una ligera capa de nieve cubría el suelo. Pensé que acaso la joven habría resuelto bajar a tomar el aire al jardín. Al ver una figura que se deslizaba junto a la tapia creí que era la señorita, pero cuando salió de las sombras reconocí a uno de los criados. Durante un rato miró la carretera, después salió de la finca y volvió a aparecer llevando de la brida a Minny. La señorita iba a su lado. El criado condujo cautelosamente la jaca a la cuadra. Cati entró por la ventana del salón y subió sigilosamente a la alcoba. Cerró la puerta y se quitó el sombrero. Cuando estaba despojándose del abrigo, yo me levanté de pronto. Al verme, la sorpresa la dejó inmóvil.

—Mi querida señorita —le dije, aunque me sentía tan agradecida por lo bien que me había cuidado que me faltaban las fuerzas para reprenderla—. ¿Adónde ha ido usted a estas horas? ¿Por qué se empeñó en engañarme? Dígame dónde ha estado.

—No he ido más que hasta el final del parque —me aseguró.

—¿No ha ido a otro sitio?

—No.

—¡Oh, Catalina! —exclamé disgustada—. Bien sabe usted que ha obrado mal, porque de lo contrario no me diría esa mentira. No sabe cuánto me afecta. Preferiría estar tres meses enferma, que oírle decir una cosa falsa.

Se acercó a mí y me abrazó.

—No te molestes, Elena —me dijo—. Te lo contaré todo. No sé mentir.

Le prometí que no la reñiría, y nos sentamos junto a la ventana. Ella empezó su relato.

—Desde que enfermaste, Elena, he ido diariamente a «Cumbres Borrascosas», excepto tres días antes y dos después de haber salido tú de tu cuarto. A Miguel le soborné para que me sacase a Minny de la cuadra todas las noches, dándole estampas y libros. No le reñirás a él tampoco, ¿eh? Solía llegar a las «Cumbres» a las seis y media y me estaba dos horas. Luego volvía a casa galopando. No creas que era una diversión: más bien me he sentido desgraciada allí en muchas ocasiones. Si me he sentido feliz una vez cada semana, ha sido todo lo más. Como el primer día que te quedaste en cama yo había quedado con Linton en volver a verle, aproveché la oportunidad. Pedí a Miguel la llave del parque, asegurándole que tenía que visitar a mi primo, ya que él no podía venir porque ello no le agradaba a papá. —Después hablamos de lo de la jaca, y le ofrecí libros, sabiendo que es aficionado a leer. No puso muchas dificultades en complacerme, porque, además, piensa despedirse pronto. Como se casa...

»Cuando llegué a las «Cumbres», Linton se alegró. Zillah, la criada, arregló la habitación y encendió un buen fuego. Nos dijo que José estaba en la iglesia y que Hareton se dedicaba a andar con los perros por los bosques (y, según me enteré después, a apoderarse de nuestros faisanes), de modo que nos encontrábamos libres de estorbos. Zillah me trajo vino y bollos. Linton y yo nos sentamos al fuego y pasamos el tiempo riendo y charlando. Estuvimos planeando los sitios a que iríamos en verano… Bueno, no te hablo de esto, porque dirás que son bobadas.

»A poco reñimos a propósito de nuestras distintas opiniones. Él me aseguró que lo mejor para pasar un día de julio era estar tumbado de la mañana a la noche entre los matorrales del campo, mientras las abejas zumban alrededor, las alondras cantan y el sol brilla en un cielo claro. Eso constituye para él el ideal de la dicha. El mío consistía en columpiarse en un árbol florido, mientras sopla el viento del Oeste, y por el cielo corren nubes blancas. Y Cantan, además de las alondras, los mirlos, los jilgueros y los cuclillos. A lo lejos se ven los pantanos, entre los que se destacan arboledas umbrosas, y la hierba tiembla bajo el soplo de la brisa, y los árboles y las aguas murmuran, y la alegría reina por doquier. Él aspiraba a verlo todo sumido en la paz, yo en una explosión de júbilo. Le argumenté que su cielo parecería medio dormido, y él respondió que el mío medio borracho. Le dije que yo me dormiría en su paraíso, y él respondió que se marearía en el mío. Al fin resolvimos que probaríamos ambos sistemas, nos besamos y quedamos amigos.

»Pasamos sentados cosa de una hora, y luego pensando yo que podíamos jugar en aquel salón tan amplio si quitábamos la mesa, se lo dije a Linton, proponiéndole jugar a la gallina ciega (como he hecho contigo a veces, ¿te acuerdas, Elena?) y llamar a Zillah para que se divirtiese con nosotros. Él no quiso, pero accedió a que jugásemos a la pelota. En un armario lleno de juguetes viejos, encontramos dos. Una tenía marcada una C y otra una H, y yo quería la C, porque significaba Catalina, pero él no quiso la otra porque se le salía el embutido por las costuras. Le gané siempre, se puso de mal humor y volvió a sentarse. Le canté dos o tres canciones de las que tú me has enseñado, y recobró el buen humor. Al irme me rogó que volviese al día siguiente, y se lo prometí. Monté en Minny y regresamos veloces como el viento. Pasé la noche soñando en «Cumbres Borrascosas» y en mi primo.

»Al día siguiente me encontré algo triste, tanto porque estabas enferma, como porque me hubiese agradado que papá tuviera noticia de mis paseos y consintiera en ellos. Pero la tristeza se disipó en cuanto estuve a caballo.

»"Esta noche me sentiré feliz también —pensaba yo— y Linton, mi hermoso Linton, también".

»Mientras subía trotando por el jardín de las «Cumbres», salió a mi encuentro aquel Earnshaw, cogió las bridas y acarició el cuello de Minny, diciéndome que era un bonito animal. Parecía como si esperara que le hablase. Yo le dije que tuviera cuidado con que la jaca no le diese una coz. Él contestó, con su tosco acento habitual, que no le haría mucho daño aunque le cocease, y echó una oleada a sus patas, sonriendo. Fue a abrir la puerta y mientras lo hacía, me dijo, señalando a la inscripción y con una estúpida muestra de contento:

»—Señorita Catalina: ya sé leer aquello.

»—¡Qué extraordinario! —dije—. Ya veo que se va cultivando usted. ¿Y las cifras?

—le pregunté, al ver que se paraba.

»Él deletreó las sílabas de la inscripción: "Hareton Earnshaw".

»—Eso no lo he aprendido todavía —respondió.

—¡Qué torpe! —dije riendo.

»El muy necio me miró con asombro, como si no supiese si reírse también. No sabía distinguir si se trataba de una muestra de amistad o de una burla, pero yo le saqué de dudas aconsejándole que se fuera, ya que iba a buscar a Linton, y no a él. A la luz de la luna pude verle ruborizarse. Se separó de la puerta y desapareció. Era una verdadera imagen del orgullo ofendido. Sin duda se figuraba que se había elevado a la altura de Linton por aprender a deletrear su nombre, y quedó estupefacto al ver que yo no lo estimaba así.

—Un momento, señorita —atajé—. No seré yo quien la riña, pero no me complace su proceder. Si hubiera pensado que Hareton es tan primo de usted como Linton, habría comprendido que obraba usted injustamente. Por lo menos, la intención de Hareton al procurar ponerse al nivel de Linton ya habla mucho en su favor. Y crea que no aprendió para lucirse con ello, sino porque antes le había humillado usted por ignorancia y él, rectificándola, quiso hacerse grato a sus ojos. No obró usted bien burlándose de él. Si a usted la hubieran criado en las condiciones en que ello ha sido, no sería menos torpe. Él era un niño inteligente y despierto, y me duele que se le desprecie sólo porque el malvado Heathcliff le haya rebajado de tal manera...

—Presumo, Elena, que no vas a ponerte a llorar por esto —exclamó la joven sorprendida—. Espera y verás...

Cuando entré, Linton estaba medio tumbado. Se levantó un poco y me saludó.

»—Esta noche no me encuentro bien, querida Catalina —dijo—. Habla tú y yo te escucharé. Antes de irte has de prometerme volver de nuevo.

»Al saber que estaba enfermo, le hablé tan dulcemente como pude, procurando no incomodarle ni preguntarle nada. Yo había llevado un libro: él me pidió que le leyera algo de él, e iba a hacerlo, cuando Earnshaw entró de repente dando un portazo. Cogió a Linton por un brazo y le arrojó violentamente del asiento.

»—¡Lárgate a tu habitación! —profirió, con la voz desfigurada por la ira y el rostro contraído de rabia—. Llévatela contigo, y si viene a verte, libraos bien de aparecer por aquí. ¡Fuera los dos!

»Y obligó a Linton a marcharse a la cocina. A mí me amenazó con el puño. Dejé caer el libro, muy asustada, y él, de un puntapié, lo echó a mi lado y cerró la puerta detrás de nosotros. Oí una maligna risa, y al volverme distinguí junto al fuego a ese odioso José, que se frotaba las manos y decía:

—¡Ya sabia yo que acabaría echándoles fuera! ¡Es todo un hombre, sí! Y se va despabilando… Él sabe muy bien quién debía ser el verdadero amo aquí. ¡Ja, la, ja! Bien les ha chasqueado, ¿eh?

»—¿Adónde vamos? —pregunté a mi primo, sin atender al viejo.

»Linton se había puesto pálido y temblaba. Te aseguro, Elena, que no estaba nada guapo en aquel momento. Daba miedo mirarle. Su delgado rostro y sus grandes ojos ardían de impotente furor. Cogió el picaporte de la puerta y lo agitó, pero no pudo abrirla, porque estaba cerrada por dentro.

»José rió de nuevo burlonamente.

»—¡Ábreme o te mato! —bramó Linton—. ¡Te mato, demonio!

»—¡Mira, mira! —dijo el criado—. Ahora es el genio del padre el que habla por su boca. ¡Claro, todos tenemos algo del padre y algo de la madre! Pero no temas, Hareton, muchacho, no te hará nada…

»Cogí las manos de Linton y quise separarle de la puerta, pero gritó de tal modo, que no me atreví a insistir. De pronto, un terrible ataque de tos apagó sus gritos, arrojó una bocanada de sangre por la boca y cayó al suelo. Me precipité al patio y llamé a Zillah. Ella dejó las vacas que estaba ordeñando y corrió hacia mí. Mientras le explicaba lo sucedido, procuré arrastrarla al lado de Linton. Earnshaw había salido, y en aquel momento se llevaba a su cuarto al pobre muchacho. Zillah y yo le seguimos, pero Hareton se volvió y me ordenó que me fuese a casa. Yo le contesté que él había matado a Linton y quise entrar. Pero José cerró la puerta con llave y me preguntó si me había vuelto tan loca como mi primo. En fin, yo me quedé allí llorando, hasta que volvió la criada diciéndome que dentro de poco Linton estaría mejor y que no había por qué llorar de aquel modo. Luego me hizo ir al salón a viva fuerza.

»Yo me mesaba los cabellos, Elena. Lloré hasta abrasarme los ojos. Y ese rufián que te inspira tantas simpatías se atrevió a interpelarme varias veces y hasta me ordenó callar. Yo le dije que iba a contárselo todo a papa y que a él le llevarían a la cárcel y le ahorcarían, lo que le asustó mucho. Salió para ocultar su miedo. Me convencieron por fin de que me fuera. Cuando estaba yo a unas cien yardas de la casa, él apareció de pronto y detuvo a Minny.

»—Estoy muy disgustado, señorita Catalina —empezó a decir—, pero es que...

»Yo, temiendo que quisiera asesinarme, le lancé un latigazo. Me soltó y profirió horribles maldiciones. Volví a casa al galope, fuera de mí.

»Aquella noche no te vine a saludar, ni al día siguiente volví a "Cumbres Borrascosas", si bien lo deseaba vivamente. Temía oír decir que Linton había muerto y me espantaba la idea de hallarme con Hareton. En fin, a tercer día reuní mis fuerzas y me atreví otra vez a escaparme. Fui a pie creyendo que podría deslizarme sin que me vieran hasta el cuarto de Linton. Pero los perros delataron mi presencia con sus ladridos. Zillah, me recibió diciéndome que el muchacho estaba mucho mejor, y me llevó a un cuartito limpio y bien alfombrado, donde encontré a Linton leyendo el libro que le llevé. Pero tenía tan mal humor que se pasó una hora sin abrir la boca, y cuando al fin lo hizo fue para decirme que yo era la culpable de todo, y no Hareton. Entonces me levanté y, sin contestarle, salí. Me llamó, pero no hice caso y volví resuelta a no visitarle más. Pero al otro día me resultaba tan penoso irme a acostar sin saber de él, que mi resolución se esfumó antes de que llegase a madurar. Cuando Miguel me preguntó si ensillaba a Minny contesté afirmativamente, y a poco cabalgaba hacia las

«Cumbres». Como para entrar en el patio tenía que pasar ante la fachada, no era oportuno ocultar mi presencia.

»—El señorito está en el salón —me dijo Zillah.

»Earnshaw estaba también allí, pero se fue al entrar yo. Linton estaba medio dormido en un sillón. Le hablé con gravedad y sinceramente.

»—Mira, Linton, como no me aprecias y te figuras que vengo a propósito para perjudicarte, no pienso volver más. Ésta es la última vez. Despidámonos, y di al señor Heathcliff que eres tú quien no me quieres ver, para que él no invente más inexactitudes...

»—Siéntate y quítate el sombrero, Cati —repuso—. Debías ser más buena que yo, porque eres más dichosa. Papá habla tanto de mis defectos, que no te debe extrañar que yo mismo dude de mí. Cuando pienso en ello, siento tanto dolor y tanta decepción, que detesto a todos. Verdaderamente, soy tan despreciable y tengo un carácter tan malo, que creo que harás bien en no volver, Cati. Sin embargo, no quisiera otra cosa que ser tan bueno y tan amable como tú. Seguramente lo sería si tuviera buena salud. Te has portado tan bien, que te amo tanto como si fuera digno de tu amor. No puedo impedir el mostrarte como soy, pero lo siento de verdad, me arrepiento de ello y me arrepentiré mientras viva.

»Yo comprendí que decía lo que sentía y que debía perdonarle, aunque fuera para reñir un instante después. A pesar de la reconciliación, los dos nos pasamos el tiempo llorando. Me dolía pensar en el mal carácter de Linton, porque me hacía cargo de que incomodaría siempre a sus amigos y a sí mismo.

»Desde esa noche le visité siempre en su habitación. Su padre había regresado al día siguiente. Que yo recuerde, sólo tres días hemos estado en buena relación y contentos. El resto del tiempo, todas las visitas han transcurrido angustiosamente, ora por el egoísmo que Linton demuestra, ora por lo que dice que sufre. Pero me he acostumbrado y ya no me disgusto. En cuanto al señor Heathcliff, procura deliberadamente no encontrarse conmigo. El domingo, al llegar, le oí injuriar a Linton por el modo que había tenido de comportarse conmigo el día anterior. No sé cómo lo sabría, a no ser que estuviera escuchando. Linton, en efecto, me había molestado. Yo entré y le dije a Heathcliff que eso era cosa mía exclusivamente. Él se echó a reír y me contestó que se alegraba de que tomase la cosa de ese modo. Recomendé a Linton que en lo sucesivo me dijera en voz baja las cosas que pudieran hacer creer a los demás que disputábamos.

»Ya lo has oído, Elena. Si dejo de ir a las "Cumbres" habrá dos personas que sufran. Si no se lo dices a papa y sigo yendo, nadie sufrirá nada. ¿Verdad que no se lo dirás? Sería una crueldad muy grande.

—Ya lo pensaré, señorita —repuse—. No quiero contestarle sin pensarlo.

Y lo pensé, pero fue en presencia de mi amo, a quien relaté todo lo sucedido, menos el detalle de las charlas de Linton con Cati, y sin aludir a Hareton. El señor se disgustó mucho más de lo que aparentó. A la siguiente mañana Cati supo que yo había traicionado su secreto y también que las visitas se habían terminado. Lloró y rogó a su padre que se compadeciese de Linton. Lo más que pudo conseguir fue que su padre escribiera al muchacho diciéndole que podía venir a la «Granja» si gustaba, pero que Cati no volvería a "Cumbres Borrascosas". E imagino que si hubiese sabido cuál era el carácter y el verdadero estado de salud de su sobrino, ni siquiera hubiera accedido a darle aquel pobre consuelo.

CAPÍTULO XXV: UNA ALIADA PODEROSA

—Todo esto, señor Lockwood —me dijo la señora Dean—, sucedió el invierno pasado. Nunca se me hubiera ocurrido pensar que, un año más tarde, había yo de distraer con el relato de ello a un ajeno a la familia. Ahora que, ¿quién sabe si seguirá usted siendo un extraño siempre? Dudo mucho de que sea posible ver a Cati Linton sin enamorarse de ella. Sí, sonríase, pero lo cierto es que le veo animado cada vez que se la menciono. Además, ¿por qué me ha pedido usted que cuelgue su retrato sobre la chimenea?

—¡Bueno, bueno, amiga mía! —repuse—. Suponga incluso que yo me enamorase de ella. ¿Cree usted que ella se enamoraría de mí? Lo dudo, y no quiero arriesgarme. Además, yo pertenezco al mundo activo, y debo volver a él. Ea, siga contándome…

—Catalina —continuó la señora Dean— obedeció a su padre, ya que le quería a él más que a nadie. El amo le habló sin enojo, pero con la natural inquietud de quien se siente próximo a dejar lo que más quiere entre riesgos y enemigos, y en tales circunstancias, que sólo podría el objeto de su afecto tener como guía el recuerdo de sus palabras.

A mí me dijo pocos días después:

—Me hubiera agradado que mi sobrino escribiera o viniese. Dime sinceramente tu opinión sobre él, Elena. ¿Ha mejorado? ¿Puede esperarse que mejore cuando se desarrolle?

—Está muy enfermo, señor, y no es fácil que viva mucho. Sí le puedo asegurar que no se parece a su padre. Si la señorita Cati se casase con él, se dejaría llevar por ella, siempre que la señorita no extremase su indulgencia hasta la tontería. Pero ya tendrá usted tiempo de conocerle y de pensar si conviene o no… Le faltan cuatro años para ser mayor de edad. Eduardo suspiró, y a través de la ventana miró la iglesia de Gimmerton. El sol de febrero iluminaba débilmente la tarde de bruma y a su luz distinguimos confusamente los abetos y las lápidas del cementerio.

—A pesar de lo mucho que he rogado a Dios para que ello sucediera, ahora me asusto —murmuró como para sí—. Pensaba que el recuerdo de la hora en que bajé a aquella iglesia para casarme no sería tan feliz como el presentimiento del momento en que había de yacer en la fosa. Cati me ha hecho muy feliz, Elena. He pasado dichosamente al lado suyo las veladas de invierno y los días de verano. Pero no he sido menos feliz cuando erraba entre aquellas lápidas, al lado de la vieja iglesia, en las tardes de junio en que me sentaba junto a la tumba de su madre y pensaba en la hora en que había de ir a reunirme con ella... Y ahora, ¿que me cabe hacer en bien de Cati? Que Linton sea hijo de Heathcliff y se la lleve no me importaría nada, si ello pudiera consolarla de mi falta. ¡Ni siquiera me importa que Heathcliff se considere triunfante! Pero si Linton es un instrumento de su padre, no puedo abandonarla en sus manos. Mucho me duele hacer sufrir a Catalina, pero es preferible. ¡Preferiría llevarla yo mismo a la tumba!

—Si usted faltase, lo que Dios no permita —contesté—, yo seguiré siendo la amiga y la consejera de Cati. Pero ella es una buena muchacha, y no se empeñará en seguir el mal camino.

Entraba la primavera, mas mi amo no se reponía. A veces paseaba por el parque con su hija, quien lo consideraba como una señal de que su padre estaba mejor. Y pensaba que curaría al ver encendidas su mejillas.

El día en que Cati cumplía diecisiete años, el señor no fue al cementerio. Llovía. Yo le dije:

—¿No irá usted esta tarde, verdad?

—Este año iré más adelante —respondió.

Volvió a escribir a Linton indicándole que deseaba verle, y segura estoy de que si el aspecto del chico no hubiera sido calamitoso, hubiera ido. Contestó, sin duda aconsejado por Heathcliff, diciendo que éste no estaba de acuerdo con que visitase la

«Granja» pero que podía encontrar a su tío alguna vez que éste saliese de paseo, ya que deseaba verle. Añadía que le rogaba que no se obstinase en separarle de Catalina.

«No pretendo —decía con sencilla elocuencia— que Cati me visite aquí, pero le suplico que la acompañe usted alguna vez paseando hacia "Cumbres Borrascosas" y que nos permita hablar un poco en su presencia. No hemos hecho nada que justifique esta separación, y usted mismo lo sabe. Querido tío, mándeme una nota mañana diciéndome en qué sitio que no sea la "Granja de los Tordos" quiere que nos encontremos. Espero que usted se convenza de que no tengo el carácter de mi padre. Él afirma que tengo mas de sobrino de usted que de hijo suyo. Aunque mis defectos me hagan indigno de Cati, ya que ella me los perdona, usted debía seguir su ejemplo. Mi salud anda algo mejor, pero ¿cómo voy a curarme mientras esté rodeado de seres que no me han querido ni me querrán nunca?».

A Eduardo le hubiera agradado acceder, pero no se sentía con fuerzas para acompañar a su hija. Escribió a su sobrino diciéndole que aplazasen las entrevistas para el verano, y que entretanto no dejase de escribirle, y que él le aconsejaría y haría por él cuanto pudiese. Linton, de por sí, tal vez lo hubiera echado todo a perder con sus quejas, pero sin duda le vigilaba su padre, ya que el muchacho se amoldó a todo y en sus cartas se limitaba a decir que le angustiaba mucho la separación de su prima, y que deseaba que su padre les procurase una entrevista lo antes posible, ya que, si no, pensaría que quería entretenerle con vanas esperanzas.

Tenía en nuestra casa una poderosa aliada en Cati, y al fin entre los dos acabaron convenciendo al señor de que una vez a la semana les dejase dar un paseo a caballo por los pantanos bajo mi vigilancia. Cuando llegó junio, el señor se encontraba peor aún. Cada año guardaba una parte de sus rentas para aumentar los bienes de su hija, pues sentía el natural deseo de que ella cuando él faltase no tuviese que abandonar la casa paterna. El mejor medio de conseguirlo era que se casase con el heredero legal. No podía suponer que el joven Linton se consumía casi tan rápidamente como él, porque como ningún médico iba a las «Cumbres», no había modo de saber noticia alguna del verdadero estado del muchacho. Yo misma, viendo que él hablaba de pasear a caballo por los pantanos con tanta seguridad, creí que acaso se engañasen mis suposiciones, porque no me cabía en la cabeza que un padre tratase con tal crueldad a un hijo moribundo como luego averigüé que Heathcliff le había tratado, obstinándose en que sus planes se realizaran antes de que la muerte del muchacho los echase a rodar.

CAPÍTULO XXVI: DEL ENOJO A LA COMPASIÓN

Al empezar el verano, Eduardo —a regañadientes— accedió a que los primos se vieran. Salimos Cati y yo. Hacía bochorno y el cielo estaba opaco, aunque no parecía que fuera a llover. Quedamos en el mojón de la encrucijada, pero allí no había nadie. Al rato llegó un muchachito con el recado de que el señorito Linton estaba un poco más adelante y agradecería mucho que nos acercáramos.

—El señorito Linton —repliqué— olvida que su tío puso como condición que las entrevistas fueran en terrenos de la Granja.

—Podemos arreglarlo —dijo Cati— encontrándonos a medio camino y volviendo hacia acá.

Lo vimos a un cuarto de milla de su casa, tumbado entre los matorrales. No se incorporó hasta que estuvimos encima. Bajamos de la jaca y él dio unos pasos hacia nosotras. Estaba tan pálido y parecía tan débil, que no pude evitar exclamar:

—¡Pero, señorito Linton, hoy no está usted para paseos! Diría que se encuentra muy mal.

Cati lo miró, entre asombrada y compasiva; la bienvenida que traía preparada se le volvió pregunta:

—¿Estás peor que otras veces?

—Estoy mejor —contestó, sofocándose y temblando mientras le tomaba la mano como buscando apoyo y clavaba en ella sus ojos azules.

—Entonces has empeorado desde la última vez —insistió su prima—. Estás mucho más delgado…

—Es el cansancio —dijo—. Sentémonos; hace demasiado calor para andar. Suelo estar peor por las mañanas. Mi padre dice que es el estirón.

Cati se sentó a su lado, contrariada; él se acomodó junto a ella.

—Esto se parece al paraíso que tú soñabas —bromeó, forzándose—. ¿No recuerdas que quedamos en dedicar un día a tu gusto y otro al mío? Hoy toca tu ideal, aunque haya nubes; a mí me parece más bonito que el sol. Si la semana que viene te encuentras bien, iremos a caballo al parque de la Granja y probamos mi idea de paraíso.

Se notaba que Linton no recordaba nada de lo que ella decía y que mantener la conversación le costaba un mundo. Su falta de interés ante cualquier tema de Cati desilusionaba a la muchacha. La volubilidad empalagosa que solía ablandarse en cariño se había enfriado en apatía. Ya no era el capricho infantil de antes, sino el amargor del enfermo sin remedio, que no quiere consuelo y toma como insulto la alegría ajena. Catalina advirtió que nuestra compañía le pesaba como castigo, no como placer, y propuso sin rodeos que nos fuéramos. Al oírlo, Linton cayó en una agitación rara: miró, horrorizado, hacia Cumbres y nos rogó que nos quedáramos media hora más.

—Creo —dijo Cati— que en tu casa estarás mejor. Hoy no te entretienen ni mi charla ni mis canciones… En estos seis meses te has vuelto más serio que yo. Si supiera que te hago bien, me quedaría encantada.

—Quédate un poco, Cati —suplicó—. No digas que estoy mal, ni lo pienses. Es el calor pegajoso. Antes de que llegaras he caminado mucho. No le digas al tío que me encuentro peor. Dile que estoy bastante bien. ¿Se lo dirás?

—Le diré que tú me lo has dicho —respondió ella, extrañada—. Pero no puedo asegurarle que estés bien.

—Ven el jueves —murmuró, evitando su mirada—. Dale muchas gracias al tío por dejarte venir. Y, oye… Si te cruzas con mi padre, no le cuentes que he estado taciturno, que se enfada…

—Que se enfade —replicó Cati, pensando que el enfado sería solo con ella.

—Pero a mí sí me importa —se estremeció—. No hagas que se enfade conmigo, Cati. Le tengo miedo.

—¿Así que es severo con usted, señorito? —intervine—. ¿Se cansó ya de su tolerancia?

Linton me miró sin decir palabra, inclinó la cabeza y estuvo suspirando diez minutos. Cati, por no molestarlo, se puso a coger arándanos y los compartía conmigo sin ofrecerle, para no provocarlo.

—¿Ha pasado ya la media hora, Elena? —me susurró—. No deberíamos quedarnos más. Linton se ha dormido y papá nos espera.

—Tenga paciencia hasta que despierte —dije—. ¡Qué prisa por irse! Y eso que ardía en deseos de verlo.

—¿Para qué quería verme? —replicó Catalina—. Lo preferiría como antes, con todo su mal humor. Me da la impresión de que me recibe para complacer a su padre. Y a mí no me gusta venir por complacer a ese señor. Me alegra que Linton esté, según dice, mejor, pero detesto que se haya vuelto menos afectuoso conmigo.

—¿De veras cree que está mejor? —pregunté.

—Me lo parece —dijo—. Ya sabes cuánto le gustaba exhibir sus males. No tan bien como quiere que diga a papá, pero algo mejor.

—A mí me parece —repuse— que está mucho peor.

En ese momento Linton despertó sobresaltado y preguntó si alguien lo había llamado por su nombre.

—No —contestó Cati—. Lo habrás soñado. ¿Cómo puedes dormirte en pleno campo por la mañana?

—Me pareció oír a mi padre —dijo—. ¿Segura que nadie me llamó?

—Segurísima —afirmó ella—. Solo hablábamos Elena y yo de ti. Dime: ¿estás de verdad más fuerte que en invierno? Porque si lo estás, seguro que me quieres menos… Anda, dime: ¿estás mejor?

Linton rompió a llorar.

—Sí…

Y no dejaba de mirar a un lado y a otro, obsesionado con la voz de Heathcliff. Cati se puso en pie.

—Tenemos que irnos —anunció—. Y me voy muy decepcionada. Pero no se lo diré a nadie. Y no por miedo a Heathcliff.

—¡Calla! —murmuró Linton—. Mira, allí está.

Le agarró del brazo para retenerla; ella se soltó con prisa y llamó a Minny, que acudió enseguida.

—El jueves volveré, Linton —gritó—. ¡Adiós! ¡Vamos, Elena!

Nos fuimos. Él casi ni lo notó, más pendiente del temor a su padre que de nuestra marcha.

En el camino, el disgusto de Cati se fue trocando en compasión y dudas: no sabía qué pensar del estado —del cuerpo y del ánimo— de Linton. Yo compartía la incertidumbre, y le propuse reservarnos el juicio hasta la próxima cita. El señor nos pidió que contáramos la visita; Cati se limitó a transmitir los agradecimientos de su primo y pasó de puntillas por lo demás. Yo la imité: tampoco tenía claro qué decir.

CAPÍTULO XXVII: UN PUÑETAZO DIRECTO AL PECHO

Transcurrió una semana en que cada día Eduardo Linton iba empeorando. Lo que antes se degradaba en un mes, ahora caía de una hora a otra. Intentamos engañar a Cati, pero era inútil: ella adivinaba la terrible probabilidad que cada minuto se volvía certeza. El jueves siguiente no se atrevió a recordarle la cita a su padre; lo hice yo. Para Cati, el mundo era la biblioteca y la alcoba de su papá. Con tantas noches en vela y tantos sobresaltos, su rostro había palidecido. Eduardo nos autorizó gustoso la excursión: pensaba que a su hija le vendría bien un cambio, y se consolaba imaginando que, cuando él faltara, Cati no quedaría del todo sola.

Por lo que entendí, el señor Linton creía que su sobrino se le parecía en lo moral tanto como en lo físico. Naturalmente, en sus cartas Linton omitía sus propios defectos. Y yo tuve la debilidad —comprensible— de no sacarlo de su error: de nada servía amargarle los últimos días con lo que no tenía remedio.

Salimos por la tarde. Era una espléndida tarde de agosto: la brisa de las colinas parecía capaz de resucitar a un moribundo. En el rostro de Cati el paisaje se alternaba en sombras y luces, pero el sol se desvanecía pronto: se notaba que su corazón se reprochaba abandonar, aunque fuese un rato, el cuidado de su padre.

Encontramos a Linton en el mismo sitio. Cati desmontó y me dijo que, como apenas estaríamos, mejor no bajara ni soltara la jaca. Yo la acompañé: no pensaba despegarme del tesoro que me habían confiado. Linton nos recibió con más animación que la última vez, pero en su gesto no había energía ni contento, sino miedo.

—¡Cuánto tardaste! —dijo—. Creí que no vendrías… ¿Está mejor tu padre?

—Sé sincero —atajó Cati— y di de una vez que no te hago falta. ¿Para qué me haces venir si sabes que esto solo sirve para disgustarnos?

Linton tembló de pies a cabeza y la miró suplicante y avergonzado. Ella no estaba para aguantar rarezas.

—Mi padre está muy enfermo —siguió—. Si no querías verme, me lo dices, y no me separo de él. Explícate ya: no quiero más tonterías. No voy a andar de aquí para allá por tus afectaciones.

—¿Mis afectaciones? —balbució—. ¿De qué hablas, Cati? No te enfades… Despréciame si quieres, soy despreciable, pero no me odies. Reserva el odio para mi padre. Conmigo, bástate con el desdén.

—¡Qué necedad! —saltó Cati, encendida—. ¡Si hasta estás temblando! Parece que temieras que te pegue. Anda, vete… Es una barbaridad sacarte de casa para… ¿para qué? ¿Qué pretenden? ¡Suéltame la ropa! Nunca debí compadecerte cuando te daba por llorar. Elena, dile tú que su conducta es vergonzosa. Levántate. ¡No te arrastres como un reptil!

Linton, llorando, se dejó caer al suelo con un terror convulsivo.

—¡Oh, Cati! —sollozó—. Soy un traidor, sí, pero si me dejas, me matan. Mi vida depende de ti. ¡Y dijiste que me amabas! ¡No te vayas, mi buena, mi dulce Cati! ¡Si tú quisieras… él me dejaría morir a tu lado!

Al verlo tan abatido, Cati se enterneció.

—¿Si yo quisiera qué? —preguntó—. ¿Quedarme? Dilo y te complazco. Me vuelves loca. Sé claro, Linton. No intentas ofenderme, ¿verdad? Si dependiera de ti, ¿consentirías que me hicieran daño? Creo que para ti eres cobarde, pero no te atreverías a traicionar a tu mejor amiga.

—Mi padre me ha amenazado —confesó— y le tengo miedo… No, no me atrevo a decírtelo.

—Pues guárdatelo —respondió Cati, desdeñosa—. Yo no soy cobarde. Cuídate tú. Yo, por mí, no tengo miedo.

Él se echó a llorar y a besarle las manos, sin decidirse a hablar. Yo, mientras tanto, resolví que ella no sufriría por Linton ni por nadie. En eso, oí crujir los matorrales y vi venir a Heathcliff. Aunque escuchaba los sollozos, no miró a la pareja; vino hacia mí, con ese tono casi amistoso que siempre me dedicaba:

—Me alegra verte, Elena. ¿Cómo te va? —y, en voz baja—. Me han dicho que Eduardo Linton se está muriendo. ¿No será exageración?

—Es cierto —respondí—, y si para nosotros es dolor, para él tal vez sea descanso.

—¿Cuánto crees que le queda? —preguntó.

—No lo sé.

—Porque —añadió mirando a Linton, que no se atrevía ni a alzar la cabeza (y Cati tampoco bajo el peso de su mirada)— este muchacho todavía me dará trabajo, y convendría que su tío se fuera antes que él. ¿Desde cuándo llora así? Ya le he dado unas lecciones de llanto. ¿Se encuentra a gusto con la chica?

—¿A gusto? Está angustiado. Debería estar en cama, con médico, no en el campo con su novia.

—Lo estará en dos días —repuso Heathcliff—. ¡Linton, levántate! ¡No te arrastres!

Linton quiso obedecer, pero las fuerzas lo abandonaron y volvió a caer con un gemido. Su padre lo alzó y lo recostó en un talud de hierba.

—Ponte en pie, maldito —dijo, conteniéndose como podía.

—Lo intentaré, padre —jadeó—, pero déjeme… Cati, dame la mano. Ella podrá decirte que estuve alegre, como querías.

—Agárrate a mi mano —intervino Heathcliff—. Ahora te dará el brazo ella. ¡Así! La señorita pensará que soy el diablo, con lo que me teme. ¿Quiere usted acompañarlo a casa? En cuanto lo toco, tiembla…

—Querido Linton —dijo Cati—, no puedo acompañarte a Cumbres: papá no me lo permite. Pero tu padre no te hará nada. ¿Por qué le temes?

—No vuelvo a esa casa —aseguró— si no vas conmigo.

—¡Silencio! —cortó Heathcliff—. Respetemos los escrúpulos de Catalina. Elena, acompáñalo tú. Y habrá que llamar al médico.

—Eso sí —concedí—, pero acompañarlo no puedo; debo quedarme con la señorita.

—Tan altiva como siempre —bufó—. Y como no te compadeces del chico, me obligas a pincharlo sin querer. Ea, muchacho, ven. ¿Vuelves conmigo?

Fue a sujetarlo; él se apartó, se aferró a su prima y la suplicó, fuera de sí, que lo acompañara. Era difícil negarse: estaba espantado y al borde de perder el juicio si la crisis empeoraba. Fuimos, pues, a la casa. Cati entró; yo me quedé fuera esperando, pero Heathcliff me empujó dentro:

—Mi casa no está apestada, Elena. Hoy estoy solo: Hareton salió con el ganado; Zillah y José se han ido a divertirse. Acostumbro a la soledad, pero cuando hay buena compañía, mejor. Siéntese junto al muchacho, señorita Linton. Ya ve que le ofrezco lo que tengo —me refiero a Linton—, y si es poco, lo siento. ¡Cómo me mira! Curioso: siempre me atraen los que me temen. Si viviera en un país menos escrupuloso y con leyes más blandas, creo que me entretendría diseccionando a esos dos por las tardes.

Soltó un puñetazo en la mesa y tronó:

—¡Voto a…! ¡Los aborrezco!

—No le temo —dijo Cati, que no había oído el remate de su parlamento.

Se le plantó delante, con los ojos encendidos.

—¡Entrégueme la llave! —exigió—. No comeré aquí aunque me muera de hambre.

Heathcliff tomó la llave y la miró sorprendido. Cati se le abalanzó y casi se la arrancó. Él cerró la mano; ella insistió.

—Apártese, Catalina Linton —ordenó—, o la estrello contra el suelo, por mucho que eso alarme a la señora Dean.

Cati no le hizo caso: se aferró a la llave con las manos y con las uñas. Viendo que no abría la mano, le clavó los dientes. Heathcliff me lanzó una mirada que me heló. Cati, pendiente de los dedos, no le vio la cara. Entonces él abrió la mano y soltó la llave, pero al mismo tiempo la agarró del cabello, la puso de rodillas y le golpeó con violencia la cabeza. Aquella brutalidad me sacó de mí.

—¡Malvado, malvado! —grité.

Un puñetazo directo al pecho me dejó sin voz. Como soy de complexión gruesa, me fatigo enseguida; entre la rabia que me dominaba y el ahogo del golpe, sentí que el vértigo me cerraba la garganta como si se me hubiese roto una vena. Todo ocurrió en dos minutos. Cuando Cati quedó libre, se llevó las manos a las sienes, como temiendo que la cabeza no estuviera ya en su sitio. Temblando como una caña, la pobre fue a apoyarse en la mesa.

—Ya ves —dijo el malvado, agachándose para recoger la llave que había caído al suelo— que sé castigar a los niños traviesos. Ahora vete con Linton y llora cuanto quieras. Dentro de poco seré tu padre, y tu único padre, y escenas como la de hoy te serán familiares; al fin y al cabo, no eres débil y puedes aguantar lo que sea… ¡Como vuelva a subírsete a la cabeza ese mal genio, te daré tu ración diaria!

Cati corrió hacia mí, apoyó la cabeza en mi regazo y rompió a llorar. Su primo permanecía en un rincón, silencioso y, al parecer, aliviado de que la tormenta estallara sobre otra cabeza que no fuese la suya. Heathcliff se levantó y preparó el té: la vajilla ya estaba dispuesta. Sirvió las tazas.

—Basta de tristezas —me dijo, alargándome una—. Sirve a esos dos mocosos. No tengas miedo, no está envenenada. Voy a buscar vuestros caballos.

Apenas salió, empezamos a buscar una salida. La puerta de la cocina estaba cerrada, y las ventanas, demasiado angostas incluso para la esbeltez de Cati.

—Señorito Linton —le dije—, ahora mismo nos explica qué pretende su padre, o cuente con que le vapuleo como él ha hecho con su prima.

—Sí, Linton, dínoslo —añadió Catalina—. Todo esto ha pasado por venir a verte; si te niegas a hablar, serás un ingrato.

—Dame el té y te lo digo —repuso—. Señora Dean, retírese un momento; me molesta que esté siempre encima. Cati, se te caen las lágrimas en mi taza. No quiero esa; dame otra.

Cati le dio otra y se enjugó las lágrimas. Su serenidad me ofendió. Comprendí que su padre lo habría amenazado si no lograba atraernos a aquella celada y que, una vez conseguido, ya no temía castigo.

—Papá quiere que nos casemos —dijo, tras un sorbo—. Como sabe que tu padre no lo permitiría ahora, y teme que yo muera antes, debemos casarnos mañana por la mañana. Así que tienes que quedarte esta noche aquí y, después de obedecer, venir a buscarme al día siguiente y llevarme contigo.

—¿Llevarlo con ella? —exclamé—. ¿Está loco ese hombre, o cree que somos idiotas? ¿De veras imagina que esta señorita va a casarse con un desdichado como usted? ¿Cree que alguien en su sano juicio lo aceptaría por marido? Se merece usted una buena zurra por habernos traído con sus artimañas cobardes y… ¡No me mire así, que me dan ganas de curarle la maldad y la tontería a palos!

Le empujé y le sobrevino un ataque de tos. Empezó a gimotear. Cati me detuvo.

—¡¿Quedarme aquí toda la noche?! —dijo—. ¡Si hace falta, prendo fuego a la puerta para salir!

Y ya iba a hacerlo. Pero Linton, asustado por las consecuencias que eso tendría para él, se incorporó, la sujetó con sus brazos débiles y, entre sollozos, suplicó:

—¿No quieres salvarme, Cati? ¿No quieres llevarme a la Granja? No me dejes, Catalina. Debes obedecer a mi padre.

—Yo debo obedecer al mío —replicó—. ¿Qué pasará si paso la noche fuera? Ya debe de estar angustiado por mi ausencia. Tengo que salir de aquí como sea. Tranquilízate: no te pasará nada. Pero no te opongas, Linton. A mi padre lo quiero más que a ti.

El pánico de Linton a Heathcliff lo volvió hasta elocuente. Cati, al borde de perder la razón, le rogó que dominara ese miedo vergonzoso. En eso, volvió nuestro carcelero.

—Vuestros caballos se han ido —anunció—. ¡Pero Linton! ¿Otra vez llorando? ¿Qué te ha hecho tu prima? Anda, vete a acostarte. Pronto podrás devolverle sus violencias. Suspiros de amor, ¿eh? ¡Claro, no hay nada mejor! Acuéstate. Zillah no está, así que te las arreglas solo. ¡Silencio! Y no temas que entre cuando estés en la cama. Has tenido la fortuna de hacer bastante bien lo tuyo. Yo me encargo del resto.

Abrió la puerta del cuarto de su hijo; Linton entró con el aspecto de un perro que teme la patada. Cerrada la puerta, Heathcliff se acercó al fuego. Cati alzó la vista y, por reflejo, se llevó la mano a la mejilla al verlo acercarse. Él la miró con dureza.

—¿Que no me temías? Ahora tu valentía está bien escondida. Te veo condenadamente asustada.

—Lo estoy —admitió—, porque si me quedo, papá se llevará un disgusto horrible. Y no quiero causárselo ahora que está como está. Señor Heathcliff, déjeme irme. Me casaré con Linton; mi padre está de acuerdo. ¿Para qué obligarme a hacer lo que ya estoy dispuesta a hacer?

—¡Que la obligue si se atreve! —grité—. ¡Hay leyes, gracias a Dios, hasta en este rincón! ¡Lo denunciaré, aunque fuera mi propio hijo! ¡Sinvergüenza!

—¡Silencio! —cortó—. ¡Demonio de mujer, qué alboroto! No me interesa oíros. Catalina: me alegrará en el alma saber que tu padre está desconsolado. La satisfacción no me dejará dormir. No habrías hallado mejor modo de convencerme de retenerte veinticuatro horas. Y sobre tu boda con Linton, no temas: sucederá, porque de aquí no sales hasta que ocurra.

—Entonces envíe a Elena a avisar que estoy bien, o cásenos ahora mismo —suplicó Catalina, deshecha—. ¡Pobre papá! Pensará que nos hemos perdido… ¿Qué hacemos, Elena?

—Tu padre creerá que te cansaste de cuidarlo y fuiste a distraerte —repuso Heathcliff—. No negarás que entraste en mi casa por tu voluntad, aunque él te lo prohibiera. Y es natural que te canse un enfermo que no es más que tu padre. Mira, Catalina: cuando naciste tu padre ya había dejado de ser feliz. Probablemente te maldijo por venir al mundo, como yo lo hice también. Justo es que te maldiga al irse. Yo lo imitaré. No te confundas: disto mucho de quererte. Llora, llora: ésa será en adelante tu principal ocupación… A menos que Linton te consuele, como esperaba tu previsor padre. Me divertí leyendo sus cartas a mi joyita: consejos, ánimos… En la última le encargaba que cuidara de la suya cuando la tuviera en su poder. ¡Qué tierno! Pero Linton necesita toda su capacidad de afecto para sí mismo. Hará muy bien de tiranuelo doméstico; es capaz de atormentar a todos los gatos, siempre que antes les limen los dientes y les corten las uñas. Cuando vuelvas a casa, podrás contarle mucho a tu tío sobre esas amabilidades.

—Tiene razón —dije—. Explíquele a Cati que el carácter de su hijo es el suyo, y quizá la señorita Catalina piense dos veces antes de casarse con semejante reptil.

—No estoy para hablar de sus virtudes —zanjó—. O lo acepta, o se queda encerrada aquí, y tú con ella, hasta que tu amo se muera. Puedo ocultaros todo lo que haga falta. Si lo dudas, anímala a rectificar, y verás.

—No rectificaré —dijo Cati—. Si hace falta, me casaré ahora mismo, con tal de ir enseguida a la Granja. Usted es cruel, pero no un demonio; no creo que por pura malicia quiera destrozar mi vida de forma irreparable. Si mi padre cree que he huido y muere antes de que yo vuelva, no podré soportarlo. Mire, ya no lloro, pero me arrodillo ante usted, y no me levantaré ni apartaré la vista de su rostro hasta que me mire. ¡Míreme; no vuelva la cara! No me ofende que me haya maltratado. ¿No ha amado nunca a nadie, tío? ¿Nunca? Míreme: si me ve tan desdichada, no podrá otra cosa que compadecerme.

—¡Suéltame y apártate, o te pateo! —rugió—. ¡No sueñes con halagarme! ¡Te odio!

Un escalofrío le recorrió el cuerpo, como si el contacto de Catalina le repugnara. Yo me puse en pie dispuesta a soltarle una andanada de insultos; al primero, me amenazó con encerrarme sola, y hube de callar.

Empezaba a oscurecer. Oímos voces en la puerta. Heathcliff salió a toda prisa. Conservaba la perspicacia, a diferencia de nosotras. Habló un par de minutos y volvió solo.

—Creí —le dije quedo a Cati— que sería tu primo Hareton. Si apareciera, quizá se pusiera de nuestra parte.

—Eran tres criados de la Granja, tres —replicó Heathcliff, que me oyó—. Podías haber abierto la ventana y gritar. Pero estoy seguro de que esta muchacha agradece que no lo hicieras. En el fondo, le complace quedarse.

Las dos nos lamentamos de aquella ocasión perdida. A las nueve nos mandó subir al cuarto de Zillah. Aconsejé obedecer: quizá desde allí pudiéramos escapar por la ventana o algún tragaluz. La ventana era estrechísima, y una trampilla al desván estaba bien cerrada; fue inútil. Ninguna se acostó. Cati se sentó junto a la ventana a esperar la aurora, y solo respondía con suspiros a mis ruegos de que descansara. Yo, en una silla, me puse a pasar cuentas con mi conciencia, convencida de que mis faltas habían traído todas las desgracias de mis amos.

Heathcliff llegó a las siete y preguntó si la señorita estaba levantada. Ella corrió a la puerta y dijo que sí.

—Vamos, entonces —dijo, llevándosela.

Quise seguirla, pero cerró la puerta con llave. Le rogué que me soltara.

—Ten paciencia —respondió—. En un rato te traerán el desayuno.

Golpeé la puerta con furia y sacudí el picaporte. Cati le preguntó por qué prolongaba mi encierro. Él contestó que sería una hora más. Y se marcharon. Dos o tres horas después oí pasos; una voz que no era la suya dijo:

—Te traigo la comida. Abre.

Obedecí. Era Hareton, con provisiones para todo el día.

—Toma —dijo, tendiéndomelas.

—Escúchame un minuto —alcancé a empezar.

—No —cortó, marchándose sin atender mis súplicas.

El día y la noche siguientes, seguí encerrada. Y aún más: en total, cinco noches y cuatro días. No veía a nadie salvo a Hareton, que aparecía cada mañana. Cumplía su papel de carcelero con rigor: insensible, sordo y mudo a cualquier intento de tocarle la justicia o la piedad.

CAPÍTULO XXVIII: UNA VISITA INESPERADA

Al caer la tarde del quinto día, oí unos pasos suaves y ligeros acercarse a la habitación. La puerta se abrió y apareció Zillah, vestida con su chal rojo, su sombrero negro de seda y una canastilla colgada del brazo.

—¡Oh, querida señora Dean! —exclamó al verme—. ¡No sabe usted lo que se decía en Gimmerton! Corría el rumor de que se habían ahogado usted y la señorita en el pantano del Caballo Negro. Yo misma lo creí hasta que el amo me aseguró que las había encontrado y hospedado aquí. ¡Qué alegría verla viva! ¿Qué les pasó? ¿Quedaron atrapadas en alguna islita del fango? ¿Fue el amo quien las rescató? En fin, lo importante es que no ha sufrido mucho, por lo que se ve.

—Su amo es un miserable —repliqué—, y esto le costará caro. Esa historia inventada no le servirá de nada: ¡ya se sabrá toda la verdad!

—¿Qué dice usted? —preguntó Zillah, sobresaltada—. En el pueblo no se hablaba de otra cosa. Al llegar, le comenté a Hareton: "¡Qué desgracia lo de la señorita y la señora Dean! ¡Qué cosas pasan!". Él me miró atónito, y entonces le conté el rumor. El amo nos oyó y dijo: "Sí, Zillah, cayeron en el pantano, pero se salvaron. Elena Dean está instalada en tu cuarto. Dile que ya puede irse; toma la llave. El agua del pantano se le subió a la cabeza y habría regresado delirando. En fin, la traje aquí y ya está bien. Dile que si quiere, se vaya corriendo a la Granja y avise de mi parte que la señorita llegará a tiempo para asistir al funeral del señor".

—¡Oh, Zillah! —exclamé, horrorizada—. ¿Ha muerto el señor Linton?

—Tranquilícese, todavía no —respondió—. Siéntese, que no está usted del todo repuesta. Me crucé con el doctor Kenneth en el camino, y me dijo que el enfermo quizá resista un día más.

En vez de sentarme, salí corriendo. Bajé al salón buscando a alguien que me informara de Cati. Las ventanas estaban abiertas, la habitación bañada de sol, pero no había nadie. Vacilé sin saber adónde ir, cuando una tos cerca del fuego llamó mi atención. Allí estaba Linton, sentado junto a la chimenea, chupando un terrón de azúcar y mirándome con indiferencia.

—¿Dónde está la señorita Catalina? —le pregunté, segura de que, al encontrarlo solo, el miedo le haría confesar.

Pero siguió chupando el azúcar como un idiota.

—¿Se ha ido? —insistí.

—No. Está arriba. No se irá; no la dejaremos.

—¿Cómo que no la dejarán, imbécil? ¡Dígame dónde está o verá lo que es bueno!

—Papá sí que te enseñará lo que es bueno si intentas subir —contestó con petulancia—. Me ha dicho que no tengo por qué andar con contemplaciones con Cati. Es mi mujer, y es una vergüenza que quiera marcharse de mi lado. Dice que desea que yo muera para quedarse con mi dinero, pero no lo tendrá, ni se irá de aquí, por mucho que llore o patalee.

Y volvió a chupar su terrón, entornando los ojos.

—Señorito —le dije con indignación—, ¿ha olvidado lo bien que ella se portó con usted el invierno pasado, cuando venía a diario a traerle libros y cantarle canciones entre viento y nieve? ¡Pobre Cati! Cada día que no venía lloraba pensando en su tristeza, y usted entonces decía que era demasiado buena para usted. Y ahora, fingiéndose creyente de las mentiras de su padre, se alía con él, sabiendo que los engaña a ambos… ¡Bonita manera de demostrar gratitud!

Linton torció los labios y retiró el azúcar.

—¿Venía a Cumbres Borrascosas porque le odiaba? —continué—. ¡Usted mismo lo sabe! Y en cuanto a su dinero, ella no tiene idea de cuánto posee ni le importa. ¡Y la abandona sola, en esta casa maldita! Usted, que se quejaba de su soledad, ahora no se apiada de la suya. Yo, que solo soy su antigua criada, he rezado por ella, y usted, que decía amarla, se guarda las lágrimas para usted mismo. ¡Es usted un egoísta y un cobarde!

—No puedo soportarla —respondió—. Llora sin cesar. Aunque la amenazo con llamar a mi padre, no calla. Ya lo hice una vez, y él la amenazó con ahogarla si no se callaba. Pero apenas se fue, ella volvió a llorar, y yo le grité que me molestaba, que no me dejaba dormir.

—¿Está su padre en casa? —pregunté, viendo que era incapaz de sentir nada.

—Está hablando en el patio con el doctor Kenneth —dijo—. Creo que el tío al fin se está muriendo. Y me alegro, porque así seré dueño de su casa. Cati dice siempre "mi casa", pero es mía. Papá dice que todo lo de ella es mío. Sus libros, sus pájaros, su jaca… todo. Incluso me ofreció un medallón con retratos de su madre y su tío, para que la dejara escapar. Pero son míos, así que intenté quitárselo. Me empujó, yo grité —porque sé que eso la asusta—, y vino papá. Al llegar, ella rompió el medallón y escondió uno de los retratos. Papá me quitó el otro y la obligó a darle el que quedaba. Cuando ella se negó, la tiró al suelo, se lo arrancó y lo pisoteó.

—¿Y qué le pareció el espectáculo? —pregunté con ironía.

—Guiñé los ojos —contestó—. Siempre lo hago cuando papá golpea a un perro o a un caballo, porque lo hace con fuerza. Al principio me alegré; ella me había empujado. Cuando papá se fue, me mostró cómo le sangraba la boca, se había cortado con los dientes. Luego recogió los pedazos del retrato, se sentó contra la pared y no me volvió a hablar. A veces creo que el dolor no la deja pronunciar palabra. Pero es terrible: no hace más que llorar y está tan pálida que me asusta.

—¿Podría usted coger la llave si quisiera? —pregunté.

—Cuando estoy arriba, sí. Pero ahora no puedo.

—¿Dónde la tiene?

—Es un secreto. No te lo diré —respondió con desgano—. Ni Hareton ni Zillah lo saben. ¡Y basta! Estoy cansado de hablar contigo. Márchate.

Apoyó la cabeza en el brazo y cerró los ojos.

Reflexioné que lo mejor era regresar a la Granja sin ver a Heathcliff y buscar allí ayuda para la señorita. El asombro y la alegría de los criados al verme fueron enormes. En cuanto mencioné que Cati estaba viva, varios corrieron a avisar al amo, pero me adelanté. Lo encontré cambiado: la muerte lo rondaba. Era aún joven, no pasaba de los treinta y nueve, aunque parecía de menos. Al verme, murmuró el nombre de su hija. Me incliné hacia él y le dije:

—Vendrá enseguida, señor. Está bien, y creo que llegará esta noche.

Temí que la alegría lo perjudicara, y así fue: se incorporó, miró alrededor y se desmayó. Pero pronto recobró el sentido, y entonces le conté lo ocurrido. Evité hablar de los detalles más crueles y de Linton, para no aumentar su sufrimiento. Comprendió que Heathcliff buscaba apoderarse de su fortuna y propiedades para su hijo, pero no entendía por qué no había esperado su muerte, ignorando que Linton no viviría mucho más que él. Aun así, quiso modificar su testamento: dejaría la herencia de Cati bajo custodia de personas de confianza, concediéndole solo el usufructo, y la plena posesión pasaría a sus hijos, si llegaba a tenerlos. Así impediría que Heathcliff obtuviera los bienes aunque su hijo muriera.

Envié a un mensajero por el procurador y a cuatro hombres armados a buscar a la señorita. El primero regresó tras dos horas: el señor Green iría al día siguiente. Los otros volvieron sin éxito: Cati estaba enferma, decían, y Heathcliff no había permitido verla. Los reprendí con dureza y resolví no decir nada a mi amo. Estaba decidida a ir yo misma a Cumbres Borrascosas al amanecer, aunque tuviera que tomar la casa por asalto. Me juré que su padre la vería, aunque aquel miserable muriera impidiéndolo.

Pero no fue necesario. A eso de las tres, bajaba por agua cuando escuché unos golpes en la puerta. Me sobresalté. "Debe ser Green", pensé. Pero el golpe se repitió, y corrí a abrir. Fuera brillaba la luna. No era el procurador: era la señorita, que me saltó al cuello exclamando:

—¿Vive todavía mi padre, Elena?

—Sí, hija mía —respondí—. ¡Gracias a Dios que ha vuelto!

Quiso correr a su habitación, pero la obligué a sentarse un momento, le di agua y le froté el rostro hasta que recuperó el color. Luego le pedí que me dejara entrar primero para anunciarla y le rogué que dijera que era feliz con el joven Heathcliff. Me miró con asombro, luego asintió.

No estuve presente en su encuentro con el padre; esperé fuera. Un cuarto de hora después entré: todo estaba en calma. La desesperación de Cati era tan silenciosa como la dicha del moribundo. Él la miraba con ternura extática. Murió feliz, señor Lockwood: besó las mejillas de su hija y dijo:

—Me voy a su lado, y tú, querida mía, vendrás después con nosotros.

No volvió a hablar. Su mirada quedó fija, y el pulso fue extinguiéndose poco a poco hasta cesar. Tan sereno fue su fin, que ninguno percibimos el instante exacto en que su alma partió.

Catalina permaneció allí hasta el amanecer, inmóvil, con los ojos secos: quizá ya no le quedaban lágrimas, o el dolor era tan hondo que no podía llorar. A mediodía seguía igual, y me costó convencerla de que descansara.

A esa hora llegó el procurador. Había pasado antes por Cumbres Borrascosas a recibir instrucciones de Heathcliff, que lo había sobornado, razón por la cual se retrasó. Por fortuna, el señor Linton no se había preocupado ya de nada desde la llegada de su hija.

El señor Green actuó con rapidez: despidió a todos los criados salvo a mí, y habría dispuesto que enterraran al difunto en el panteón familiar si no me hubiera opuesto, amparándome en el testamento, que estaba allí y hubo de cumplirse.

El entierro se hizo con premura. Catalina —ya señora Heathcliff— permaneció en la Granja hasta que el cuerpo de su padre fue llevado fuera. Luego me contó que su dolor conmovió por fin a Linton, quien la liberó. Había oído a Heathcliff discutir con los hombres que yo envié, comprendió lo que decía y, presa del pánico, aprovechó para tomar la llave, dejar la puerta abierta y pedir dormir con Hareton.

Catalina huyó antes del amanecer. Temiendo que los perros ladraran, no se atrevió a salir por la puerta. Halló la habitación de su madre y se descolgó por el gran abeto que rozaba la ventana. Aquellas precauciones, sin embargo, no bastaron para evitar que su cómplice sufriera el castigo correspondiente.

CAPÍTULO XXIX: UNA MIRADA QUE DESGARRÓ EL CORAZÓN

La tarde siguiente al entierro, Cati y yo nos sentamos en la biblioteca, meditando y hablando del sombrío porvenir que se nos presentaba.

Pensábamos que lo mejor sería lograr que Catalina fuese autorizada a seguir habitando la «Granja de los Tordos», al menos mientras viviera Linton. Yo sería su ama de llaves, y ello nos parecía tan relativamente bueno, que dudábamos de conseguirlo. No obstante, yo tenía esperanzas. De improviso, un criado —ya que, aunque estaban despedidos, éste no se había marchado aún— vino a advertirnos de que «aquel demonio de Heathcliff» había entrado en el patio, y quería saber si le daba con la puerta en las narices.

No estábamos tan locas como para mandar que lo hiciese, ni él nos dio tiempo. Entró sin llamar ni pedir permiso: era el amo ya y usaba de sus derechos. Llegó a la biblioteca, mandó salir al criado y cerró la puerta. Estaba en la misma habitación donde dieciocho años atrás entrara como visitante. A través de la ventana brillaba la misma luna y se divisaba el mismo paisaje de otoño. No habíamos encendido la luz aún, pero había bastante claridad en la cámara, y se distinguían bien los retratos de la señora Linton y de su esposo. Heathcliff se acercó a la chimenea. Desde aquella época no había cambiado mucho. El mismo rostro algo más pálido y más serenó tal vez, y el cuerpo un tanto más pesado. No había más diferencia que aquélla.

—¡Basta! —dijo sujetando a Catalina, que se había levantado y se disponía a escaparse—. ¿Adónde vas? He venido para conducirte a casa. Espero que procederás como una hija sumisa y que no inducirás a mi hijo a desobedecerme. No supe de qué modo castigarle cuando descubrí lo que había hecho. ¡Como es tan endeble! Pero ya notarás en su aspecto que ha recibido su merecido. Mandé que le bajasen, le hice sentarse en una silla, ordené que saliesen José y Hareton, y durante dos horas estuvimos los dos solos en el cuarto. A las dos horas ordené a José que volviese a llevársele, y desde entonces, cada vez que me ve, mi presencia le asusta más que la de un fantasma. Según Hareton, se despierta por la noche chillando e implorándote que le defiendas. De modo, que quieras o no, tienes que venir a ver a tu marido. Te lo cedo para ti sola: tendrás que preocuparte tú de él.

—Podía usted dejar que Cati viviera aquí con Linton —intercedí yo—. Ya que les detesta usted, no les echará de menos. No harán más que atormentarle con su presencia.

—Pienso arrendar la «Granja» —respondió— y, además, deseo que mis hijos estén a mi lado y que esta muchacha trabaje para ganarse su pan. No voy a sostenerla como una holgazana ahora que Linton ha muerto. Vamos, date prisa, y no me obligues a apelar a la fuerza.

—Iré —dijo Cati—. Aunque usted ha hecho todo lo posible para que nos aborrezcamos el uno al otro. Linton es el único cariño que me queda en el mundo, y le desafío a usted a que le haga padecer cuando yo esté presente.

—Aunque te erijas en su paladina —respondió Heathcliff— no te quiero tan bien que vaya a quitarte el tormento de atenderle mientras viva. No soy yo quien te hará aborrecerle. Su dulce carácter se encargará de ello. Como consecuencia de tu fuga y de las consecuencias que tuvo para él, le vas a hallar tan agrio como el vinagre. Ya le oí explicar a Zillah lo que haría si fuese tan fuerte como yo: el cuadro era admirable. Mala inclinación no le falta, y su misma debilidad le hará encontrar algún medio con que sustituir el vigor de que carece.

—Como que es su hijo —dijo Cati—. Sería milagroso que no tuviera mal carácter. Y celebro que el mío sea mejor y me permita perdonarle. Sé que me ama y por eso le amo yo también. En cambio, señor Heathcliff, a usted no le ama nadie, y por muy desgraciados que nos haga ser, nos desquitaremos pensando que su crueldad procede de su desgracia. ¿Verdad que es usted desgraciado? Está usted tan solitario como el diablo y es tan envidioso como él. Nadie le ama y nadie le orará cuando muera. ¡Le compadezco!

Catalina habló en lúgubre tono de triunfo. Parecía dispuesta a amoldarse al ambiente de su futura familia y a disfrutar, como ellos, en el mal de sus enemigos.

—Tendrás que compadecerte de ti misma —replico su suegro— si sigues aquí un minuto más. Coge tus cosas, bruja, y vente.

Cati se fue. Yo comencé a rogar a Heathcliff que me permitiera ir a «Cumbres Borrascosas» para hacer los menesteres de Zillah, mientras ésta se encargaba de mi puesto en la «Granja», pero él se negó rotundamente. Después de hacerme callar, examinó el cuarto. Al ver los retratos, dijo:

—Voy a llevarme a casa el de Catalina. No me hace falta para nada, pero… Se acercó al fuego y dijo:

—Te voy a explicar lo que hice ayer. Ordené al sepulturero que cavaba la fosa de Linton que quitase la tierra que cubría el ataúd de Catalina, y lo hice abrir. Creí que no sabría separarme de allí cuando vi su cara. ¡Sigue siendo la misma! El enterrador me dijo que se alteraría si seguía expuesta al aire. Arranqué entonces una de las tablas laterales del ataúd, cubrí el hueco con tierra (no el lado del maldito Linton, que ojalá estuviera soldado con plomo, sino el otro), y he sobornado al sepulturero para que cuando me entierren a mí quite también el lado correspondiente de mi féretro. Así nos confundiremos en una sola tumba, y si Linton nos busca no sabrá distinguirnos.

—Es usted un malvado —le dije—. ¿No le da vergüenza turbar el reposo de los muertos?

—A nadie he turbado su reposo, Elena, y en cambio me he desahogado un poco yo. Me siento mucho más tranquilo, y así es más fácil que podáis contar con que no salga de mi tumba cuando me llegue la hora. ¡Turbarla! Dieciocho años lleva turbándome ella a mí, dieciocho años, hasta anoche mismo… Pero desde ayer me he tranquilizado. He soñado que dormía al lado de ella mi último sueño, con mi mejilla apoyada en la suya.

—¿Y qué hubiera usted soñado si ella se hubiera disuelto bajo tierra o cosa peor?

—¡Que me disolvía con ella y entonces me hubiera sentido aún más contento! ¿Te figuras que me asustan esas transformaciones? Esperaba que se hubiera descompuesto cuando mandé abrir la caja, pero me alegro de que no principie su descomposición hasta que la comparta conmigo. Luego tú no sabes lo que me sucede… Pero empezó así: yo creo en los espíritus, y estoy convencido de que existen y viven entre nosotros. Y desde que ella murió no hice más que invocar al suyo para que me visitase. El día que la enterraron, nevó. Al oscurecer me fui al cementerio. Soplaba un viento helado, y reinaba la soledad. Yo no temí que el simple de su marido fuese tan tarde, y no era probable que nadie merodease por allí. Al pensar que sólo me separaban de ella dos varas de tierra blanda, me dije: "Quiero volver a tenerla entre mis brazos. Si está fría, lo atribuiré a que el viento del norte me hiela, y si está inmóvil pensaré que duerme".

»Cogí una azada y cavé con ella hasta que tropecé con el ataúd. Entonces principié a trabajar con las manos, y ya crujía la madera, cuando me pareció percibir un suspiro que sonaba al mismo borde de la tumba. "¡Si pudiese quitar la tapa —pensaba— y luego nos enterraran a los dos!" Ya me esforcé en conseguirlo. Pero oí otro suspiro. Y me pareció notar un tibio aliento que caldeaba la frialdad del aire helado. Bien sabía que allí no había nadie vivo, pero tan cierto como se siente un cuerpo en la oscuridad aunque no se le vea, tuve la sensación de que Catalina estaba allí, y no en el ataúd, sino a mi lado. Experimenté un inmediato alivio. Suspendí mi trabajo y me sentí consolado. Ríete, si quieres, pero después de que cubrí la fosa otra vez, tuve la impresión de que ella me acompañaba hasta casa. Estaba seguro de que se hallaba conmigo y hasta le hablé. Cuando llegué a las «Cumbres», recuerdo que aquel condenado Earnshaw y mi mujer me cerraron la puerta. Me contuve para no romperle la cabeza a golpes, y después subí precipitadamente a nuestro cuarto. Miré en torno mío con impaciencia. ¡La sentía a mi lado, casi la veía, y sin embargo no lograba divisarla! Creo que sudé sangre de tanto como rogué que se me apareciese, al menos un instante. Pero no lo conseguí. Fue tan diabólica para mí como lo había sido siempre durante su vida. Desde entonces, unas veces más y otras veces menos, he sido víctima de esa misma tortura. Esto me ha sometido a una tensión nerviosa tan grande, que si mis nervios no estuviesen tan templados como cuerdas de violín, no hubiera resistido sin hacerme un desgraciado.

»Si me hallaba en la sala con Hareton, figurábaseme que la vería cuando saliese. Cuando paseaba por los pantanos, esperaba hallarla al volver. En cuanto salía de casa, regresaba creyendo que ella debía andar por allá. Y si se me ocurría pasar la noche en su alcoba me parecía que me golpeaban. Dormir allí me resultaba imposible. En cuanto cerraba los ojos, la sentía fuera de la ventana, o entrar en el cuarto, correr las tablas y hasta descansar su adorada cabeza en la misma almohada donde la ponía cuando era niña. Entonces yo abría los ojos para verla, y cien veces los cerraba y los volvía a abrir y cada vez sufría una desilusión más. Esto me aniquilaba hasta tal punto que a veces lanzaba gritos y el viejo pillo de José me creía poseído del demonio. Pero ahora que la he visto estoy más sosegado. ¡Harto me ha atormentado durante dieciocho años, no pulgada a pulgada, sino por fracciones del espesor de un cabello, engañándome año tras año con una esperanza que no se realizaba jamás!

Heathcliff calló y se secó la frente, que tenía húmeda de sudor. Sus ojos contemplaban las brasas del fuego. Tenía las cejas levantadas y una apariencia de dolorosa tensión cerebral le daba un aspecto conturbado.

Al hablar se dirigía a mí vagamente. Yo callaba. No me agradaba aquel modo de expresarse.

Tras una breve pausa, descolgó el retrato de la señora Linton, lo puso sobre el sofá y lo contempló fijamente. Cati entró en aquel momento y dijo que estaba pronta a marchar en cuanto ensillasen el caballo.

—Envíame eso mañana —me dijo Heathcliff. Y agregó, dirigiéndose a ella—: Hace una buena tarde y no necesitas caballo. Cuando estés en «Cumbres Borrascosas» tendrás de sobra con los pies.

—¡Adiós, Elena! —dijo mi señorita, besándome con helados labios—. No dejes de ir a verme.

—Líbrate muy bien de ello —me advirtió su nuevo suegro—. Cuando te necesite para algo, ya vendré a visitarte. No quiero que andes husmeando por mi casa.

Hizo señal a Cati de que le siguiera, y ella le obedeció, lanzando una mirada hacia atrás que me desgarró el corazón. Les vi desde la ventana bajar el jardín. Heathcliff cogió el brazo de Catalina, a pesar de que ella se negaba, y con rápido paso desaparecieron bajo los árboles del sendero.

CAPÍTULO XXX: "HE RECUPERADO MI LIBERTAD"

Fui a ver a Cati una vez, pero José no me dejó pasar. Dijo que la señora estaba bien y que el amo andaba fuera. De no ser por Zillah —que me ha contado algo— no sabría nada de ellos: ni si viven, ni si penan, ni si mueren. Zillah no aprecia a Cati; la tiene por altiva.

Al principio, la señorita le pidió ciertos servicios, pero el amo lo prohibió, y Zillah se felicitó por ello, entre pereza y falta de juicio. Aquello encendió en Cati una indignación infantil, y añadió a Zillah a su lista de enemigos. Hace seis semanas, poco antes de su llegada, tuve una larga charla con Zillah. Esto fue lo que me refirió:

«El día que la señora llegó a "Cumbres", sin saludar siquiera, corrió al cuarto de Linton y se encerró con él. A la mañana siguiente, mientras Hareton y el amo desayunaban, apareció en el salón, temblando de pies a cabeza, y preguntó si podían ir a buscar al médico: su marido estaba muy mal.

—Ya lo sé —respondió Heathcliff—. Pero su vida no vale ni un penique, y ni un penique gastaré.

—Si no se le socorre, se muere. Yo no sé qué hacer —dijo ella.

—¡Fuera de aquí! —tronó el amo—. No me hables de él. Nada nos importa lo que le pase. Si quieres, cuídalo; y si no, enciérralo y déjalo solo.

»Entonces vino a mí, pero le dije que el muchacho ya me había dado trabajo de sobra y que ahora tocaba a ella cuidar de su marido, como ordenó Heathcliff.

»No sé bien cómo se arreglaron. Imagino que Linton se pasaba gimiendo día y noche, sin dejarla descansar, a juzgar por sus ojeras. A veces asomaba por la cocina como pidiendo auxilio, pero yo no pensaba desobedecer al señor. No me atrevo a llevarle la contraria, señora Dean; y aunque bien veía que debían haber llamado al médico, no me correspondía a mí tomar la iniciativa. Un par de veces, ya acostados, me asomé a la escalera y la vi sentada en los peldaños, llorando; entonces me retiré, temiendo que me pidiera ayuda. Me daba lástima, sí, pero no era cosa de perder el puesto. Por fin, una noche entró decidida en mi cuarto y me dijo:

—Avisa al señor Heathcliff de que su hijo se muere. Estoy segura.

»Y se fue. Me quedé un cuarto de hora en la cama, escuchando y temblando. No oí nada.

—Se habrá equivocado —pensé—. Linton se habrá repuesto; no hace falta molestar a nadie.

»Volví a dormirme. Me despertó la campanilla de Linton: la usaba para llamar. El amo me mandó que subiera a decirles que no quería volver a oír ese ruido.

»Entonces le transmití el recado de la señorita. Empezó a maldecir, encendió una vela y subió al cuarto de su hijo. Le seguí. La señora estaba sentada junto al lecho, las manos cruzadas sobre las rodillas. Heathcliff acercó la vela al rostro de Linton, lo miró y lo tocó, y dijo:

—¿Qué te parece esto, Catalina?

»Ella callaba.

—Que qué te parece, he dicho.

—Me parece —respondió— que él se ha salvado y que yo he recuperado la libertad… Debería alegrarme; pero —añadió con amargura— me dejó tanto tiempo peleando sola contra la muerte que ya no veo otra cosa a mi alrededor, y hasta me parece estar muerta yo.

»Y así lo parecía, de verdad. Le hice beber un poco de vino. Nuestro ir y venir despertó a Hareton y a José, que entraron. A José me pareció verlo satisfecho de la muerte del muchacho; en cuanto a Hareton, se lo notaba confuso y más pendiente de mirar a Catalina que de pensar en Linton. El señor lo mandó de vuelta a la cama. A José le ordenó llevar el cadáver a su cuarto y a mí me envió al mío. La señora se quedó sola.

»A la mañana siguiente, Heathcliff me mandó llamarla para desayunar. Catalina se había desnudado y estaba a punto de acostarse. Me dijo que se sentía mal, lo cual no me extrañó; se lo comenté al señor Heathcliff. Él respondió:

—Bien, que descanse. Sube de vez en cuando y llévale lo que necesite; y, tras el entierro, cuando creas que está mejor, me avisas».

Zillah continuó contándome que Catalina permaneció encerrada en su cuarto quince días más. La visitaba dos veces al día e intentaba tratarla con amabilidad, pero Cati la rechazaba con brusquedad. Heathcliff subió una vez para mostrarle el testamento de Linton: cedía a su padre todos sus bienes y los que pertenecían a su esposa.

La obligaron a firmar mientras Cati estaba en la Granja, con su padre moribundo. La herencia se refería a los muebles y demás efectos, porque, al ser menor, Linton no podía testar sobre la tierra. Aun así, Heathcliff ha hecho valer sus derechos sobre esas tierras en nombre de su difunta esposa y en el suyo. Creo que, en lo legal, tiene razón; en cualquier caso, Catalina carece de dinero y amigos, así que no ha podido disputar nada.

«Sólo yo —prosiguió Zillah— subía a su cuarto, salvo aquella vez del amo. Nadie más se ocupaba de ella. Bajó por primera vez un domingo por la tarde. Cuando le llevé la comida me dijo que no aguantaba el frío de arriba. Le respondí que el amo iba a la Granja y que Hareton y yo no la molestaríamos. En cuanto oyó el trote del caballo de Heathcliff, bajó, vestida de negro, con los rubios cabellos lisos, peinados detrás de las orejas.

»José y yo solemos ir los domingos a la capilla —no a la iglesia, que anda sin pastor —aclaró la señora Dean—. José ya se había ido, pero yo preferí quedarme en casa —siguió Zillah—: conviene una persona de edad que vigile a los jóvenes, y Hareton, por tímido que parezca, no es modelo de virtud. Le advertí que su prima seguramente bajaría a hacernos compañía, y que, como ella guardaba el día del Señor, mejor que no trabajara ni se pusiera a engrasar escopetas mientras estuviera con nosotros. Se ruborizó, miró su ropa y sus manos y apartó el aceite y la pólvora. Entendí que quería ofrecerle compañía, presentándose con mejor aspecto; para ayudarle, le ofrecí mis manos. Se turbó, soltó una blasfemia y luego se dejó ayudar.

»Hareton se puso de buen humor y, cuando Catalina llegó, trató de ser atento con ella. La señorita entró tan fría como el hielo y con altivez de princesa. Le ofrecí mi silla; Hareton también, diciéndole que debía de estar helada.

—Hace un mes que lo estoy —replicó, con toda la desdén que pudo.

»Tomó una silla y se sentó aparte. Calentada un poco, miró alrededor; al ver unos libros en el aparador, intentó cogerlos. Estaban muy altos. Viendo sus esfuerzos, su primo se decidió a ayudarla: fue alcanzándolos y ella los iba amontonando en la falda. Con eso, el muchacho quedó contento. Es cierto que la señora no le dio las gracias, pero a él le bastó sentirse útil, y hasta se atrevió a mirar las páginas con ella, señalándole alguna lámina. No se desanimó por el desprecio con que ella le apartaba los dedos; sólo se echó un poco atrás y, ya que no podía contemplar su rostro, se conformó con sus cabellos. De pronto, casi sin darse cuenta —como un niño que al fin toca lo que mira—, alargó la mano y le rozó un rizo, más suave que un pájaro. Al sentir la mano de Hareton, Catalina pegó un brinco como si la hubieran herido.

—¡Apártate! ¿Cómo te atreves a tocarme? —gritó, indignada—. ¿Qué haces ahí plantado? ¡No te soporto! Si te acercas, me voy.

»Hareton retrocedió, se sentó y se quedó inmóvil. Ella volvió a los libros. Pasada media hora, él me dijo en voz baja:

—Pídele que nos lea, Zillah… Estoy harto de no hacer nada y me gustaría oírla. No digas que se me ocurre a mí. Haz como que lo pides tú.

—El señor Hareton agradecería que nos leyera algo, señorita —me apresuré a decir.

»Frunció el ceño:

—Pues dile al señor Hareton que no acepto sus hipócritas amabilidades. Los desprecio, y no quiero trato. Cuando habría dado la vida por una palabra, se apartaron de mí. No me quejo: he bajado por el frío, no para entretenerlos ni para disfrutar de su compañía.

—Yo no te hice nada —balbuceó Earnshaw.

—Tú eres caso aparte —atajó ella—. Ni he pensado en ti…

—Más de una vez le rogué al señor Heathcliff que me dejara atenderte —replicó él.

—Cállate —ordenó—. Me iré por esa puerta, no sé adónde, si tengo que seguir oyendo tu voz.

»Hareton masculló que, por su parte, podía irse al infierno; descolgó la escopeta y se fue a cazar. Desde entonces él habla con desparpajo delante de ella, y ella ha vuelto a su soledad. A veces, el hielo la obliga a bajar en busca de calor y compañía. Yo mantengo mi altivez como ella la suya. Nadie la quiere, ni se lo gana: a la menor palabra, salta; replica sin respeto a nada; se atreve a insultar al propio amo, y cuanto más la castiga él, más malévola se vuelve».

—Al oír a Zillah —prosiguió la señora Dean—, pensé en dejar este empleo, alquilar una casa y llevarme a Cati. Pero el señor Heathcliff consentiría en ello tanto como permitiría que Hareton montara su propio hogar. No veo salida, salvo que la señorita se case; y eso no está en mi mano.

Así terminó su relato la señora Dean. Por mi parte, pese a los malos augurios del médico, me repongo con rapidez.

Apenas vamos por la mitad de enero, y en un par de días pienso montar a caballo, subir a "Cumbres Borrascosas" y notificar a mi casero que pasaré en Londres los próximos seis meses, y que para octubre busque otro inquilino para la Granja. No quiero, bajo ningún concepto, otro invierno aquí.

CAPÍTULO XXXI: POR UN CAPRICHO TONTO SE MARCHA A LONDRES

Ayer hizo un día despejado, frío y sereno. Como me había propuesto, fui a «Cumbres Borrascosas». La señora Dean me pidió que llevase una nota suya a su señorita, a lo que accedí, ya que no pensé que hubiera en ello segunda intención. La puerta principal estaba abierta, pero la verja no. Llamé a Eamshaw, que estaba en el jardín, y me abrió. El muchacho es tan bello que no se hallaría en la comarca otro parecido. Le miré atentamente. Cualquiera diría que él se empeña en deslucir sus cualidades con su zafiedad.

Pregunté si estaba en casa el señor Heathcliff y me dijo que no, pero que volvería a la hora de comer. Eran las once, y manifesté que le esperaría. Él entonces soltó los utensilios de trabajo y me acompañó, pero en calidad de perro guardián y no para sustituir al dueño de la casa.

Entramos. Vi a Cati preparando unas legumbres. Me pareció aún más hosca y menos animada que la vez anterior. Casi no levantó la vista para mirarme, y continuó su faena sin saludarme ni con un ademán.

«No veo que sea tan afable —reflexioné yo— como se empeña en hacérmelo creer la señora Dean. Una beldad, sí lo es, pero un ángel, no».

Hareton le dijo con aspereza que se llevase sus cosas a la cocina.

—Llévalas tú —contestó la joven.

Y se sentó en una banqueta al lado de la ventana, entreteniéndose en recortar figuras de pájaros y animales en las mondaduras de patatas que tenía a un lado. Yo me aproximé, con el pretexto de contemplar el jardín, y dejé caer en su falda la nota de la señora Dean.

—¿Qué es eso? —preguntó en voz alta, tirándola al suelo.

—Una carta de su amiga, el ama de llaves de la «Granja» —contesté, incomodado por la publicidad que daba a mi discreta acción, y temiendo que creyera que el papel procedía de mí.

Entonces fue a cogerla, pero ya Hareton se había adelantado, guardándosela en el bolsillo del chaleco, y diciendo que primero había de examinarla el señor Heathcliff. Cati volvió la cara silenciosamente, sacó un pañuelo y se lo llevó a los ojos. Su primo luchó un momento contra sus buenos instintos, y al fin sacó la carta y se la tiró con un ademán lo más despreciativo que pudo. Cati la recogió la leyó, me hizo algunas preguntas sobre los habitantes, tanto personas como animales de la «Granja», y al fin murmuró, como si estuviera hablando consigo misma:

—¡Cuánto me gustaría ir montada en Minny! ¡Cuánto me gustaría subir allá! Estoy fatigada y hastiada, Hareton.

Apoyó su linda cabeza en el alféizar de la ventana, y dejó escapar no sé si un bostezo o un suspiro, sin preocuparse de si la mirábamos o no.

—Señora Heathcliff —dije al cabo de un rato—, usted cree que yo no la conozco, y, sin embargo, creo conocerla profundamente. Así que me extraña que no me hable usted. La señora Dean no se cansa de alabarla, y sufrirá una desilusión si me vuelvo sin llevarle más noticias suyas que las de que no ha dicho nada sobre su carta.

Me preguntó asombrada:

—¿Elena le estima mucho a usted?

—Mucho —balbuceé.

—Pues entonces dígale que le contestaría gustosamente, pero que no tengo con qué. Ni siquiera poseo un libro del que poder arrancar una hoja.

—¿Y cómo puede usted vivir aquí sin libros? —dije—. Yo, que tengo una abundante biblioteca, me aburro en la «Granja», así que sin ellos debe ser desesperante la vida aquí.

—Antes yo tenía libros y me pasaba el día leyendo —fue su respuesta—, pero como el señor Heathcliff no lee nunca, se le antojó destruirlos. Hace varias semanas que no veo ni sombra de ellos. Una vez revolví los libros teológicos de José, con gran indignación de éste, y otra vez, Hareton, encontré un almacén de ellos en tu cuarto: tomos latinos y griegos, cuentos y poesías… Todos, antiguos conocidos míos… Me los traje aquí y tú me los has robado, como las urracas, por el gusto de hurtar, ya que no puedes sacar partido de ellos. ¡Hasta puede que aconsejaras al señor Heathcliff, por envidia, que me arrebatase mis tesoros! Pero la mayor parte de ellos los retengo en la memoria, y de eso sí que no podéis privarme.

Hareton, sonrojándose cuando su prima reveló el robo de sus riquezas literarias, desmintió enérgicamente sus acusaciones.

—Quizá el señor Hareton siente deseos de emular su saber, señora —dije yo, acudiendo en socorro del joven— y se prepara a ser un sabio dentro de algunos años mediante la lectura.

—¡Sí, y que mientras me embrutezca yo! —alegó Catalina—. Es verdad, a veces le oigo cuando intenta deletrear ¡y dice cada tontería! ¿Por qué no repites aquel disparate que dijiste ayer? Me di cuenta de cuando apelabas al diccionario para comprender de lo que se trataba aquella palabra, y te oí renegar y maldecir cuando no comprendiste nada.

Noté que el joven pensaba que era injusto burlarse de su ignorancia y a la vez de sus intentos de rectificarla. Yo compartí su sentimiento, y recordando lo que me contara la señora Dean sobre el primer intento de Hareton para disipar las brumas en que le habían educado, comenté:

—Todos hemos tenido que empezar alguna vez, señora, y todos hemos tropezado en el umbral del saber. Si entonces nuestros maestros se hubiesen burlado de nosotros, aún seguiríamos dando tropezones.

—Yo no me propongo limitar su derecho a instruirse —dijo ella—, pero él no tiene derecho a apoderarse de lo que me pertenece, y a profanarlo con sus errores y sus disparates de pronunciación. Mis libros de verso y de prosa eran sagrados para mí porque me recordaban muchas cosas, y me es odioso verlos mancillados cuando los repite. Además, ha elegido para aprender mis obras favoritas, como si lo hiciera a propósito para molestarme…

Por unos instantes, el pecho de Hareton se agitó en silencio. Estaba colérico y mortificado y le costó mucho dominarse. Yo me puse en pie y me asomé a la puerta. Él salió de la habitación y a los pocos minutos volvió cargado con seis u ocho libros. Se los echó a Cati en el regazo y dijo:

—Ahí los tienes. No quiero volver a verlos más, ni a leerlos, ni a ocuparme para nada de lo que dicen.

—Ya no los quiero —contestó ella—. Me harían recordarte y los odiaría.

Sin embargo, abrió uno, que mostraba haber sido manoseado muchas veces, y comenzó a leer un pasaje con la pronunciación lenta y dificultosa de alguien que estuviera aprendiendo a leer. Después se echó a reír.

—¡Escuchen! —dijo después. Y comenzó a recitar de la misma manera los versos de una antigua balada.

Él no pudo aguantar más. Oí —y no me sentí inclinado a censurarle del todo— un bofetón que hizo callar la provocativa lengua de la muchacha. Ella había hecho todo lo posible para exasperar los incultos pero susceptibles sentimientos de amor propio de su primo, y a éste no se le ocurrió otro argumento que aquel tan contundente para saldar la cuenta. Después él cogió los libros y los arrojó al fuego. Me di cuenta de que este sacrificio que hacía en aras de su rencor le era muy penoso. Supuse que mientras los veía quemarse recordaba el placer que su lectura le había producido, y también pensé en el entusiasmo con que había empezado secretamente a estudiar. Él se había limitado a trabajar y hacer una vida vegetativa hasta que Cati se cruzó en su camino. El desdén que ella le demostraba y la esperanza de que algún día le felicitase habían sido los móviles de su afán de aprender, y he aquí que, por el contrario, ella premiaba sus esfuerzos con mofas.

—¡Mira para lo que valen a un bruto como tú! —gimió Catalina chupándose el labio lastimado y asistiendo al incendio con indignados ojos.

—Más te vale callar —repuso él furiosamente.

Y se dirigió muy agitado hacia la puerta. Me aparté para dejarle pasar, pero en el mismo umbral se tropezó con el señor Heathcliff, que llegaba en aquel momento, y que le preguntó, poniéndole una mano en el hombro:

—¿Qué te pasa, muchacho?

—Nada —contestó el joven.

Y se alejó para devorar a solas su pena.

Heathcliff le miró, y murmuró sin notar que yo estaba allí al lado:

—Sería extraordinario que yo me rectificase. Pero cada vez que me propongo ver en su cara el rostro de su padre veo el de ella. Me es insoportable mirarle.

Bajó la vista, y entró. Estaba pensativo. Noté en su rostro una expresión de inquietud que las otras veces no observara, y me pareció más flaco. Su nuera, al verle entrar, había huido a la cocina.

—Me alegro de que ya pueda salir de casa, señor Lockwood —dijo Heathcliff respondiendo a mi saludo—, aunque hasta cierto punto sea por egoísmo, ya que no me sería fácil encontrar otro inquilino como usted en esta soledad. No crea que no me he preguntado algunas veces cómo se le ha ocurrido venir aquí.

—Sospecho que por un capricho tonto, como es un capricho tonto el que ahora me estimula a marcharme —contesté—. Me vuelvo a Londres la semana próxima y debo avisarle que no me propongo renovar el contrato de la «Granja de los Tordos» cuando venza. No pienso volver a vivir más allí.

—¿Se ha cansado usted de aislarse del mundo? Bueno, pero si espera usted que le condone los alquileres de los meses que faltan, pierde usted el tiempo. No renuncio a mis derechos nunca.

—No he venido a pedirle que renuncie a nada —respondí, molesto. Y, sacando la cartera del bolsillo, agregué—: Si quiere, liquidaremos ahora mismo.

—No es necesario —respondió con frialdad—. Seguramente usted dejará objetos suficientes a cubrir su débito, en el supuesto de que no vuelva usted. No me corre prisa. Tome asiento y quédese a comer con nosotros. ¡Cati! Sirve la mesa.

Cati llegó con los cubiertos.

—Tú puedes comer con José en la cocina —le dijo Heathcliff, aparte— y estarte allí hasta que éste se vaya.

Ella le obedeció y acaso no se le ocurrió siquiera lo contrario. Viviendo como vivía entre palurdos y misántropos es muy fácil que no supiese apreciar otra clase mejor de gente cuando por casualidad la encontraba.

La comida —con Heathcliff, melancólico Y huraño, a un lado y Hareton, silencioso, a otro— transcurrió muy poco alegremente. Me despedí en cuanto pude. Me hubiese gustado salir por la puerta de atrás para ver otra vez a Cati y para molestar al viejo José, pero no pude hacer lo que me proponía, porque mi huésped mandó a Hareton que me trajese el caballo y él mismo me acompañó hasta la salida. «¡Qué tristemente viven en esta casa! —medité mientras bajaba por el camino—. ¡Y qué hermoso y romántico cuento de hadas hubiese sido para la señora Linton Heathcliff el que nos hubiésemos enamorado, como su buena aya quería, y hubiésemos marchado juntos a la turbulenta ciudad!».

CAPÍTULO XXXII: YO NO TE ODIO

En setiembre de hace un año, un conocido me invitó a hacer estragos con él en los cazaderos que poseía en el Norte y, de camino, pasé, sin esperarlo, a poca distancia de Gimmerton. El mozo de cuadra de la posada en que me había parado para que mis caballos bebiesen, dijo, al ver un carro cargado de avena recién cortada.

—Ése viene de Gimmerton. Siempre siegan tres semanas después que en los demás sitios.

—¿Gimmerton? —dije.

El recuerdo de mi residencia en aquel lugar casi se había borrado en mi memoria.

—¡Ah, ya! —agregué . ¿Está lejos de aquí?

—Unas catorce millas de mal camino —me contestó el mozo.

Sentí un repentino deseo de visitar la «Granja de los Tordos». No era mediodía aún y pensé que pasaría la noche bajo el techo de la que todavía era mi casa, tan bien por lo menos como en una posada. Y, de paso, podía arreglar mis cuentas con el dueño, lo que me evitaría más adelante hacer un viaje con aquel objeto. Así que, tras descansar un rato, encargué a mi criado que averiguase el camino de la aldea, y, no sin fatigar mucho a nuestras caballerías, llegamos finalmente a Gimmerton al cabo de tres horas.

Dejé al criado en el pueblo y me dirigí a través del valle. La parda iglesia me pareció aún más parda, y el desolado cementerio más desolado aún. Una oveja mordía el exiguo césped que cubría las tumbas. El aire, demasiado caluroso, no me impidió gozar del bello panorama. Si no hubiese estado la estación tan adelantada, creo que me hubiese sentido tentado a quedarme una temporada allí.

En invierno no había nada más sombrío, pero en verano nada más agradable que aquellos bosques escondidos entre los montes y aquellas extensiones cubiertas de matorrales.

Llegué a la «Granja» antes de ponerse el sol y llamé a la puerta. Pero sus habitantes estaban en la parte trasera, a juzgar por la ligera humareda que salía de la chimenea de la cocina, y no me oyeron. Entonces entré en el patio. En la puerta una niña de nueve o diez años se entretenía haciendo calceta y una vieja fumaba en una pipa.

—¿Está la señora Dean? —pregunté a la anciana.

—¿La señora Dean? Vive en las «Cumbres».

—¿Es usted la guardiana de la casa?

—Sí —contestó.

—Pues yo soy Lockwood, el inquilino de la casa. Quiero pasar aquí la noche. ¿Hay alguna habitación preparada?

—¡El inquilino! —exclamó estupefacta—. ¿Cómo no nos avisó de su llegada? En toda la casa, señor, no hay siquiera un cuarto en condiciones.

Se quitó la pipa de la boca y se lanzó dentro. La niña la siguió y yo la imité. Pude comprobar que la anciana no había faltado a la verdad, y, además, que mi presencia la había desconcertado. Procuré calmarla diciéndole que iría a dar un paseo, y que entretanto me arreglase una alcoba para dormir y un rincón en la sala para cenar. No era preciso andar con limpiezas ni barridos. Me bastaban un buen fuego y unas sábanas limpias. Ella mostró el deseo de hacer cuanto pudiera, y si bien en el curso de sus trabajos metió la escoba en la lumbre confundiéndola col el hurgón y cometió varias equivocaciones, no obstante me marché en la confianza de que al volver encontraría donde instalarme. El objetivo de mi paseo era «Cumbres Borrascosas», pero antes de salir del patio se me ocurrió una idea que me hizo pararme.

—¿Están todos bien en las «Cumbres»? —pregunté a la anciana.

—Que yo sepa, sí —me contestó en tanto que salía llevando en la mano un cacharro lleno de ceniza.

Me hubiese agradado preguntarle el motivo de que la señora Dean no estuviera ya en la «Granja», pero comprendiendo que no era oportuno interrumpirla en sus faenas, me volví y me fui lentamente. A mi espalda, brillaba aún el sol y ante mí se levantaba la luna. Salí del parque y escalé el pedregoso sendero que conducía a la casa de Heathcliff. Cuando llegué a ella, del día sólo quedaba, en poniente, una leve luz ambarina. Pero una espléndida luna permitía divisar cada piedra del camino y cada brizna de hierba. No tuve que llamar a la verja; cedió al empujarla. Pensé que esto siempre era una mejora. Y aún aprecié otra: una fragancia de madreselvas que inundaba el aire.

Puertas y ventanas estaban abiertas. Como es frecuente ver en aquellas regiones, un gran fuego brillaba en la chimenea, a pesar del calor. El salón de «Cumbres Borrascosas» es tan grande, que queda sitio de sobra para poder separarse del hogar. Las personas que había allí estaban sentadas junto a las ventanas. Antes de penetrar, las vi y las oí hablar, y me fijé en ellas con un sentimiento de curiosidad que, a medida que fui avanzando, se convirtió en envidia.

—Con-tra-rio —dijo una voz que sonaba argentina como una campanilla—. ¡Van tres veces, torpón! No te lo volveré a repetir. ¡Acuérdate, o te tiro de los pelos!

—Contrario —pronunció otra voz, que procuraba suavizar su robusto tono—. Ahora dame un beso en recompensa de haberlo dicho bien.

—No; no te lo daré hasta que no lo pronuncies perfectamente.

Volvieron a reanudar su lectura. Era un hombre joven, correctamente vestido, que estaba sentado a la mesa y tenía un libro delante. Sus hermosas facciones brillaban de satisfacción, y sus ojos abandonaron con frecuencia la página para fijarse en una blanca y pequeña mano que se apoyaba en su hombro y le asestaba un cariñoso golpecito cada vez que su poseedora descubría faltas de atención. La dueña de la mano estaba de pie detrás del joven, y a veces sus cabellos rubios se mezclaban con los castaños de su compañero. Y su cara... Pero era una suerte que él no pudiese verle la cara, porque no hubiera podido conservar la serenidad. En cambio, yo sí la veía, y me mordí los labios de despecho pensando en la ocasión que había desperdiciado de hacer algo más que limitarme a mirar aquella prodigiosa belleza.

Concluida la lección, en la que no faltaron algunos tropezones más, el alumno reclamó el premio ofrecido y lo recibió en forma de cinco besos que tuvo la generosidad de devolver. A continuación se acercaron a la puerta y por lo que hablaban saqué en limpio que iban a pasear por los pantanos. Pensé que el corazón de Hareton Earnshaw, por muy silenciosa que permaneciera su boca, me desearía los más crueles tormentos de las profundidades infernales si en aquel instante me presentara yo ante ellos, y me apresuré a refugiarme en la cocina.

Allí, sentada a la puerta, distinguí a mi antigua amiga Elena Dean, cosiendo y cantando una canción frecuentemente interrumpida por agrias palabras que salían del interior y cuyo tono destemplado distaba mucho de sonar con armonía.

—Aunque fuera así, valía más oírles jurar de la mañana a la noche que escucharte a ti —dijo aquella voz en respuesta a algún comentario de Elena ignorado para mí—.

¡Clama al cielo que no pueda uno leer la Santa Biblia sin que inmediatamente comiences tú a cantar las alabanzas del demonio y las vergonzosas maldades mundanas! ¡Oh, las dos estáis pervertidas y haréis que ese pobre muchacho pierda su alma! ¡Está hechizado! —añadió gruñendo—. ¡Oh, Señor! ¡Júzgalas tú, ya que no hay ley ni justicia en este país!

—Sí; no debe haberla cuando no estamos retorciéndonos entre las llamas del suplicio, ¿eh? Cállate, vejete, y lee tu Biblia sin ocuparte de mí. Voy a cantar ahora Las bodas del hada Anita, que es bailable.

Y la señora Dean iba a empezar cuando yo me adelanté. Me reconoció al punto, y se levantó enseguida, gritando:

—¡Oh, señor, bienvenido sea! ¿Cómo es que ha venido usted sin avisar? La «Granja de los Tordos» está cerrada. Debió usted advertirnos de que venía.

Ya he dado órdenes allí y podré arreglarme durante el poco tiempo que pienso estar —contesté—. Me marcho mañana. ¿Cómo la encuentro aquí ahora, señora Dean? Explíquemelo.

—Zillah se despidió y el señor Heathcliff me hizo venir cuando usted se fue a Londres. Pase... ¿Ha venido usted a pie desde Gimmerton?

—Vengo de la «Granja» —repuse— y quisiera aprovechar la oportunidad para liquidar con su amo, ya que no es fácil que se presente ocasión más propicia para los dos.

—¿Liquidar? —preguntó Elena mientras me acompañaba al salón— .¿Qué hay que liquidar, señor?

—¡El alquiler!

—Entonces tendrá usted que entenderse con la señora, o, mejor dicho, conmigo, porque ella todavía no sabe llevar bien sus cosas y soy yo quien me ocupo de todo.

La miré asombrado.

—Veo que usted no sabe que Heathcliff ha muerto —añadió.

—¿Que ha muerto? ¿Cuándo?

—Hace tres meses. Siéntese, deme el sombrero, y se lo contaré todo. ¿No ha comido usted aún, verdad?

—Ya he mandado en la «Granja» que preparen cena

Siéntese usted también. No se me había ocurrido que aquel hombre hubiera muerto. ¿Cómo fue? Los muchachos no volverán pronto...

—Sí; tardarán. Siempre les estoy reprendiendo, pero tardan más cada vez. Bien, por lo menos tome usted un vaso de cerveza. Está usted muy fatigado.

Y se fue. Oí cómo José le reprochaba el tener amigos a su edad y el hacerles beber a costa de las bodegas del amo, lo que le parecía tan escandaloso, que se sentía avergonzado de no haber muerto antes de asistir a ello.

—A los quince días de irse usted —empezó la señora Dean— me llamaron para que fuese a «Cumbres Borrascosas», lo que hice con el mayor placer pensando en Cati. Al verla quedé asustada y disgustadísima: tal era el cambio que aprecié en ella desde que la viera por última vez. El señor Heathcliff no detalló los motivos por los que me hacía ir. Se limitó a decirme que me reservase la salita para su nuera y para mi, ya que de sobra tenía con verla una o dos veces diarias. A ella esto le gustó. Yo comencé a pasarle ocultamente libros y cosas que tenía en la «Granja» y le agradaban, y esperábamos pasarlo bastante bien. Pero no tardamos en desengañarnos. Cati se volvió muy pronto melancólica y se irritaba por cualquier niñería. No le permitían salir del jardín y esto aumentaba su disgusto, sobre todo a medida que iba entrando la primavera. Además, yo tenía que atender a las cosas de la casa, y ella tenía que quedarse sola en su cuarto. Yo no hacía caso de todo eso, pero como Hareton tenía muchas veces que irse a la cocina cuando el amo quería estar solo en el salón, ella principió a cambiar de modo de ser respecto a él. Siempre estaba hablándole, zahiriéndole, criticando la vida que llevaba.

—¿Verdad, Elena —dijo en una ocasión—, que hace la misma vida de un perro o de una caballería? Trabaja, come y duerme sin preocuparse de más. ¡Qué vacía debe de tener la cabeza y qué oscuro el espíritu! ¿Sueñas alguna vez, Hareton? ¿Qué piensas? ¿Por qué no hablas?

Y miró a Hareton, pero él no se dignó contestarle ni mirarla siquiera.

—Puede que ahora esté soñando —continuó Cati—. Ha hecho un movimiento como los que hace Juno.

—El señorito Hareton acabará pidiendo al amo que la envíe a usted arriba si no se porta usted bien con él —le dije.

Hareton no sólo había hecho un movimiento, sino que hasta había cerrado amenazadoramente los puños.

—Ya sé por qué Hareton no habla nunca cuando yo estoy en la cocina —siguió ella—. Tiene miedo de que me mofe. Una vez empezó él solo a aprender a leer, y porque me reí de él echó los libros al fuego. ¿Qué te parece, Elena?

—¿Cree usted que hizo bien, señorita? —repuse.

—Puede que no me portase bien —contestó ella—, pero yo no creía que él fuera tan tonto. Hareton, ¿quieres un libro?

Y le entregó uno que ella había estado leyendo, pero él lo tiró al suelo, amenazándola con romperle la cabeza si no le dejaba en paz.

—Bueno: me voy a acostar —dijo ella—. Lo dejo en el cajón de la mesa.

Y se fue, después de advertirme por lo bajo que estuviese atenta para ver si Hareton cogía el libro. Pero con gran enojo de Cati, no lo cogió. Ella estaba disgustada de la pereza de Hareton, y también de haber sido culpable de paralizar su deseo de aprender. Se aplicaba, pues, a remediar el mal. Mientras yo planchaba o hacía cualquier cosa, Cati solía leer en voz alta algún libro interesante. Si Hareton estaba presente, acostumbraba a interrumpir la lectura en los pasajes de más emoción. Luego dejaba el libro allí mismo, pero él se mantenía terco como una mula, y no picaba el anzuelo. Los días lluviosos se sentaba al lado de José, y los dos permanecían quietos como estatuas al lado del fuego. Si la tarde era buena, Hareton salía a cazar, y Cati bostezaba, suspiraba y se empeñaba en hacerme hablar. Y luego, cuando lo conseguía, se marchaba al patio o al jardín, y acababa en llanto.

Heathcliff se hundía en su misantropía cada vez más, y casi no permitía a Hareton que apareciese por la sala. El muchacho sufrió a primeros de marzo un percance que le relegó a vivir casi de continuo en la cocina. Andando por el monte se le disparó la escopeta y la carga le hirió en un brazo. Cuando llegó a casa había perdido mucha sangre. Hasta que estuvo curado tuvo que permanecer en la cocina casi continuamente. A Cati le agradó que estuviera allí. Me incitaba constantemente a hacer algo abajo, para tener motivos de bajar ella.

El lunes de Pascua José fue a llevar ganado a la feria de Gimmerton. Pasé la tarde en la cocina repasando ropa. Hareton estaba sentado junto al fuego, tan sombrío como de costumbre, y la señorita se divertía en echar el aliento a los cristales de las ventanas y trazar figuras con el dedo. De vez en cuando canturreaba o hacía alguna exclamación, o bien miraba a su primo que seguía inmóvil, fumando, mirando al fuego. Dije a Cati que me tapaba la luz, y entonces ella se acercó a la chimenea. Al principio no me fijé en nada, pero luego oí que decía:

—¿Sabes Hareton que me gustaría que fueras mi primo si no te mostraras tan rudo y tan enfadado?

Hareton calló.

—¿Me oyes, Hareton? ¡Hareton, Hareton! —siguió ella.

—¡Quítate de en medio! —dijo él, hoscamente.

—Venga esa pipa —respondió la joven.

Y antes de que él pudiera reparar en nada, se la arrancó de la boca y la echó al fuego. Él la insultó groseramente y cogió otra pipa.

—Espera —exclamó Cati—. Quiero hablarte y no puedo hacerlo viéndote esas nubes ante la cara.

—¡Déjame y vete al diablo! —repuso él.

—No quiero —insistió ella—. No sé cómo hacer para que me hables. Cuando te llamo tonto no pretendo insultarte ni quiero dar a entender que te desprecie. Anda, Hareton, atiéndeme, eres mi primo.

—No quiero tener nada que ver contigo, ni con tu soberbia, ni con tus condenadas burlas —replicó el joven—. ¡Antes me iré al infierno de cabeza que volver a mirarte!

¡Quítate de ahí!

Catalina arrugó las cejas y se sentó junto a la ventana, mordiéndose los labios y tarareando para dominar sus deseos de echarse a llorar.

—Debía usted hacer las paces con su prima, señorito Hareton —le aconsejé—, puesto que ella está arrepentida de haberle provocado. Si fuesen ustedes amigos, ella le convertiría en un hombre distinto.

—¡Sí, sí! —contestó—. Me odia y no me considera digno ni de limpiarle los zapatos. Aunque me dieran una corona no me expondría más a ser motivo de burla para ella por intentar agradarla.

—Yo no te odio —dijo Cati—. Eres tú el que me odia a mí. ¡Me odias tanto o más que el señor Heathcliff!

—Eres una embustera —aseguró Hareton—. ¡Después de haberle incomodado tantas veces por defenderte! Y eso, a pesar de que me hacías enfadar y te burlabas de mí… Si sigues molestándome, iré a decirle que he tenido que marcharme de aquí por culpa tuya.

—Yo no sabía que me defendieras —contestó ella, secándose los ojos—; me sentía desgraciada y los odiaba a todos. Pero ahora te lo agradezco y te pido perdón. ¿Qué más quieres que haga?

Se aproximó al fuego y le alargó la mano. Hareton se puso sombrío como una nube de tormenta, apretó los puños y miró a tierra. Pero ella comprendió que aquello no era odio sino testarudez y, después de un instante de indecisión, se inclinó hacia él y le besó en la mejilla. Enseguida, creyendo que no lo había visto, se volvió a la ventana. Yo moví la cabeza en señal de reproche, y ella murmuró:

—¿Qué iba a hacer, Elena? No quería mirarme ni darme la mano, y no he sabido probarle de otro modo que le aprecio y que deseo que seamos buenos amigos.

Hareton tuvo la cara baja varios minutos, y cuando la volvió a levantar no sabía dónde poner los ojos.

Catalina empaquetó en papel blanco un bonito libro, lo ató con una cinta, escribió en el envoltorio las palabras: «Al señor Hareton Earnshaw», y me encargó que yo entregase el regalo al destinatario.

—Si lo acepta —me dijo—, indícale que iré yo a enseñarle a leerlo bien, y si lo rechaza adviértele que me iré a mi cuarto.

Yo hice todo lo que me decía. Hareton no abrió los dedos para coger el libro, pero no lo rechazó tampoco, así que se lo puse sobre las rodillas y volví a mis ocupaciones. Cati se apoyó de codos sobre la mesa. Sonó de pronto el crujido del papel, que Hareton quitaba del libro, y ella entonces se levantó y fue a sentarse junto a su primo. Él se estremeció y se le encendió el rostro. La acritud y la aspereza huyeron de él. Al principio no supo pronunciar ni una palabra mientras ella le interpelaba:

—Anda, Hareton, dime que me perdonas. Me harás muy dichosa si lo dices. El murmuró algo que yo no pude oír.

—¿Entonces seremos amigos? —agregó Cati.

—No —dijo él—, porque cuanto más me conozcas más te avergonzarás de mí.

—¿Así que te niegas a ser amigo mío? —continuó ella sonriendo tiernamente y acercándose más al muchacho.

Ya no oí lo demás que se decían, pero al mirarles distinguí dos rostros tan contentos inclinados sobre el mismo libro, que comprendí que a partir de aquel momento se había hecho la paz entre los dos adversarios. El libro que miraban tenía grabados muy bonitos, y ello y su personal situación tuvo la virtud de hacerles permanecer embelesados hasta que llegó José. El pobre hombre se escandalizó al ver a Cati y a Hareton sentados juntos, y a ella apoyando su mano en el hombro de su primo. Tan asombrado quedó, que ni siquiera supo exteriorizar su sorpresa, sino con profundos suspiros que lanzaba mientras abría su Biblia sobre la mesa y amontonaba

sobre ella los sucios billetes de banco que eran el producto de sus transacciones en la feria. Finalmente, llamó a Hareton.

—Toma ese dinero, muchacho, y llévaselo al amo —dijo—. Ya no podremos seguir aquí. Tendremos que buscarnos otro sitio donde estar.

226

—Vámonos, Catalina —dije yo a mi vez—; ya he acabado de planchar.

—Todavía no son las ocho —respondió la joven levantándose a su pesar—. Voy a dejar ese libro en la chimenea y mañana traeré más, Hareton.

—Cuantos libros traiga usted, los llevaré al salón —intervino José— y milagro será que vuelva usted a verlos. Así que haga lo que le parezca.

Catalina le amenazó con que los libros de José responderían de los daños que pudieran sufrir los suyos, se rió al pasar al lado de Hareton y subió a su cuarto con el corazón menos oprimido que hasta entonces. La intimidad entre los muchachos se desarrolló rápidamente, aunque con algunos eclipses. El buen deseo no era suficiente para civilizar a Hareton y tampoco la señorita era un modelo de paciencia, pero como los dos tendían a lo mismo, ya que uno amaba y deseaba apreciar, y el otro se sentía amado y deseaba que le apreciasen, los resultados no se hicieron esperar.

Como usted ve, señor Lockwood, no era tan difícil conquistar el corazón de Cati. Pero ahora celebro que no lo intentara usted. El enlace de los dos muchachos coronará todos mis anhelos. El día de su boda no envidiaré a nadie. Seré la mujer más feliz de Inglaterra.

CAPÍTULO XXXIII: LA SOMBRA DEL AMOR Y EL CANSANCIO DEL ODIO

Llegó el martes siguiente y Earnshaw seguía imposibilitado de trabajar. Entendí en seguida que, de ahí en adelante, no me sería fácil retener a la señorita a mi lado como hasta entonces. Bajó antes que yo y salió al jardín, donde había divisado a su primo. Cuando fui a llamarlos para desayunar, vi que lo había convencido de arrancar varias matas de grosellas y que estaban sembrando, en el hueco, semillas de flores traídas de la Granja. Me espantó la devastación lograda en menos de media hora. A Cati se le ocurrió plantar precisamente en el lugar de los groselleros negros que José quería más que a las niñas de sus ojos.

—¡Dios mío! —exclamé—. En cuanto José vea esto, irá directo con el señor. ¡Y no sé cómo piensa disculparse! Prepárese para una buena andanada. No esperaba tan poco juicio de usted, señorito Hareton, por complacer a la scñorita.

—Olvidé que eran de José —balbuceó Earnshaw, azorado—. Diré que fue cosa mía.

Solíamos comer con el señor Heathcliff, y yo hacía de ama de casa: repartía la comida y preparaba el té. Cati, que acostumbraba sentarse a mi lado, ese día se puso junto a Hareton. No fue más discreta en sus muestras de afecto que antes en sus arrebatos de hostilidad.

—Procure no mirarlo ni hablarle demasiado —le aconsejé al entrar—. Ofenderá al señor Heathcliff, y arremeterá contra los dos.

—Haré lo que dices —respondió.

Pero, en cuanto pudo, empezó a darle codazos a Hareton y a lanzarle florecitas al plato de sopa. Él no se atrevía a hablarle ni a mirarla apenas, pero ella lo provocaba tanto que estuvo dos veces a punto de soltar la risa. Le fruncí el ceño. Ella miró al amo, que estaba absorto en sus cavilaciones, como de costumbre. Se puso seria, y al minuto volvió con sus niñerías. Esta vez, Hareton no pudo contener una carcajada ahogada. Heathcliff dio un respingo y nos miró. Cati le sostuvo la mirada con ese aire rencoroso y desafiante que él detestaba.

—Agradece que estás fuera de mi alcance —dijo—. ¿Qué demonio te empuja a mirarme con esos ojos infernales? Bájalo y procura que no recuerde que existes. Creí haberte quitado las ganas de reír.

Fui yo —murmuró Hareton.

—¿Eh? —preguntó el amo.

Hareton bajó la vista y guardó silencio. Heathcliff lo contempló un instante, luego volvió a hundirse en su plato y sus pensamientos. Ya terminábamos y los jóvenes se habían levantado discretamente —respiré aliviada— cuando apareció José en la puerta, con los labios temblorosos y los ojos encendidos. Comprendí: había descubierto el atentado contra sus preciados arbustos. Empezó a hablar mascullando, como vaca al rumiar, y apenas se le entendía:

—Quiero cobrar mi sueldo y marcharme. Soñaba morir en la casa donde he servido sesenta años; hasta pensaba subir mis cosas al desván y dejarles la cocina a ellos. Me costaba soltar mi rincón junto al fuego, pero podía soportarlo. ¡Pero ahora me arrancan el jardín! Eso, amo, rebasa mis fuerzas. Baje usted la cerviz al yugo, si quiere; yo no. A un viejo no se le cambian así las cargas. Prefiero ganarme el pan partiendo piedra en el camino.

—¡Cállate, idiota! —lo cortó Heathcliff—. ¿Qué te ha hecho? No me interesan tus riñas con Elena. Por mí, que te arroje a la carbonera si le da la gana.

—No es Elena —replicó José—. Por Elena no me iría, aunque sea una víbora. Gracias a Dios, no puede contaminar el alma ajena. No es tan guapa como para tentar a nadie. Es esa mozuela desgraciada, que ha embrujado a nuestro chico hasta el extremo de hacerle olvidar todo lo que he hecho por él, y lo ha llevado a arrancar una hilera completa de las mejores grosellas que yo planté.

Y siguió lamentándose de Earnshaw y su ingratitud.

—Este imbécil está bebido —dijo Heathcliff—. ¿De qué te acusa, Hareton?

—Arranqué dos o tres groselleros —admitió el joven—, pero los volveré a poner.

Cati metió su cuchara.

—Queríamos plantar flores ahí —dijo— y la culpa es mía; yo se lo pedí a Hareton.

—¿Y quién demonios te dio permiso? ¿Y a ti, Hareton, quién te mandó obedecerla?

Él calló, y ella insistió:

—Bien puede cederme unas yardas de jardín para flores, después de quitarme todas mis tierras…

—¿Tus tierras, descarada? ¿Cuándo has tenido tierras?

—Y mi dinero —remató, devolviéndole la mirada de odio mientras mordisqueaba el pan.

El amo vaciló un segundo, se incorporó y la fulminó con los ojos.

—Más le vale sentarse —dijo ella—. Si intenta pegarme, Hareton me defenderá.

—Si Hareton no te saca del salón ahora mismo, lo apalearé hasta mandarlo al infierno —escupió Heathcliff—. ¡Condenada bruja! ¿Te rebelas contra mí? Échala, Hareton. ¿No me oyes? ¡Elena, si esta mocosa se me cruza otra vez, la mato!

Hareton, en voz baja, intentaba convencerla de que se fuera.

—Sácala a rastras —rugió Heathcliff—. Nada de charla.

Se abalanzó para hacerlo él mismo.

—No volveré a obedecerle, canalla —dijo Catalina—. Y Hareton lo odiará tanto como yo.

—Cállate —suplicó el joven—. No le hables así.

—¿Vas a dejar que me golpee? —lo pinchó ella.

—¡Vámonos! —insistió él.

Pero Heathcliff ya la había alcanzado.

—Ahora te largas tú —le lanzó a Earnshaw—. ¡Maldita bruja! ¡Esto ya es demasiado! Haré que te arrepientas.

Le había agarrado del cabello. Hareton trató de separarlo de ella y le rogó que no la maltratara. Los ojos de Heathcliff chispeaban. Yo iba a socorrer a Catalina cuando, de pronto, él le soltó el pelo, la sujetó del brazo y le clavó la mirada. Luego le cubrió los ojos con la mano, se esforzó en dominarse y le dijo:

—Mucho cuidado: si me enfureces, te mato. Vete con Elena, quédate con ella y dile a ella todas las insolencias que quieras. ¡Y si Hareton Earnshaw te presta oídos, ya me encargaré de que se vaya a ganarse el pan donde pueda! ¡Harás de él un perdido y un pordiosero! ¡Llévesela, Elena! ¡Fuera todos!

Me llevé a la señorita, que —contenta de librarse del temporal— no se resistió. Hareton nos siguió y Heathcliff se quedó solo. Le propuse a Cati comer en su cuarto, pero, al ver su sitio vacío, el amo ordenó que la llamaran. No habló con nadie, comió poco y se marchó enseguida, diciendo que no volvería hasta el anochecer. En su ausencia, los primos se instalaron en el salón. Oí a Hareton reprocharle su actitud con

Heathcliff: no toleraría oírla hablar así de él; lo defendería aunque fuera el mismo diablo; y, si quería insultar a alguien, prefería que lo insultara a él, como antes. Cati comenzó a encresparse, pero él le tapó la boca con una pregunta: si le gustaría oír hablar mal de su padre. Ella comprendió que Hareton estaba atado a Heathcliff por cadenas de costumbre, y que sería cruel intentar romperlas. Desde entonces se mostró prudente, y no recuerdo haberle oído una sílaba contra Heathcliff en presencia de su primo.

Después de aquel incidente, la intimidad de los jóvenes creció, y siguieron con sus tareas de profesora y discípulo. Cuando terminaba mis quehaceres, entraba a verlos, y el tiempo se me iba mirándolos embobada. De Cati estaba orgullosa hacía mucho, y ahora empezaba a esperar que él también me diera satisfacciones: los quería a ambos casi como a hijos. El buen carácter de Hareton se iba liberando de las sombras que la ignorancia y el rebajamiento le habían echado encima, y los elogios sinceros de Cati espoleaban su empeño. A medida que se le avivaba el espíritu, también se le noblecía el rostro; ya no era el zafio rapaz que encontré el día que fui a buscar a la señorita al risco de Penniston.

Mientras yo cavilaba y ellos seguían enfrascados, volvió Heathcliff. Entró de improviso y tuvo tiempo de examinarnos a su gusto antes de que notáramos su presencia. Me pareció una estampa de paz imposible de reprobar sin vileza. Los reflejos rojos del fuego iluminaban sus cabezas inclinadas con avidez infantil: aunque ella contaba dieciocho y él veintitrés, aún tenían mucho que aprender.

Alzaron la vista a la vez y se toparon con la mirada de Heathcliff. No sé si habrá reparado en lo parecidos que tienen los ojos: los dos son idénticos a los de Catalina Earnshaw. Cati no se parece a su madre más que en eso —y quizá en la frente ancha y algún rasgo de la nariz que, sin proponérselo, le da aire altivo—. Hareton se parece aún más a Catalina Earnshaw. Siempre lo notamos; pero entonces, cuando sus sentidos y su entendimiento despertaban, la semejanza se acentuaba. Tal vez esa visión desarmó a Heathcliff. Se acercó al fuego; al mirar al joven, su agitación mudó de signo. Le tomó el libro, lo hojeó y se lo devolvió. Hizo seña a Cati de que se fuera; y Hareton salió con ella. Yo iba a seguirlos, pero Heathcliff me detuvo.

—¡Qué desenlace tan mezquino! —dijo, tras meditar un poco sobre lo que acababa de ver—. Es una consecuencia absurda de mis esfuerzos violentos. Después de armarme con herramientas suficientes para derribar las dos casas, y entregarme a trabajos casi hercúleos, me falta voluntad para consumar la obra. He vencido a mis viejos enemigos y puedo, si quiero, redondear la venganza en sus descendientes. Pero ¿para qué? Ya no me importa; no tengo ganas ni de alzar la mano contra ellos. No vayas a creer que pienso deslumbraros con magnanimidades: nada de eso. Lo que pasa es que he perdido el gusto por destruir, y apenas me quedan fuerzas para hacerlo. Estoy a punto de cambiar, Elena, y la sombra de esa transformación ya me envuelve. La vida corriente no me atrae; casi no me ocupo de comer ni de beber. Esos muchachos son las únicas cosas que conservan consistencia ante mis ojos… y me causan un dolor atroz. No querría ni pensar en ella: verla me enloquece. Él me provoca otra sensación; y, sin embargo, tampoco querría verlo. Si te explicara los recuerdos que me despierta, me tomarías por demente. Pero llevo tanto tiempo encerrado en mi propio pensamiento, que me tienta confiárselo a alguien. No cuentes a nadie lo que te digo. Hace cinco minutos, Hareton me parecía menos un ser humano que el símbolo de mi juventud. Si le hablo, sonaría a desvarío. Su parecido con Catalina me la devolvía con espanto. Y no es lo que más me impresiona en él… porque todo me recuerda a Catalina sin necesidad de Hareton. Si miro el suelo, creo ver sus facciones grabadas en las baldosas; en los árboles y en las nubes, en todo de día y llenando el aire de noche, veo su imagen. ¡La creo ver en los rasgos más vulgares de cualquier hombre o mujer… y hasta en mi propio rostro! El mundo, para mí, es una horrenda colección de recuerdos diciéndome que ella vivió y que la he perdido. Más aún: Hareton me parecía el fantasma de mi amor, la encarnación de mis esfuerzos salvajes por conservar mi derecho a él. ¡Mi degradación, mi orgullo, mi dicha y mis tormentos! En fin, es locura hablarte así. Pero ahora entiendes por qué no quiero estar con ellos. Aunque aborrezco la soledad, su compañía me sienta peor: aviva la tortura que me acosa. Y, por otra parte, todo se conjura para que mire con indiferencia su intimidad. Ya no puedo ocuparme de ellos.

—¿A qué cambio se refiere, señor Heathcliff? —pregunté, inquieta.

No me parecía que corriera peligro. Rebosa salud y vigor, y su juicio no me alarmaba: desde niño gustó de lo misterioso y de hablar de fantasías. Podía tener una monomanía respecto a su amor perdido, pero en lo demás razonaba tan bien como yo.

—No lo sabré hasta que llegue —respondió—. Por ahora, sólo lo intuyo.

—¿Presiente una enfermedad?

—No, Elena.

—¿Teme a la muerte?

—No temo morir, ni la presiento, ni la espero. ¿Por qué iba a morirme? Gozó de buena salud y llevo costumbres ordenadas. En lógica, debo seguir en este mundo, y seguiré hasta que no me quede ni un pelo en la cabeza. ¡Pero así no puedo continuar! A cada momento tengo que recordarme que debo respirar, que debe seguir latiéndome el corazón… Es como forzar un muelle durísimo para que se mantenga en su sitio. He de violentarme para el acto más pequeño que no se conecte con el pensamiento que me devora; he de obligarme a fijarme en cualquier cosa, viva o inerte, que no remita a lo único que llena mi mundo. Sólo tengo un anhelo, y todo mi ser y mis facultades se concentran en él. Tanto y tan hondo lo he deseado, que estoy seguro de alcanzarlo pronto: ha devorado mi existencia. Y el ansia de que llegue antes me ahoga. ¡Bah! Decírtelo no me alivia, pero te explicará mucho de mi modo de ser. ¡Dios mío, qué lucha espantosa, y qué ganas de que termine!

Se puso a pasear por la habitación, murmurando horrores. Llegué a pensar —como sostenía José— que su conciencia le había hecho del mundo un infierno. Y temí en qué podría acabar aquello. No solía mostrarse así, pero era evidente que no mentía al afirmar que ése era su estado habitual. A simple vista, nadie lo imaginaría. Usted, señor Lockwood, no lo sospechó cuando lo conoció. Y por entonces era igual, aunque más amigo de la soledad y, si cabe, más taciturno en presencia de cualquiera.

CAPÍTULO XXXIV: LA ÚLTIMA NOCHE DE HEATHCLIFF

Cortos días después, el señor Heathcliff empezó a prescindir de comer con nosotros, aunque no llegó a excluir del todo a Hareton y a Cati de su compañía. Optaba generalmente por ausentarse él y al parecer le bastaba con comer una vez al día.

Una noche, cuando toda la familia estaba acostada, le oí bajar la escalera y salir. A la mañana siguiente no había regresado aún. Estábamos en abril. El tiempo era tibio y hermoso. La lluvia y el sol habían dado verdor a la hierba y los manzanos que hay junto a la tapia del mediodía estaban en flor. Cati, después de desayunar, se empeñó en que yo cogiese una silla y fuese a hacer labor bajo los abetos. Después persuadió a Hareton, que ya estaba curado, para que cavase y arreglase un poco las flores, que al fin habían trasladado a aquel sitio para calmar a José. Yo miraba plácidamente el ciclo azul y aspiraba el aroma del aire primaveral. De pronto, la señorita, que había ido hasta la entrada del parque a recoger semillas para su plantación, volvió diciendo que había visto llegar al señor Heathcliff.

—Y además me ha hablado —agregó, asombrada.

—¿Qué te ha dicho? —preguntó Hareton.

—Que me fuera corriendo. Pero me lo dijo de un modo tan raro y tenía un aspecto tan poco corriente, que no pude por menos de detenerme un momento para mirarle.

—¿Pues qué le pasaba?

—Estaba muy excitado, jovial, hasta casi risueño… ¡Bueno, esto muy poco!

—Sin duda le sientan bien los paseos nocturnos —dije yo, tan pasmada como ella. Y como ver al amo alegre no era un espectáculo ordinario, me las ingenié para buscar un pretexto y entrar. Heathcliff estaba ante la puerta, en pie, pálido y tembloroso. Pero sus ojos irradiaban un extraño placer que cambiaba completamente su semblante.

—¿Le sirvo el desayuno? —pregunté—. Después de andar por ahí toda la noche, debe usted estar hambriento.

Me hubiese agradado preguntarle adónde había ido, pero no me atreví a hacerlo directamente.

—No tengo hambre —contestó, volviendo la cabeza.

Hablaba con indiferencia, como si adivinase que yo deseaba conocer el motivo de su buen humor. Yo pensé que tal vez aquel momento fuera oportuno para hacerle algunas reflexiones.

—No creo que haga usted bien en salir —le amonesté— a la hora de estar en la cama, sobre todo ahora que el aire es muy húmedo. Va a coger un resfriamiento o unas calenturas. ¡A lo mejor lo ha cogido ya!

—Puedo soportar lo que sea —me contestó— y me alegrará mucho si así consigo estar solo. Anda, entra y no me molestes.

Pasé y pude apreciar que respiraba muy dificultosamente.

«Sí —pensé—. Se ha puesto enfermo. ¡Cualquiera sabe lo que habrá estado haciendo!».

Al mediodía comió con nosotros. Le di un plato rebosante, y pareció dispuesto a hacerle los honores después de su largo ayuno.

—No tengo enfriamiento ni fiebre, Elena —dijo, refiriéndose a mis palabras de por la mañana— y veras cómo como…

Cogió el tenedor y el cuchillo y cuando iba a probar del plato cambió de actitud como si hubiera perdido el apetito súbitamente. Soltó los cubiertos, miró por la ventana ansiosamente y se fue. Mientras comíamos anduvo dando vueltas por el jardín. Hareton propuso ir él a preguntarle por qué se había marchado, temeroso de que le hubiésemos disgustado con alguna cosa.

—¿Viene? —interrogó Cati a su primo cuando éste regresaba.

—No —repuso Hareton—, pero no está enfadado. Al contrario: me parece muy contento. Se incomodó porque le llamé dos veces, y me mandó que volviese contigo. Parecía muy sorprendido de que a mí no me bastase con tu compañía.

Yo coloqué su plato al lado de la lumbre para que no se enfriase. Heathcliff volvió dos horas más tarde. No se había calmado. Bajo sus negras cejas se notaba la misma anormal expresión de alegría, la misma cara pálida y la misma sonrisa extraña en sus dientes entreabiertos. El cuerpo le temblaba, pero no como cuando se tiembla de frío o de decaimiento, sino como cuando uno está excitado. Parecía una cuerda de guitarra demasiado tensa.

—¿Ha tenido usted alguna buena noticia, señor Heathcliff? —le pregunté—. Me parece encontrarle muy animado.

—No sé de dónde me van a llegar buenas noticias —respondió—. A lo único que me siento animado es a comer. Y al parecer hoy no se come aquí.

—Tome, tome la comida —repuse—. ¿Por qué no come?

—No la quiero todavía —dijo—. Elena, haz el favor de decir a Hareton y a la muchacha que no vengan por acá. Quiero estar solo.

—¿Le han dado algún motivo para que los destierre? —pregunté—. Vamos, señor Heathcliff, dígame qué le pasa. ¿Dónde estuvo usted anoche? No se lo pregunto por curiosidad. Pero…

—Me lo preguntas por una curiosidad estúpida —respondió—, pero a pesar de eso te contestaré. Esta noche he estado a las puertas del infierno. Hoy, en cambio, estoy a las puertas del paraíso. Sólo tres pies me separan de él. Y ahora márchate. No verás nada que te asuste, si dejas de espiarme.

Barrí el salón y limpié la mesa, y me marché completamente desconcertada.

Heathcliff no salió del salón en toda la tarde y nadie interrumpió su soledad. A las ocho, aunque no me había llamado, creí conveniente llevarle luz y la comida. Le vi acodado en el antepecho de una ventana, pero no miraba hacia afuera, sino hacia el interior. Del fuego sólo restaban cenizas. El aire suave y húmedo de la tarde había invadido la habitación, y en la calma del crepúsculo podía escucharse incluso el choque de la corriente contra las piedras. Yo dejé escapar una exclamación de disgusto al ver el fuego apagado y comencé a cerrar ventanas, hasta que llegué a aquella en que él estaba apoyado.

—¿La cierro? —pregunté, notando que no se movía.

Mientras le hablaba, la luz de la bujía iluminó su rostro. Y su expresión me causó un terror indescriptible. Con sus negros ojos, su palidez de fantasma y su horrible sonrisa, me pareció un espíritu del otro mundo. Asustada, solté la vela, y quedamos en tinieblas.

—Ciérrala —dijo él con su voz acostumbrada—. ¡Qué torpe eres! ¿Por qué sostenías la vela horizontalmente? Trae otra.

Salí, loca de horror, y dije a José:

—El amo dice que le lleves una luz y le enciendas el fuego.

No osaba volver a entrar. José entró en el salón, llevando una palada de brasas y una bujía, pero salió enseguida, trayendo de paso la comida del amo, y nos dijo que éste se iba a acostar y que hasta el día siguiente no comería nada.

Oímos a Heathcliff subir la escalera, mas no se fue a su habitación, sino a aquella donde está la cama con tabiques de madera. Como la ventana de su cuarto es bastante ancha, se me figuró que acaso quería salir por ella sin que lo averiguáramos.

«¿Será un duende o un vampiro?», me pregunté.

Yo había leído cosas acerca de esos demonios encarnados. Pero al recordar que yo misma le había cuidado cuando era niño, cómo había asistido a su desarrollo hasta que llegó a la juventud y cómo había seguido paso a paso casi toda su vida, reconocí que era absurdo dejarme llevar por tales impresiones.

«Sí, pero ¿de dónde procedía aquella criatura que un buen hombre recogió para su propio mal?», repetía dentro de mí la superstición. Y yo, medio dormida ya, me debatía en un laberinto de suposiciones, buscando alguna definición que concretase lo que era Heathcliff. En sueños evoque toda su vida, y al final me figuré que asistía a su muerte y a su sepelio, de todo lo cual no recuerdo otra cosa sino que me veía muy preocupada para saber qué inscripción habíamos de poner en su tumba, y hasta hablé sobre ello con el sepulturero, concluyendo todo con poner únicamente «Heathcliff», ya que no tenía apellido conocido. Y, en verdad, esto sucedió así en la realidad, como verá usted si entra en el cementerio.

Con la aurora, recuperé el sentido común. Me levanté y fui a ver si en el jardín había huellas de pasos, pero no vi nada.

«Se habrá quedado en casa», pensé.

Preparé el desayuno y aconsejé a Hareton y a Cati que ellos lo tomaran primero.

Optaron por desayunar en el jardín, bajo los árboles, y les llevé allí una mesa.

Cuando entré otra vez en la casa, hallé al amo hablando con José sobre asuntos de la finca. Le dio claras y precisas instrucciones sobre lo que trataban, pero noté que hablaba muy deprisa y daba otras muestras de excitación. José salió y Heathcliff se sentó en su sitio habitual. Le llevé una taza de café. La aproximó hacia sí, apoyó los brazos en la mesa y se puso a mirar a la pared de enfrente examinándola de arriba abajo con tal concentración, que hasta suspendió la respiración durante unos segundos.

—Coma —exclamé, poniéndole en la mano un pedazo de pan—. Coma y tome el café antes de que se enfríe. Lo tiene usted delante hace una hora…

No pareció fijarse en mí. Sonrió de un modo tan horrible, que yo hubiera preferido verle rechinar los dientes antes que sonreír de aquella manera.

—¡Señor Heathcliff! —grité—. Me mira usted como si estuviera contemplando una visión del otro mundo, ¡por amor de Dios!

—Y tú habla más bajo, por amor de Dios también —contestó—. Mira alrededor y dime si estamos solos.

—Desde luego —contesté—, desde luego que sí.

Sin embargo, miré como si lo dudara. Él separó con un manotazo la taza y apoyó los codos sobre la mesa.

Reparé entonces en que no concentraba la vista en la pared, sino como a unas dos yardas de distancia. Viere lo que viere, ello le hacía a la vez estremecerse de placer y de dolor, o por lo menos lo parecía, a juzgar por la expresión de su cara. Lo que creía ver no permanecía inmóvil, ya que los ojos de Heathcliff cambiaban constantemente de dirección. Yo traté de convencerle de que comiese, pero inútilmente. Cuando, a veces, atendiendo a mis ruegos, tendía la mano hacia un trozo de pan, sus dedos se crispaban antes de alcanzarlo, y enseguida se olvidaba de ello.

Me senté y procuré distraerle de su obsesión. Al fin se levantó y me dijo que yo le impedía comer en paz. Agregó que en lo sucesivo le dejara el servicio en la mesa y me fuera. Y después de pronunciar estas palabras salió al jardín, bajó lentamente por el sendero y desapareció.

Transcurrieron las horas angustiosamente para mí, y otra vez llegó la noche. Me acosté muy tarde y no pude dormirme. El volvió después de las doce, pero se encerró en la habitación de abajo en lugar de irse a su alcoba. Escuché un rato y, al cabo, me vestí, salí de mi alcoba y bajé.

Percibí los pasos del señor Heathcliff, que paseaba lentamente. De vez en cuando respiraba hondamente, de un modo tan angustioso, que pareció gemir. También le oí murmurar algunas palabras, entre las cuales distinguí claramente el nombre de Catalina acompañado de alguna otra expresión de amor o de pena. Parecía que hablaba con alguien con palabras que saliesen del fondo de su alma. No me atreví a entrar en la habitación, pero para distraer su atención empecé a revolver el fuego de la habitación. Él me oyó antes de lo que yo esperaba. Salió y dijo:

—¿Es ya de día, Elena? Trae luz.

—Están dando las cuatro —contesté—. Si necesita bujía para subir, puede encenderla aquí, en la lumbre.

—No subo —respondió—. Prepara fuego y lo necesario en este cuarto.

—Tengo que encender bien las ascuas antes de traerlas —dije, mientras tomaba una silla y empuñaba el fuelle.

Heathcliff paseaba de un lado a otro de la habitación y parecía casi completamente absorto en sí mismo. Los suspiros entrecortaban su respiración.

—Cuando amanezca tengo que mandar a buscar a Green —me dijo—. Quiero hacerle unas consultas sobre cosas legales ahora que todavía estoy en pleno juicio. Aún no tengo redactado mi testamento y no sé qué haré con mis bienes. Siento mucho no poder hacerlos desaparecer de la faz de la tierra.

—No diga eso, señor Heathcliff —respondí— y déjese de testamentos. Aún le quedará tiempo para arrepentirse de las muchas injusticias que ha cometido usted. Nunca creía posible que sus nervios se alterasen tanto como lo están ahora. Y es que lleva usted tres días haciendo una vida que no la hubiera resistido ni un titán. Coma algo y descanse. Mírese al espejo y verá que necesita una y otra cosa. Tiene usted chupadas las mejillas y los ojos inyectados en sangre. Está muerto de hambre y de sueño...

—No creas que no como ni duermo porque depende de mí. No lo hago adrede. En cuanto pueda, comeré y dormiré. Pero pedírmelo ahora es como pedir a un náufrago que no nade cuando está a una braza de la orilla. Primero llegaré a ella, y ya descansaré luego. Bueno, no pensemos en el señor Green. Y respecto a mis injusticias, como no he cometido ninguna, de ninguna tengo que arrepentirme. Soy demasiado feliz y, sin embargo, aún no lo soy tanto como quisiera serio. La felicidad de mi alma destruye mi cuerpo y, no obstante, no le basta con lo que tiene...

—¡Extraña felicidad es la suya, señor! —comenté—. Si usted quisiera oírme sin enfadarse, le daría un consejo que le permitiría sentirse más dichoso.

—¿Qué consejo? Dámelo.

—Ya sabe, señor Heathcliff, que desde los trece años ha vivido usted una vida impía. Seguramente desde entonces no ha cogido usted una Biblia. Debe usted haber olvidado las enseñanzas cristianas y quizá no le sobrará volverlas a reparar. ¿Qué habría de malo en llamar a un sacerdote para que le recordase las enseñanzas de Cristo y le hiciese comprender cuánto se ha separado usted de ellas y lo mal dispuesto que está su espíritu para salvarse, a menos que no se arrepienta antes de morir?

—Más que ofenderme, te agradezco que me hables de eso, Elena, porque así me recuerdas que tengo que darte instrucciones sobre mi entierro. Mandarás que me sepulten al atardecer. Tú y Hareton podéis acompañarme, si os parece bien, y no te olvides de hacer que el sepulturero obedezca las instrucciones que le di. No hace falta que acuda cura alguno ni que se recen responsos. ¡Te aseguro que yo he alcanzado ya mi cielo, y si algún otro hay, no me interesa ni en lo más mínimo!

—¿Y si por obstinarse en no tomar alimento se muriese, y por esa causa no le quisieran enterrar en tierra sagrada? ¿Qué le sucedería?

—No se dará este caso —contestó—, pero, si ocurre, ocúpate de que me entierren allí en secreto. Y si no lo haces así, ya te demostraré de un modo palpable que los muertos no se disuelven del todo.

Al oír que se levantaban los demás, se fue a su cuarto y yo respiré, aliviada. Pero, por la tarde, después de que salieron Hareton y José, me fue a buscar a la cocina y me pidió que me sentase a su lado. Necesitaba compañía, al parecer. Yo le contesté que su aspecto y su conversación me asustaban, y que ni mi voluntad ni mi estado de nervios me permitían hacerle compañía.

—Ya veo que me tienes por un demonio —dijo, riendo tétricamente—. Me consideras demasiado horrible para vivir en una casa normal. —Y, volviéndose a Cati, que se escondió detrás de mí al acercarse él, añadió medio en broma—: Y tú, ¿no quieres venir conmigo? No, claro. Para ti debó ser peor que el demonio. Pero allí dentro hay alguien que no me rehusará su compañía…

No pidió a nadie más que estuviese con él. Al oscurecer se fue a su cuarto. Toda la noche le oímos quejarse y hablar solo. Hareton quería entrar, pero yo le mandé a buscar al señor Kenneth. Cuando éste vino, encontramos que la puerta del amo estaba cerrada por dentro. Heathcliff nos mandó a paseo, aseguró que se encontraba mejor y ordenó que le dejásemos en paz. Así pues, el médico se marchó.

La noche siguiente fue muy lluviosa. Estuvo diluviando hasta el amanecer. Cuando salí al jardín, a la aurora, vi que la ventana del cuarto de la cama de tablas, donde estaba Heathcliff, se hallaba abierta y la lluvia entraba por ella a torrentes.

«Si estuviese en la cama —reflexioné— se hubiera calado. Debe haberse levantado o salido. ¡Ea, voy a verlo!».

Busqué otra llave que servía para abrir la puerta de la habitación y entré. Como no vi a nadie en el cuarto, separé los paneles corredizos del lecho de tablas. Heathcliff estaba en él, tendido de espaldas. Tenía en los labios una vaga sonrisa, y sus ojos miraban fijamente de un modo agudo y feroz. El corazón se me heló; no podía creer que Heathcliff estuviese muerto. Mas su cabeza y su cuerpo, así como las sábanas, estaban chorreando y él no se movía. Los postigos de la ventana, movidos por el viento, se agitaban de un lado a otro y le habían lastimado una mano que tenía apoyada en el alféizar. Sin embargo, no sangraba. Cuando le toqué no dudé más. Estaba muerto, rígido. Cerré la ventana, separé de la frente de Heathcliff su largo cabello y traté de cerrarle los párpados para ocultar aquella terrible mirada, pero no lo conseguí. Sus ojos parecían burlarse de mí, y sus dientes, brillando entre los labios entreabiertos, también. Asustada, llamé a José. Éste alborotó y gruñó, y se negó a hacer nada con el cadáver.

—¡El diablo se ha llevado su alma! —gritó—. ¡Y por lo que dependa de mí, también cargará con sus restos! ¡Grandísimo malvado! Está enseñando los dientes a la muerte… Y quiso imitar su lúgubre sonrisa para mofarse de él. Creí que hasta iba a bailar de alegría alrededor del lecho. Sin embargo, recobró su compostura, e hincándose de rodillas y levantando las manos al cielo dio gracias a Dios de que el amo legítimo y la

antigua estirpe recuperasen al fin los derechos que les eran propios.

Quedé abrumada, evocando con tristeza los antiguos tiempos. El pobre Hareton fue el que más se disgustó de todos nosotros. Toda la noche veló junto al cadáver llorando con desconsuelo. Apretaba la mano del muerto, besaba su áspero y sarcástico rostro, que sólo él se atrevía a mirar, y mostraba el dolor real que brota siempre de los pechos nobles aunque sean duros como el acero mejor templado.

El doctor Kenneth se halló muy apurado para diagnosticar las causas de la muerte. No le hablé de que el amo había pasado sin comer los cuatro últimos días, para evitar que ello nos produjera complicaciones. Por mi parte, estoy segura de que aquello fue efecto y no causa de su rara enfermedad.

Se le enterró tal como había dispuesto, aunque el vecindario se escandalizó bastante. El cortejo fúnebre fue breve: solo estábamos Hareton, yo, el sepulturero y los seis hombres que llevaron el ataúd. Cuando éste fue bajado a la fosa, los hombres se marcharon, pero

Hareton y yo nos quedamos un rato más. Llorando, él cubrió la tumba con hierba fresca.

Hoy su sepulcro está tan florido como los otros dos que descansan junto a él, y quiero creer que quien yace allí, por fin, descansa en paz.

Sin embargo, si usted preguntara a los campesinos, le dirían que el fantasma de Heathcliff ronda todavía por los alrededores. Algunos aseguran haberlo visto junto a la iglesia, en los pantanos, e incluso dentro de esta casa. Usted pensará que son supersticiones, y yo opino lo mismo… aunque, para serle sincera, hay cosas que cuesta explicar.

Ese viejo que ve junto al fuego, en la cocina, jura que desde la muerte de Heathcliff los ha visto —a él y a Catalina Earnshaw— todas las noches de lluvia, mirándose por las ventanas de su habitación.

Y yo misma viví algo muy extraño hace poco, hará un mes. Había ido a la Granja una noche oscura, con amenaza de tormenta. Al volver a las Cumbres, encontré a un muchacho que llevaba una oveja y dos corderos. Lloraba desconsolado, y pensé que los animales no querían seguirle.

—¿Qué te pasa? —le pregunté.

—Ahí abajo están Heathcliff y una mujer —balbuceó—, y no me atrevo a pasar porque quieren atraparme.

Yo no vi nada, pero ni él ni las ovejas quisieron avanzar. Así que le dije que tomara otro camino. Seguramente había oído las historias del lugar y se las había creído, o las imaginó en medio de la oscuridad. Pero, desde aquella noche, confieso que no me gusta salir cuando cae el sol… ni quedarme sola en esta casa tan sombría. No puedo evitarlo. Así que me alegrará mucho cuando los primos se muden a la Granja.

—¿De modo que se van a instalar allí? —preguntó el señor Lockwood.

—En cuanto se casen —respondí—. Y piensan hacerlo el día de Año Nuevo.

—¿Y quién vivirá aquí entonces?

—José, y quizá algún mozo que lo acompañe. Se arreglarán en la cocina, y el resto de la casa quedará cerrado.

—A disposición de los fantasmas, supongo.

—No, señor Lockwood —dije moviendo la cabeza—. Yo creo que los muertos reposan en sus tumbas, pero aun así no conviene hablar de ellos con ligereza.

En ese momento se oyó el chirrido de la puerta del jardín: los paseantes volvían.

Los vi detenerse bajo la luna, mirándose el uno al otro con ternura, y sentí un impulso repentino de marcharme. Puse en la mano de la señora Dean un pequeño obsequio y, sin atender a sus protestas por mi salida apresurada, salí por la cocina mientras los novios entraban al salón.

De haberme visto José, sin duda habría confirmado sus sospechas sobre los supuestos coqueteos de su compañera de servicio, si no fuera porque el tintinear de una moneda de oro que arrojé a sus pies disipó cualquier duda sobre mis intenciones.

Al alejarme, di un rodeo para pasar junto a la iglesia. Observé cuánto había avanzado su ruina en estos siete meses: muchas ventanas mostraban oscuros agujeros donde antes hubo cristales, y algunas pizarras se desprendían del tejado, desgastadas por las lluvias del otoño.

Poco después vi las tres lápidas, alineadas sobre un pequeño terraplén, cerca del páramo. La del centro, amarillenta y cubierta de maleza; la de Linton, apenas adornada por el musgo y la hierba a sus pies; y la de Heathcliff, desnuda y clara bajo la luz.

Me detuve frente a ellas, mirando el cielo sereno. Mientras seguía con los ojos el vuelo de las libélulas entre las flores silvestres y oía el suave murmullo del viento sobre el césped, pensé en lo imposible que me resultaba creer que alguien pudiera tener sueños inquietos bajo unas tumbas tan tranquilas.

CONTENIDO